ESERCITAZIONI E SIMULAZIONI ON LINE CON QUESTO LIBRO

Per accedere al simulatore online incluso nel libro **vai su www.alphatest.it/tu24601** e segui le istruzioni.

TESTUNIVERSITARI

Alpha Test
Lingue
TOLC-SU
Esercizi commentati

edizioni
Alpha Test

Via Mercalli, 14 – 20122 – Milano (Italy)

Tel. 02 5845981 – fax 02 58459896

servizi@alphatest.it

alphatest.it

ISBN: 978-88-483-2460-1

Quarta edizione: febbraio 2022
Prima edizione: gennaio 2014

Stampato da L.E.G.O. S.p.A. Lavis (TN)
per conto di Alpha Test S.r.l.
nel febbraio 2022

INDICE

Prefazione

Per molti giovani, italiani e di altri Paesi, l'iscrizione all'università è ormai da parecchi anni subordinata al superamento di una prova di selezione e/o valutazione che ha lo scopo di verificare se e in quale misura gli aspiranti studenti abbiano le potenzialità di frequentare con profitto il corso di laurea prescelto.

Per molti giovani, italiani e di altri Paesi, l'iscrizione all'università è ormai da parecchi anni subordinata al superamento di una prova di selezione e/o valutazione che ha lo scopo di verificare se e in quale misura gli aspiranti studenti abbiano le potenzialità di frequentare con profitto il corso di laurea prescelto.

Attualmente, in Italia, sia nelle più importanti università private sia in quelle statali, quasi tutti i corsi di laurea magistrale a ciclo unico (Medicina e Chirurgia, Odontoiatria e Protesi dentaria, Medicina Veterinaria, Scienze della Formazione primaria e Architettura) e molti corsi di laurea triennali sono caratterizzati dalla presenza del **numero programmato** a livello nazionale o locale: il numero di matricole di questi corsi non può superare il numero di posti stabiliti ogni anno dal Ministero o dai singoli atenei.

In generale, la selezione tra i candidati che desiderano accedere a un corso universitario a numero programmato viene effettuata mediante una prova a test, composta da domande a risposta multipla: si valutano in tal modo le conoscenze e attitudini degli studenti. Il test viene predisposto, a seconda dei casi, o a cura del ministero dell'Università e della Ricerca (come, per esempio, per le prove nazionali di accesso ai corsi di Medicina/Odontoiatria e Veterinaria) o dalle singole università o da consorzi interuniversitari (quale il CISIA). Il risultato che uno studente ottiene nel test determina il **punteggio** con il quale entra nella **graduatoria dei candidati**. Talvolta, a definire la posizione nella graduatoria finale contribuiscono anche i voti conseguiti negli ultimi anni di scuola superiore o il voto dell'Esame di Stato, ma sempre in misura di gran lunga inferiore rispetto al punteggio del test.

Accanto alle prove selettive, quasi tutte le sedi universitarie attivano **prove valutative** e/o di **orientamento** per i corsi ad accesso libero; lo scopo di tali prove è rilevare per ogni studente il livello delle conoscenze e abilità ritenute necessarie per frequentare con profitto il corso prescelto. Questi test non hanno lo scopo di precludere l'iscrizione ma, in caso di esito inferiore a una soglia prestabilita, attribuiscono una sorta di "debito" (Obblighi formativi aggiuntivi, OFA) che lo studente dovrà "saldare" entro il primo anno di corso, dimostrando di aver colmato le lacune evidenziate. Talvolta lo studente – prendendo atto di un esito insufficiente della prova – può decidere spontaneamente di rivedere la propria scelta di studi.

Dunque, anche chi aspira a frequentare un corso universitario ad accesso libero ha quasi sempre l'obbligo di svolgere prima dell'immatricolazione una prova a test; ciò impone agli studenti seriamente motivati di prepararsi in modo mirato per iniziare senza debiti aggiuntivi il proprio percorso di studio.

Alpha Test è la prima e la più importante organizzazione in Italia che da oltre 30 anni offre agli studenti tutti gli strumenti necessari per superare con successo i test selettivi. Opera a livello nazionale con sedi nelle principali città universitarie e si avvale della collaborazione di decine di esperti. Per le diverse prove di ammissione, Alpha Test organizza in tutta Italia dei corsi specifici di preparazione (alphatest.it/Corsi), pubblica la collana *TestUniversitari* composta da oltre settanta tra manuali ed eserciziari, specifici per ogni area di studi (alphatest.it/Libri-Alpha-Test) e ha sviluppato Alpha Test Academy, il nuovo programma on line di assistenza personalizzata allo studio, che guida e aiuta lo studente nella preparazione al test.

Questo libro è rivolto alla preparazione ai test di ammissione ai corsi universitari dell'area delle lingue straniere, in particolare per le classi di **Lingue** (L-11), **Mediazione linguistica** (L-12) ed è valido per la maggioranza delle prove di ammissione o verifica dei corsi di **Scienze del Turismo** (L-15).

Questo libro dà diritto a utilizzare il **simulatore online di esercitazione**.

Simulatore online

Per utilizzare il **simulatore online** seguire le istruzioni che si trovano nella seconda pagina di questo volume.

Il parere dei lettori è importante

Per continuare a migliorare la qualità delle proprie pubblicazioni, Alpha Test considera estremamente prezioso il parere dei propri lettori ai quali chiede la cortesia di esprimere un giudizio su questo libro nell'apposita sezione "Valuta un libro" del sito alphatest.it. Per ogni valutazione ricevuta Alpha Test devolverà 2 euro alla **Fondazione Francesca Rava–NPH Italia Onlus** che aiuta i bambini orfani, abbandonati, ammalati in Italia e nei paesi più poveri del mondo (www.nphitalia.org).

Per informazioni aggiornate sui libri di Alpha Test i lettori possono visitare il sito internet alphatest.it o richiedere il catalogo gratuito a:

Alpha Test S.r.l.
via Mercalli, 14 – 20122 Milano
tel. 02 58 45 981 – fax 02 58 45 98 96
servizi@alphatest.it

Ringraziamenti

Alpha Test ringrazia i numerosi lettori, i partecipanti ai corsi e i collaboratori che, con i loro interventi, suggerimenti e in particolare con i giudizi ogni anno forniti al termine dei corsi, hanno contribuito a migliorare nel tempo la qualità dei volumi e dei servizi offerti.

Natura del test e caratteristiche di questo libro

Natura del test

Molti atenei italiani hanno deciso negli ultimi anni di introdurre il test di ammissione come strumento di selezione per i corsi di laurea dell'area di Lingue e, soprattutto, di Mediazione linguistica, adottando così il **numero programmato**, come già succede in tantissimi corsi di laurea attivi in Italia. Anche in questo caso l'istituzione del numero programmato vuole garantire la qualità della formazione, degli esiti didattici e dei futuri accessi al mondo del lavoro.

Le prove che dovranno affrontare i lettori di questo volume sono gestite in autonomia – sia per quanto riguarda le caratteristiche pratiche (data e ora di svolgimento della prova, durata ecc.), sia per i contenuti dei test – dalle singole sedi universitarie. Infatti per l'accesso ai corsi di laurea dell'area, ciascuna università o formula in autonomia **un proprio questionario** o si serve dei **test predisposti dal CISIA**. Ciò comporta che la struttura e la data di svolgimento del test, le materie oggetto della prova e la durata della stessa, l'attribuzione di valore a ogni quesito e i criteri con cui viene elaborata la graduatoria di merito possono variare tra una sede universitaria e l'altra.

In particolare, per i corsi delle aree di Lingue, Mediazione linguistica e Scienze del Turismo, numerosi atenei utilizzano la prova di ammissione elaborate dal CISIA **TOLC-SU** (Test On Line CISIA Scienze Umane).

Ogni studente può svolgere queste prove CISIA in una delle numerose date prefissate durante l'anno, a partire da febbraio/marzo sino a novembre. A seconda del modo di erogazione accettato dalle singole università, il TOLC-SU si può sostenere (se previsto) presso le aule dell'ateneo (cosiddetto TOLC all'università) oppure dalla propria abitazione nella modalità TOLC@CASA.

Date e sedi sono pubblicate sul sito www.cisiaonline.it, alle pagine relative alle due prove.

Ogni prova CISIA somministrata è **diversa** tra un candidato e l'altro ma composta da quesiti equipollenti, estratti dallo stesso database CISIA. Tutti i test di un medesimo tipo hanno perciò pari livello di difficoltà.

Il **TOLC-SU** prevede 3 sezioni, a cui si aggiunge (se l'ateneo lo richiede) una sezione di lingua inglese:

• Comprensione del testo e conoscenza della lingua italiana	30 quesiti	60 minuti
• Conoscenze e competenze acquisite negli studi / cultura generale	10 quesiti	20 minuti
• Ragionamento logico	10 quesiti	20 minuti
Totale	**50 quesiti**	**100 minuti**
• Inglese	30 quesiti	15 minuti
Totale con inglese	**80 quesiti**	**115 minuti**

Dall'analisi del TOLC-SU, dei bandi e dei **test autonomi di ateneo** somministrati negli ultimi anni, si può affermare che in tutte le sedi universitarie, per la composizione delle prove selettive, si sono utilizzati quesiti che riguardano **almeno una o più delle seguenti aree** tematiche:

- comprensione di brani, con conoscenza e competenza di lingua italiana;
- logica verbale;
- ragionamento logico, nelle sue varie declinazioni;
- conoscenze e competenze acquisite negli studi/cultura generale;
- lingua inglese.

Gli ambiti a cui si riferiscono i quesiti, possono essere diversamente denominati nei bandi ufficiali. Per esempio, nell'area del **ragionamento logico** sono presenti quesiti di ragionamento verbale (proporzioni tra parole, parole da scartare, sinonimi e contrari), ragionamento numerico (serie di numeri e lettere), logica deduttiva (sillogismi, deduzioni, condizioni sufficienti e necessarie) e talvolta quantitativo (problemi); nell'area **conoscenze e competenze acquisite negli studi/cultura generale** sono presenti quesiti di letteratura, storia, geografia, storia dell'arte, educazione civica. La conoscenza dell'**inglese** il più delle volte è verificata separatamente, con punteggio autonomo; la prova di lingua inglese è spesso richiesta solo a chi intenda studiare inglese come prima o seconda lingua di specializzazione.

Va sottolineato che il curriculum scolastico e il voto di maturità – negli atenei che prevedono test selettivo – sono presi in considerazione per la formazione della graduatoria solo in sporadici casi.

Anche nelle sedi in cui non è previsto il numero programmato, il candidato è sempre tenuto a svolgere le **prove di verifica e orientamento** predisposte dall'ateneo, relative agli stessi ambiti di conoscenze culturali di base e di lingua inglese sopra descritti. Questi test hanno lo scopo di evidenziare eventuali lacune nel possesso dei prerequisiti da parte dello studente, che dovrà colmarle assolvendo a obblighi formativi aggiunti, laddove previsti (cosiddetti OFA). In genere gli OFA devono essere soddisfatti prima di poter sostenere esami di profitto.

Per conoscere con precisione le discipline e gli argomenti in programma per il test di interesse e i criteri di redazione delle graduatorie (in caso di prove selettive) si raccomanda al lettore di verificare il **bando del proprio ateneo** relativo al corso e all'anno accademico per il quale si svolgerà l'esame. Tali bandi si possono reperire sul sito dell'università.

La tabella si riporta, a titolo esemplificativo, informazioni relative alle principali sedi universitarie che negli ultimi anni hanno previsto il test di accesso a Lingue (L-11) e Mediazione linguistica (L-12).

Ateneo (sede)	**Corso**	**Modalità di accesso**	**Posti disponibili**
Aosta	L-12	numero programmato (per titoli; con OFA)	93
Bari	L-11 L12	accesso libero; prova di verifica di ateneo, con OFA	–
Bergamo	L-11	accesso libero; prova di verifica TOLC-SU, con OFA	–
Bologna	L-11 L-11 L-12	numero programmato; TOLC-SU e prova di lingue	460 120 182
Brescia Cattolica	L-12	numero programmato (per ordine di iscrizione) e test valutativo con OFA	250
Cagliari	L-11 L-12	accesso libero; prova di verifica TOLC-SU, con OFA	–
Calabria (Rende)	L-11 L-12	accesso libero; prova di verifica di ateneo, con OFA numero programmato; TOLC-E / voto esame di Stato	– 250
Cassino	L-11	accesso libero; prova di verifica di ateneo, con OFA	–
Catania Ragusa	L-11 L-12	numero programmato (voto Esame di Stato) + test valutativo di ateneo (se voto < 75/100) con OFA	450 300

Ateneo (sede)	Corso	Modalità di accesso	Posti disponibili
Enna	L-11	accesso libero; prova di verifica di ateneo, con OFA	–
Ferrara	L-11	accesso libero; prova di verifica TOLC-SU, con OFA	–
Firenze	L-11	accesso libero; prova di verifica di ateneo, con OFA	–
Foggia	L-11	accesso libero; prova di verifica di ateneo, con OFA	–
Genova	L-11 L-12	accesso libero; prova di verifica di ateneo, con OFA numero programmato; prova di ateneo	– 106
L'Aquila	L-12	accesso libero; prova di verifica di ateneo, con OFA	–
Macerata	L-11 L-12	accesso libero; prova di verifica di ateneo, con OFA	–
Messina	L-11/ L-12	numero programmato (per ordine di iscrizione) + prova TOLC-SU, con OFA	230
Milano/Un. degli Studi	L-11 L-12	accesso libero; prova di verifica di ateneo, con OFA	–
Milano/ Cattolica	L-12 L-12 * * interfacoltà	numero programmato (per ordine di iscrizione) e test valutativo con OFA	620 300
Milano IULM	L-11 L-12	numero programmato; prova di ateneo e colloquio	100 250
Modena e Reggio Emilia	L-12	numero programmato; prova di ateneo	215
Napoli l'Orientale	3 corsi L-11 L-12	accesso libero; prova di verifica di ateneo, con OFA	–
Napoli Benincasa	L-11	accesso libero; prova di verifica di ateneo, con OFA	–
Padova	L-11 L-12	accesso libero; prova di verifica TOLC-SU, con OFA	–
Palermo	L-11/ L-12	numero programmato; prova di ateneo	400 100
Parma	L-11	accesso libero; prova di verifica di ateneo, con OFA	–
Pavia	L-11	accesso libero; prova di verifica TOLC-SU, con OFA	–
Perugia	L-11	accesso libero; prova di verifica di ateneo, con OFA	–

Ateneo (sede)	Corso	Modalità di accesso	Posti disponibili
Pescara	L-11 L-12	accesso libero; prova di verifica di ateneo, con OFA	–
Pisa	L-11	numero programmato; prova TOLC-SU	455
Roma Tre	L-11 L-12	accesso libero; prova di verifica di ateneo, con OFA numero programmato; prova di ateneo	– 360
Roma Tor Vergata	L-11	accesso libero; prova di verifica di ateneo, con OFA	
Roma Sapienza	L-11 L-11* *Orientali L-12	accesso libero; prova di verifica TOLC-SU, con OFA numero programmato; prova TOLC-SU numero programmato; prova TOLC-SU	– 455 280
LUMSA	L-12	numero programmato; prova di ateneo + colloquio	125
Salento (Lecce)	L-11 L-12	accesso libero; prova di verifica di ateneo, con OFA numero programmato (per titoli); prova di verifica con OFA	– 170
Salerno	L-11	numero programmato; prova TOLC-SU	330
Sassari	L-12	accesso libero; prova di verifica di ateneo, con OFA	–
Siena	L-11	accesso libero; prova di verifica di ateneo, con OFA	–
Torino	L-11 L-12	accesso libero; prova di verifica di ateneo, con OFA	–
Tuscia (Viterbo)	L-11	accesso libero; prova di verifica di ateneo, con OFA	
Trieste	L-11 L-12	accesso libero; prova di verifica TOLC-SU, con OFA numero programmato; prova TOLC-SU	– 180 + 60
Urbino	L-11	numero programmato; prova TOLC-SU	440
Varese	L-12	numero programmato (ordine di iscrizione); prova di verifica TOLC-SU con OFA	250
Venezia	L-11 L-11* *Asia / Africa L-12	numero programmato; prova TOLC-SU numero programmato; prova di ateneo numero programmato; prova di ateneo	850 880 80
Vercelli	L-11	accesso libero; prova di verifica di ateneo, con OFA	
Verona	L-11 L-11* *per editoria L-12	numero programmato; prova TOLC-SU numero programmato; prova TOLC-SU numero programmato; prova TOLC-SU	250 250 600

Il test di ammissione ai corsi dell'area di Lingue e Mediazione linguistica

Sono sempre più numerosi gli atenei che svolgono una selezione dei candidati all'immatricolazione o la valutazione della preparazione iniziale mediante la prova CISIA **TOLC-SU**.

In altre sedi universitarie il **test di ammissione** è invece progettato e strutturato in **autonomia**, ma sempre rivolto a valutare i prerequisiti in alcuni ambiti fondamentali:

- cultura generale (letteratura, geografia, storia, educazione civica);
- capacità di comprensione di testi e logica verbale;
- capacità di ragionamento deduttivo e quantitativo;
- conoscenza della lingua italiana e/o della lingua inglese.

A seconda delle sedi universitarie, tali componenti assumono importanza e sfumature diverse nella composizione della prova.

In linea generale, le prove dell'area di Lingue non sono tanto rivolte a valutare la preparazione degli studenti su argomenti immediatamente riconducibili all'esame di Stato, quanto piuttosto a far emergere il reale interesse dei candidati e la loro predisposizione allo studio delle lingue.

Spesso le competenze nella lingua inglese vengono verificate a parte o possono essere certificate con attestati rilasciati da enti riconosciuti (ESOL, IELTS, TOEFL, Trinity).

Si raccomanda la consultazione del bando di interesse per avere notizie precise sulle modalità scelte dall'ateneo.

Caratteristiche del libro

Il volume contiene centinaia di esercizi risolti e commentati relativi alle tipologie previste nei test di ammissione universitari dell'area di Lingue e Mediazione Linguistica, sia relativamente alle **prove TOLC-SU** a cura del CISIA, sia alle prove elaborate in autonomia dai **singoli atenei**. Le domande sono suddivise per ambiti e discipline, in modo da consentire una esercitazione mirata.

La **prima parte** dell'eserciziario è dedicata alla **comprensione del testo,** alle competenze di **lessico** e **lingua italiana** e alla **logica verbale**. Si tratta di categorie di esercizi presenti in tutte le prove di accesso a cui si rivolge questo eserciziario. I brani sottoposti alla comprensione possono avere diversa lunghezza (da pochi capoversi a un paio di facciate) ed essere corredati da un numero variabile di domande: le prove TOLC-SU ne hanno 10 per brano; i test autonomi di ateneo ne propongono di solito un numero compreso da 2 a 5 per brano. Nelle prove CISIA, circa un terzo di queste domande riguardano questioni di grammatica e lessico con riferimento al brano. Le università che non usano questionari CISIA propongono più spesso domande di lingua italiana e lessico indipendenti da quelle di comprensione dei testi.

In questa parte è compreso anche il capitolo relativo alla **logica verbale**, poiché la soluzione degli esercizi relativi (proporzioni di parole, serie di parole, analogie, sinonimi e contrari ecc.) richiede l'applicazione simultanea di capacità logiche (individuazione di relazioni, criteri di inclusione o esclusione ecc.) e conoscenze lessicali.

La **seconda parte** del volume è dedicata ai quesiti di **ragionamento logico**, che possono essere raggruppati in due categorie:

- **logica deduttiva**: sillogismi, condizioni sufficienti e necessarie, problemi logici ecc. L'analisi e il commento di numerosi esercizi aiuta il lettore a mettere in pratica i metodi e procedimenti più adatti per ricavare le soluzioni. Le domande di ragionamento logico hanno primaria importanza nelle prove TOLC -SU e sono sempre proposte nelle prove autonome di ateneo;
- **logica quantitativa** e **serie numeriche/letterali**: esercizi basati su rapporti quantitativi e numerici, che non richiedono specifiche conoscenze matematiche ma la capacità di riconoscere e gestire tali rapporti. I commenti consentono di appropriarsi dei procedimenti logici e delle strategie più efficaci.

La **terza parte** verte su argomenti di **cultura generale,** per la valutazione delle conoscenze basilari di ambito umanistico (storia, geografia, letteratura italiana e straniera, arte), educazione civica ed elementi di socioeconomia.

Il volume si conclude con la **parte** dedicata ai quesiti di lingua **inglese**.

Infine, una **prova simulata** consente al lettore di testare la preparazione raggiunta.

Ognuna di queste parti è composta da due sezioni: nella prima, intitolata "Esercizi proposti", vengono presentati i quesiti a cui rispondere; la seconda, denominata "Soluzioni e commenti", riporta invece la soluzione, il commento e la spiegazione per ciascuna delle domande. Il lettore svolgerà così sia un'esercitazione sia un'attività di studio assistito. Infatti, anche se si presuppone – perché il lavoro sia efficace – che lo studente abbia già una discreta conoscenza delle nozioni necessarie a rispondere alle domande, i commenti di volta in volta richiamano brevemente concetti di teoria o indicano gli argomenti collegati alla soluzione del quesito. In caso di errore, lo studente sa subito quali sono le lacune e i punti deboli a cui deve porre rimedio.

Per uno studio preliminare, più approfondito e sistematico, delle varie discipline si consiglia invece di utilizzare questo eserciziario affiancandolo al MANUALE DI PREPARAZIONE che riporta la sintesi teorica per lo studio e il ripasso degli argomenti oggetto del test: la trattazione è completata da illustrazioni, schemi, tabelle ed esercizi svolti.

È opportuno precisare che ogni ateneo può includere nel proprio test anche solo alcune delle discipline trattate in questo libro e può utilizzare anche **solo alcune delle tipologie di esercizi** incluse nelle diverse sezioni di questo volume. Nella prova reale che il candidato si troverà a risolvere, potrebbero quindi non essere presenti tutti i tipi di domande qui esemplificate. È bene dunque **verificare, sul bando pubblicato dall'ateneo per cui si desidera concorrere**, il preciso programma e il tipo di esercizi previsti; in caso di dubbio è utile studiare ed esercitarsi su tutte le tipologie di esercizi. Si potrà così ottimizzare la preparazione minimizzando eventuali sorprese al momento della prova.

Questo eserciziario propone, per ogni disciplina, esempi di esercizi che rispondono alle particolari formulazioni utilizzate dal **TOLC-SU**, in cui talvolta le domande sono poste mediante documenti (immagini, cartine, grafici, testi ecc.) da interpretare, completare, coordinare con il quesito.

I suggerimenti e gli strumenti di Alpha Test per prepararsi al test di ingresso

Il **primo passo** di ogni percorso di preparazione consiste nel procurarsi tutte le informazioni disponibili sul test che si vuole affrontare, cominciando dalle sue precedenti edizioni. Le fonti più autorevoli e aggiornate sono il **sito del ministero dell'Università e della Ricerca** (MUR), i **siti degli atenei** di proprio interesse e **alphatest.it**. Sul sito del MUR gli studenti possono trovare tutta la normativa in materia, mentre sui siti delle singole università e di Alpha Test vengono pubblicati i bandi per i diversi concorsi di ammissione, che integrano le indicazioni del Ministero con le specifiche proprie di ciascuna sede.

Su **alphatest.it** vengono costantemente aggiornati il calendario con le date di svolgimento delle prove a test e la normativa sulle prove di ingresso; vengono inoltre pubblicati i test ufficiali degli ultimi anni risolti e commentati insieme a informazioni e approfondimenti relativi ai diversi corsi di laurea.

Anche i canali social Alpha Test (Facebook, Instagram e Youtube) sono aggiornati in tempo reale su tutte le novità riguardanti sia i test sia le iniziative del Ministero o degli atenei; gli studenti hanno inoltre la possibilità di relazionarsi tra loro e con gli esperti Alpha Test. Un altro utile strumento a disposizione degli studenti è il **magazine on line** di Alpha Test (**http://magazine.alphatest.it**), dove è possibile consultare centinaia di articoli e approfondimenti in tema di ammissione all'università, con costanti aggiornamenti in tema di metodi e strumenti di studio, orientamento universitario e bandi di concorso.

Il metodo Alpha Test: libri, Alpha Test Academy, corsi in aula e online

Il passo successivo per conseguire una preparazione completa è costituito dallo **studio individuale** da effettuare sui libri. Tra i volumi che Alpha Test ha realizzato appositamente per chi deve affrontare i test, quelli dedicati alle aree di Lingue e Mediazione linguistica sono il MANUALE DI PREPARAZIONE e la raccolta di quesiti – suddivisi per materia – ESERCIZI COMMENTATI (corredato da un simulatore online). Ai fini dello studio, ciascuno dei quattro volumi è autosufficiente e, allo stesso tempo, complementare rispetto agli altri. Ecco in sintesi le caratteristiche di ciascuno:

- **Manuale di preparazione**: è il principale strumento di studio. Raccoglie la sintesi di tutti gli argomenti del programma del test, materia per materia. È un valido aiuto a non disperdere gli sforzi di fronte alla vastità dei programmi da svolgere, perché consente lo **studio** e il **ripasso** mirato. L'esposizione degli argomenti è resa più efficace e completa mediante schemi, tabelle, glossari, mentre l'apprendimento è facilitato e consolidato grazie ai numerosi esercizi di esempio (sempre nella forma a risposta multipla), risolti e commentati. Questo volume, da studiare materia per materia, può essere validamente affiancato dall'uso contestuale della piattaforma di studio assistito **AlphaTestAcademy** (descritta alla pagina seguente). Quanto appreso in ogni capitolo del Manuale può infatti essere subito verificato e fissato, svolgendo – con gradualità, un argomento dopo l'altro – le corrispondenti batterie di esercizi proposte sulla piattaforma di studio on line.
- **ESERCIZI COMMENTATI**: è uno strumento per la fase intermedia della preparazione. Si tratta di un volume di studio guidato, che propone centinaia di quesiti, suddivisi tra le materie oggetto d'esame. Lo studente può svolgere ogni quesito in autonomia e poi andare a verificare la soluzione nel relativo commento che richiama le nozioni necessarie alla sua comprensione e illustra i metodi risolutivi più efficaci. Questo libro, dunque, consente sia di **esercitarsi** sia di **accrescere la preparazione**.

Il **simulatore online** che lo correda, combinando i numerosi esercizi a disposizione, permette di comporre numerose prove simulate da svolgere secondo le modalità e i tempi dell'esame ufficiale; allo scadere del tempo prefissato, il programma elabora le risposte e fornisce i risultati, anche in forma grafica.

L'acquisto di ogni libro della collana *TestUniversitari* dà anche diritto a svolgere gratuitamente numerose simulazioni del test ufficiale sul sito **alphatest.it/testonline**. Per accedere alla piattaforma di esercitazione è sufficiente andare su **alphatest.it/testonline** e seguire le istruzioni riportate sul sito. Per attivare gratuitamente le simulazioni è necessario utilizzare il codice libro che si trova nella seconda pagina di questo volume.

Alpha Test Academy

È l'innovativo sistema di studio online **personalizzato e assistito** che guida e aiuta lo studente nella preparazione ai test. Per ciascuna delle materie e degli argomenti previsti al test, il programma valuta il livello di preparazione dello studente, propone in modo **adattivo** numerose batterie di domande con difficoltà differenziata e corredate da spiegazioni e commenti multimediali (**link**, **videotutorial**), con rimandi a specifici richiami di teoria. Il materiale e l'assistenza offerti da AlphaTestAcademy.it consentono di chiarire lungo il percorso ogni quesito e dubbio individuale anche attraverso un canale diretto con gli esperti Alpha Test, migliorando progressivamente le proprie conoscenze e capacità in vista del test ufficiale.

AlphaTestAcademy.it assiste in ogni momento lo studente in un lavoro di preparazione mirato e specifico e rappresenta quindi un'utile integrazione e affiancamento al manuale di preparazione o a un corso Alpha Test in aula. AlphaTestAcademy.it è un **ambiente interattivo**, con **gruppi di studio virtuali** e forum di discussione per un confronto diretto. Inoltre, fornisce un costante aggiornamento sulle novità normative e sui test ufficiali. L'abbonamento alla piattaforma è in dotazione ai partecipanti ai corsi Alpha Test e viene abilitato al momento dell'iscrizione. Chi ha già acquistato questo volume può godere di uno sconto importante per l'accesso ad AlphaTestAcademy. Per maggiori informazioni o per provare la demo gratuita visitare il sito alphatest.it

Corsi

Un ulteriore e importante strumento di preparazione alle prove di ammissione che Alpha Test ha ideato per gli studenti più motivati sono i numerosi **corsi in aula** oppure **on line** e di durata differenziata (da pochi giorni di corso ad alcuni mesi). Frequentare un corso Alpha Test consente di completare, perfezionare e consolidare la propria preparazione grazie ai seguenti punti di forza.

1. **La didattica interattiva.** Ogni corso prevede cicli di lezioni e di esercitazioni dedicate al ripasso di tutti gli argomenti oggetto d'esame. Gli studenti possono beneficiare della professionalità di docenti con un'esperienza d'insegnamento unica in Italia, maturata in oltre 30 anni di attività di Alpha Test nel campo specifico della preparazione ai test universitari.
2. **Il materiale supplementare consegnato ai corsi.** Durante le lezioni, a ciascun partecipante viene fornito materiale di studio e di esercitazione aggiuntivo rispetto ai volumi consegnati al momento dell'iscrizione. Si tratta di contenuti didattici estremamente aggiornati e specifici scritti in base alla struttura e ai contenuti del test che si deve affrontare.
3. **I corsi online** prevedono un mix tra lezioni in diretta e *on demand* e si svolgono nell'aula virtuale di **MyDesk**, un sistema di e-learning completo, appositamente realizzato da Alpha Test e già sperimentato con soddisfazione da migliaia di corsisti. **MyDesk** consente infatti ai docenti Alpha Test di seguire gli studenti con la stessa cura che hanno in classe, assicurando quindi la più alta qualità non solo nelle fasi di spiegazione ed esercitazione sulle singole materie ma anche in termini di assistenza e supporto a chiarimento di dubbi individuali. Sono inoltre favoriti il rapporto e il confronto diretto con gli altri studenti nonché la puntuale verifica della progressione nella preparazione.
4. **L'esperienza "sul campo".** In ciascun corso vengono svolte più simulazioni d'esame per mettersi alla prova e per confrontare la propria preparazione con quella di altri candidati.

Infine, chi desidera prepararsi al test di ammissione senza rinunciare a divertimento e nuove amicizie può partecipare a una delle **vacanze-studio Alpha Test** (per informazioni: **alphatest.it/Corsi**).

Test di autovalutazione online

Su **alphatest.it** è possibile autovalutare il proprio livello di preparazione. Il test gratuito prevede 20 domande tratte dai test ufficiali degli ultimi anni da risolvere in 20 minuti e il suo scopo è aiutare il candidato a impostare al meglio il proprio percorso di studio.

Test ufficiali e ultimi aggiornamenti disponibili su alphatest.it

Sul sito **alphatest.it** sono pubblicati continui aggiornamenti riguardo alla normativa sui test, con le eventuali integrazioni agli argomenti e ai programmi d'esame.

App per iOS e Android

Per coloro che possiedono i dispositivi mobili iOS e Android è disponibile la **App AlphaTest** che contiene centinaia di quesiti tratti dalle prove ufficiali con soluzioni commentate dagli esperti Alpha Test. È possibile comporre un numero illimitato di prove simulate.

Segui Alpha Test anche sui social network

Seguire Alpha Test sui profili Instagram, Facebook e Youtube significa essere informati in tempo reale su tutto quello che riguarda i test, confrontarsi con migliaia di fan e ricevere aggiornamenti e consigli dai docenti. Alpha Test è anche su Twitter e Linkedin.

INDICAZIONI PER I PARTECIPANTI AI CORSI ALPHA TEST

Alpha Test:

- è **la prima** società in Italia specializzata nel preparare gli studenti ai test di ammissione all'università;
- è **l'unica** organizzazione che può vantare un'esperienza di 35 anni e migliaia di corsi già organizzati su tutto il **territorio nazionale**;
- è scelta dall'**84%** degli ammessi a medicina (risultati certificati da una primaria società di indagini di mercato);
- dal 1987 a oggi ha **preparato con successo** ai test universitari **decine di migliaia di studenti** che si sono trovati in vantaggio rispetto alle altre aspiranti matricole;
- propone **corsi** con durata, programmi e costi differenziati a seconda della prova di selezione e delle esigenze dei singoli studenti, comprese **vacanze-studio, corsi online** e **corsi residenziali**;
- vanta un corpo docente composto da oltre 200 esperti rigorosamente selezionati e costantemente formati: docenti e ricercatori universitari, professionisti e insegnanti con un'**esperienza didattica unica** e **specifica** nel campo della preparazione ai test universitari;
- ha sviluppato, per prima in Italia, una **metodologia didattica innovativa** e specifica per affrontare le prove a test, recentemente potenziata dall'ambiente digitale **Mydesk** riservato ai corsisti;
- effettua l'analisi e la discussione in aula delle **prove ufficiali** utilizzate dalle università negli anni passati;
- propone ai suoi corsisti numerose **prove simulate**, che vengono corrette individualmente on line o mediante l'uso di **lettori ottici** simili a quelli per le correzioni dei test ufficiali; ciò consente ai partecipanti di verificare in tempo reale il proprio livello di preparazione e di apprendimento;
- ha sviluppato una collana di volumi specifici per i diversi test di ammissione, già scelti da oltre cinque milioni di studenti, che vengono **forniti ai partecipanti ai corsi** all'atto dell'iscrizione;
- ha sviluppato **AlphaTestAcademy**, la piattaforma di training online personalizzato, attivata per tutti coloro che si iscrivono a un corso;
- mette a disposizione degli studenti un servizio di esercitazione *on line* – all'indirizzo **Testonline.it** – dove è possibile simulare i test di ammissione ai singoli corsi di studio.

I risultati conseguiti nelle prove di ammissione dai corsisti Alpha Test negli scorsi anni – unitamente a quanto sopra elencato – ci consentono di affermare che prepararsi a un test frequentando lo specifico corso Alpha Test rappresenta la scelta migliore per chi è veramente motivato ad accedere al corso universitario desiderato. I dati dicono che in tal modo si aumenta fino a sette volte la probabilità di ammissione rispetto a quella degli altri candidati.

Alpha Test e il suo corpo docente mettono a disposizione l'esperienza maturata e forniscono tutto l'aiuto necessario affinché i propri studenti possano prepararsi nel modo più rapido, completo ed efficace alla prova di selezione. Per accrescere ulteriormente la probabilità di successo è comunque **essenziale l'impegno** degli studenti nelle attività di **studio individuale e di esercitazione prima e durante lo svolgimento del corso**.

Per facilitare la preparazione preliminare degli studenti, Alpha Test consegna già all'atto dell'iscrizione i volumi MANUALE DI PREPARAZIONE, ESERCIZI COMMENTATI e il codice di attivazione per AlphaTestAcademy valido fino al momento del test ufficiale.

Consigliamo di leggere i libri (almeno il manuale) prima dell'inizio del corso con l'obiettivo di acquisire almeno una conoscenza di base degli argomenti trattati. Questa raccomandazione vale in particolar modo per chi sceglie di frequentare uno dei corsi Alpha Test di durata minore.

Sempre al momento dell'iscrizione al corso, Alpha Test fornisce una guida operativa con istruzioni e consigli utili per avviare la preparazione anche prima dell'inizio delle lezioni e con importanti informazioni sul test di ammissione di interesse dello studente.

Durante il corso l'attenzione viene focalizzata in modo specifico sulle tipologie di quesiti previsti nella prova di ammissione di interesse. Viene inoltre esaminato e discusso con i docenti un consistente numero di esercizi diversi da quelli presenti nei libri e contenuti in appositi materiali didattici aggiornati ogni anno e distribuiti durante il corso esclusivamente ai partecipanti.

Informazioni e modalità di iscrizione ai corsi Alpha Test

Le iscrizioni ai corsi Alpha Test per la preparazione ai test di ammissione universitari sono sempre aperte, sino all'esaurimento dei posti disponibili (i corsi sono riservati a un numero limitato di partecipanti per garantire le migliori condizioni di apprendimento).

Le informazioni aggiornate relative al calendario e alla quota di partecipazione di ciascun corso sono disponibili su alphatest.it o chiamando il numero verde 800 017 326.

Per chi avesse già acquistato **presso un centro Alpha Test** l'ultima edizione dei libri in dotazione al corso, è prevista una riduzione della quota di iscrizione al corso pari al 100% del prezzo di copertina dei libri; se i libri sono stati acquistati **in libreria** tale riduzione è pari al 50% del prezzo di copertina.

L'iscrizione ai corsi e l'acquisto dei libri Alpha Test possono essere effettuati:

- **on line** su **alphatest.it**;
- **telefonicamente**, chiamando il numero verde 800 017 326;
- presso uno dei **centri Alpha Test** (per conoscere il più vicino visitare il sito **alphatest.it/Corsi** o chiamare il numero verde 800 017 326);
- scrivendo a **servizi@alphatest.it**.

I libri Alpha Test si possono acquistare anche presso le **migliori librerie**, fisiche e on line, di tutta Italia.

Chi desidera ricevere, gratuitamente e senza impegno, materiale informativo relativo ai corsi e/o ai libri Alpha Test, può visitare il sito internet **alphatest.it** o richiedere il catalogo gratuito a:

Alpha Test S.r.l.
via Mercalli, 14 – 20122 Milano
tel. 02 58 45 981 – fax 02 58 45 98 96
servizi@alphatest.it

Suggerimenti per affrontare al meglio il test

Per affrontare al meglio un test a risposta multipla è importante conoscere in anticipo le sue caratteristiche più importanti. Per esempio quali siano le modalità di svolgimento della prova, la sua composizione, il numero dei quesiti e delle alternative di risposta, e – se possibile – le tipologie di esercizi che si dovranno risolvere. Ciò infatti consente anche di preparare le opportune "strategie" da attuare per valorizzare al massimo le proprie conoscenze e potenzialità.

Nelle prove di ammissione per corsi a numero programmato, il criterio adottato dalle università italiane per selezionare i candidati è di tipo **comparativo**. Cioè per superare la selezione, **lo studente deve figurare tra i migliori** nella graduatoria. In altre parole, per superare la selezione non vi è una soglia di punteggio da superare ma occorre svolgere il test di ammissione meglio di un certo numero di altri candidati.

Tuttavia, a partire dal 2011, i test di ammissione a base nazionale prevedono comunque una soglia minima qualificante di 20 punti: anche qualora residuassero posti disponibili, i candidati con punteggio inferiore a tale soglia non potrebbero immatricolarsi perché giudicati non idonei. Dunque, totalizzare 20 punti al test rappresenta una condizione necessaria ma non sufficiente per l'immatricolazione ai corsi universitari che prevedono test nazionali.

Prima di addentrarsi nell'analisi dei contenuti dei test e degli esercizi che li compongono, è opportuno considerare alcuni suggerimenti solo in apparenza banali, e invece molto utili al fine di ottimizzare il risultato nella prova di ammissione.

Prima del test

Il primo suggerimento, di carattere generale, è leggere con grande attenzione e per intero il **bando di concorso**, compresi gli allegati con i programmi di esame. Inoltre bisogna tenere in considerazione anche le **disposizioni** pubblicate dalla sede universitaria dove lo studente svolgerà la prova. Gli atenei e il Ministero, infatti, sono le fonti di informazioni **ufficiali** relative alle norme, alle modalità di selezione, alla struttura e ai contenuti della prova che regola l'ammissione al corso di studi scelto.

In particolare è importante avere ben chiare le indicazioni relative a: modalità di iscrizione alla prova; titoli necessari per potere partecipare al concorso; giorno e ora di svolgimento della prova di interesse, nonché la sua durata ecc.

L'emergenza pandemica ha spinto molte università e corsi di laurea ad adottare prove selettive *computer based*, da svolgere in multisessione (cioè su più turni e/o più giorni) in una pluralità di sedi o addirittura al domicilio dei candidati. Sarà cura dello studente verificare in quale modalità sarà somministrato il test di suo interesse. Sicuramente, in caso di test in presenza, bisognerà ricordare di recarsi all'esame con un documento di identità valido, la ricevuta di iscrizione ed eventuali ricevute di pagamento richieste.

Il giorno del test

In sede d'esame, prima del suo inizio, di solito vengono comunicate ai candidati le **norme alle quali attenersi durante tutte le fasi di svolgimento del test**. Tali norme riguardano, per esempio: il tempo totale a disposizione, le modalità con cui indicare le risposte sull'apposita scheda cartacea o, in caso di prova computer based, le istruzioni per l'utilizzo della piattaforma; vengono inoltre fornite altre indicazioni su come comportarsi durante l'esame e al suo termine.

È necessario rispettare scrupolosamente tutte le regole, evitando così errori banali ma sostanziali (quale, per esempio, la compilazione errata della scheda per le risposte o l'omissione di una firma), che potrebbero compromettere la validità della prova e quindi l'ammissione.

In alcuni casi, all'interno del test stesso gli esercizi sono preceduti da **istruzioni circa le modalità di risoluzione** dei quesiti e a volte anche da un esempio risolto. È importante in questi casi non lasciarsi prendere dalla fretta di mettersi subito al lavoro, ma dedicare la massima attenzione alla lettura di queste istruzioni, indispensabili per capire la logica degli esercizi e per rispondere correttamente alle domande.

Domande a risposta multipla

I test che vengono utilizzati per l'ammissione all'università sono costituiti da domande a risposta **chiusa**, le cui risposte sono cioè predefinite: il candidato deve individuare la sola risposta esatta tra le alternative proposte. Per rispondere a una domanda *aperta* (cioè non corredata da risposte prefissate) come per esempio "Qual è la capitale della Colombia?", occorre conoscere l'esatta nozione che consente di dare la risposta. Nel caso di *domande a scelta multipla* è invece possibile procedere anche in maniera diversa. Si ipotizzi, per esempio, di dover rispondere al medesimo quesito, però a risposta multipla.

---

1 **Qual è la capitale della Colombia?**

A Delhi
B Buenos Aires
C Bogotá
D Brasilia
E Santiago

In questo caso è possibile determinare la risposta corretta procedendo in due modi distinti:

1. ragionando come se si trattasse di una domanda aperta: sapendo che la capitale della Colombia è Bogotá, si individua direttamente la risposta corretta (C) senza valutare le altre risposte proposte;
2. se, al contrario, non si conosce la risposta alla domanda, ma si ricordano altri accoppiamenti Paese/capitale, è possibile individuare la risposta corretta eliminando le alternative errate: sapendo che Delhi è la capitale dell'India, Buenos Aires dell'Argentina, Santiago del Cile e Brasilia del Brasile, per esclusione si può concludere che la risposta esatta è la C.

In altre parole, per rispondere correttamente a una domanda a scelta multipla non è sempre strettamente necessario conoscere la risposta esatta: a volte la soluzione può essere individuata indirettamente, escludendo le alternative errate.

Nel caso in cui, procedendo per esclusione, il candidato non riesca a eliminare tutte le alternative errate, il metodo di risposta per eliminazione permette comunque di aumentare le probabilità di individuare la risposta corretta: l'esclusione di una o più risposte riduce infatti il numero delle alternative tra cui si rimane incerti e quindi incrementa la probabilità di individuare l'alternativa corretta.

Valore dei quesiti e gestione del tempo

Come i partecipanti ai corsi Alpha Test hanno modo di sperimentare durante lo svolgimento delle prove simulate, il **tempo** rappresenta uno dei fattori critici per affrontare con successo un test di ammissione. Infatti, le prove sono spesso progettate e formulate in modo tale da permettere solo ai più preparati e ai più veloci di rispondere, entro i termini concessi, alla totalità delle domande.

È dunque imperativo impiegare razionalmente ogni minuto, avendo ben presente – prima di iniziare la prova – il tempo medio a disposizione per ogni quesito (calcolato sui minuti complessivi divisi per il numero dei quesiti stessi), ed evitando di soffermarsi su una singola domanda per un tempo eccessivamente superiore. In generale, il consiglio è di non superare il tempo medio per più del 20%: questa dilazione per gli esercizi più complessi viene infatti compensata dalla presenza di altri di più veloce risoluzione.

Superare questa soglia può non essere conveniente: nei test di ammissione ai quali questo libro si rivolge, **tutti gli esercizi attribuiscono lo stesso punteggio** e dedicare troppo tempo per risolverne uno particolarmente difficile riduce la possibilità di rispondere correttamente a domande più semplici, ma che hanno lo stesso valore. Se ogni risposta corretta fa "guadagnare" lo stesso punteggio, a parità di tempo impiegato conviene risolvere due esercizi semplici piuttosto che uno complesso.

Se, per esempio, il tempo a disposizione per l'intero test è di 100 minuti e gli esercizi da risolvere sono 60, il tempo medio per quesito è di 1 minuto e 40 secondi (100 secondi): quindi, bisogna evitare di dedicare più di due minuti allo svolgimento del singolo quesito.

L'obiettivo da raggiungere è rispondere correttamente al maggior numero possibile di esercizi; si consiglia quindi, compatibilmente con i vincoli imposti dalle modalità di svolgimento della prova, di affrontare prima gli esercizi che – per argomento o tipologia – si presume di riuscire a risolvere più facilmente e velocemente, per tornare poi a quelli più ostici per i quali si prevede un dispendio di tempo maggiore.

Scelta casuale della risposta?

Ove possibile, è utile evidenziare con un segno di riconoscimento sul fascicolo del test i quesiti su cui si vuole ritornare con calma: sarà così possibile ritrovarli velocemente dopo aver risposto alle domande di più veloce risoluzione. Lo stesso consiglio vale per le domande a cui si è data una risposta che, compatibilmente con il tempo a disposizione, si vorrebbe riconsiderare.

La correzione dei test attribuisce in genere un punteggio positivo per le risposte corrette e, nella più parte dei casi, l'attribuzione di un punteggio negativo per ogni risposta errata (di solito quantificato in una frazione di punto). Ai quesiti omessi, a cui cioè non si è risposto, viene di norma attribuito punteggio nullo.

Spesso l'attribuzione di punteggi avviene secondo la seguente modalità:

- risposta esatta: + 1
- risposta errata: – 0,25 (– 1/4)
- risposta omessa: 0

La penalità sulle risposte errate ha lo scopo di annullare il punteggio positivo che, statisticamente, il candidato potrebbe conseguire rispondendo a caso in assenza di tale penalità.

Ma **è conveniente o no rispondere a caso** ai quesiti che non si sanno risolvere?

Si supponga di non conoscere assolutamente le risposte di 20 quesiti (con 5 risposte alternative ciascuno) della prova. Scegliendo a caso, si risponderebbe statisticamente in modo corretto a 4 esercizi (20/5) e si sbaglierebbero i restanti 16 quesiti. Il punteggio totalizzato sarebbe dunque:

- Risposte esatte: $4 \times (+1) = +4$
- Risposte errate: $16 \times (-1/4) = -4$
- Risposte nulle: $0 \times 0 = 0$
- Punteggio totale: $4 - 4 = 0$

Si otterrebbe quindi un punteggio nullo, esattamente identico a quello che si totalizzerebbe scegliendo di non rispondere ai 20 quesiti.

È evidente che il punteggio totalizzato rispondendo casualmente potrà essere tanto maggiore quanto minore sarà il numero di alternative tra cui si è indecisi e quanto minore è la penalità attribuita alle risposte errate. Il numero delle alternative tra cui si è indecisi non coincide necessariamente con quello delle alternative esistenti. Se, per esempio, le alternative proposte sono 5, ma il candidato riesce a eliminarne due perché si sa che sono errate, la valutazione statistica va rivista ragionando su 3 alternative (cioè 5 – 2).

In questa circostanza rispondendo a caso si risponderebbe in modo corretto a 20 esercizi (60/3) e si sbaglierebbero i restanti 40 quesiti:

- Risposte esatte: $20 \times (+1) = +20$
- Risposte errate: $40 \times (-0{,}25) = -10$
- Risposte nulle: $0 \times 0 = 0$
- Punteggio totale: $20 - 10 = +20$

Quindi, se restasse invariata la struttura dei quesiti con 5 alternative, è sufficiente scartare almeno una alternativa per rendere statisticamente conveniente rispondere a caso a un quesito che non si sa risolvere.

Nella pratica, scartare almeno una alternativa di risposta è cosa possibile anche quando l'argomento del quesito risulti poco o per nulla noto al candidato. Infatti quasi sempre almeno una delle risposte fornite è palesemente errata. Si veda per esempio:

---

2 **In base alla Costituzione, l'Italia è:**

A una repubblica regionale
B uno Stato federale
C una repubblica democratica, fondata sul lavoro
D una repubblica presidenziale, fondata sul lavoro
E uno Stato federato

Anche senza ricordare la definizione precisa che la Costituzione dà dello Stato italiano, è facile riuscire a escludere le alternative B ed E che si segnalano per l'evidente implausibilità. L'Italia infatti è uno Stato unitario che non si articola al suo interno in altre entità statali né è a sua volta parte di uno Stato federale. Al candidato resterà dunque, eventualmente, il dubbio tra tre sole alternative (la risposta esatta è C).

Scheda per le risposte e correzioni

Se la prova in presenza prevede l'utilizzo di una scheda cartacea (eventualità sempre meno diffusa), il candidato – una volta individuata la risposta che si ritiene corretta per un dato quesito – la deve segnare sull'apposita *scheda per le risposte*, distinta dal fascicolo contenente gli esercizi. L'operazione, in sé semplicissima, va tuttavia svolta con grande attenzione: si tratta infatti di evidenziare la lettera che identifica la risposta che si vuole indicare in corrispondenza del numero dell'esercizio. Scambiare un numero di esercizio per un altro è la più banale delle sviste e comporta spesso gravi conseguenze.

Per la correzione delle schede vengono utilizzati *elaboratori elettronici* dotati di *lettori ottici*, il candidato deve quindi contrassegnare come indicato nelle istruzioni lo spazio (un "cerchietto" o "quadratino") corrispondente all'alternativa ritenuta esatta.

In alcune selezioni è consentito effettuare correzioni sulla scheda delle risposte. È comunque consigliabile **limitarle al minimo.**

Sia la scheda sia il metodo di correzione del test ufficiale possono essere differenti ed è quindi importante leggere attentamente le istruzioni e le procedure di svolgimento della prova. Sulle schede per le risposte sono solitamente presenti aree (con cerchi neri, codici a barre o altro) indispensabili al corretto funzionamento del sistema ottico di lettura e correzione. All'interno di tali aree è importante non apporre alcun segno di scrittura che potrebbe pregiudicare il corretto funzionamento del lettore.

Si raccomanda quindi di non apporre alcun segno al di fuori delle caselle previste e di non sgualcire o piegare la scheda.

parte prima

COMPRENSIONE DEL TESTO, CONOSCENZE E COMPETENZE DI LINGUA ITALIANA

Nelle prove di ammissione delle aree di Lingue e Mediazione Linguistica – che si tratti del test **TOLC-SU** del CISIA o di **test di ateneo** – hanno sempre largo spazio le domande relative alla **comprensione di brani**, che possono includere anche domande di **competenza lessicale** e **grammaticale**. Sono altresì spesso previste quesiti di **logica verbale**, centrati sul significato di vocaboli ed espressioni, su nessi tra parola (sinonimi e contrari) ecc. Si suggerisce pertanto a tutti i lettori di svolgere i quesiti delle prossime pagine.

1 | Comprensione di brani

1.1 | Esercizi proposti

Brano 1 **In base alle informazioni contenute nel brano seguente, rispondere alle successive domande.**

In fondo ci sono due grandi categorie di scrittori. Ci sono quelli che hanno bisogno di una preparazione molto forte e che, prima di cominciare a scrivere seriamente, devono dedicarsi a un lungo periodo di riflessione e di ricerche preliminari per informarsi, per documentarsi, elaborando al termine di questo periodo uno schema di programmazione della loro redazione: schema che servirà loro da guida durante tutto il lavoro di scrittura. Ci sono poi quelli che lavorano in modo più istintivo e meno programmato – con un minimo di schizzi e di abbozzi preparatori – ma che hanno bisogno soprattutto di una sorta di scatto iniziale, non nella forma di una programmazione nella quale sentirebbero una restrizione alla loro libertà, ma piuttosto nella forma di un nucleo embrionale.

Uno scrittore come Jean Giono dichiara di non poter cominciare a scrivere un libro se non dopo aver trovato il titolo, che è spesso una formula enigmatica: per esempio *Deux cavaliers de l'orage*; il titolo deriverebbe direttamente dall'«ispirazione», come, per il poeta, quel primo verso «donato dagli dei» di cui parlava Paul Valéry. Una volta trovato il titolo, tutto il lavoro consiste nel tentativo di giustificarlo restando allo stesso livello di qualità. Giono ha una bella immagine per evocare questo fenomeno: «*Se scrivo una storia prima di averne trovato il titolo, in generale essa mi abortisce. Mi occorre assolutamente un titolo, perché il titolo è quella sorta di bandiera verso cui ci si dirige; spiegare il titolo è la meta che si deve raggiungere*». Tutta la redazione dell'opera consisterà nel rendere significante questo titolo, nel risolverne l'enigma, nel conferire una necessità a questo dono del caso. Nello stesso spirito, ci sono altri scrittori, come Aragon, che non riescono a scrivere un'opera finché non hanno trovato l'*incipit*, la prima pagina. Una volta trovata la prima pagina, però – cosa che può richiedere un numero considerevole di stesure preliminari – è come se avesse cominciato a costruirsi una sorta di prima necessità: l'embrione è ormai formato, e si svilupperà spontaneamente.

In effetti, a ben riflettervi, questi modi di procedere non sono affatto interpretabili in termini di padronanza, e complicano singolarmente questa famosa dialettica fra il caso e la necessità. Nel ritrovamento dell'*incipit* o del titolo c'è, beninteso, una parte di aleatorietà; nello stesso tempo, però, questo primo scatto dipende verosimilmente da una necessità interna, inconscia, fantasmatica; e, infine, tutto il resto del lavoro – la redazione propriamente detta – consisterà nel trasformare questa falsa alea del dono iniziale (che d'altronde non sempre viene donato) in una vera logica che sarà quella dell'opera, ma che perverrà a svilupparsi solo a partire da un principio in origine oscuro.

Gli scrittori più numerosi sono comunque quelli che lavorano con documenti di programmazione. In questo caso si ha un vero lavoro da geometra, consistente nel definire il progetto di un senso che si deve costruire dal nulla: una sorta di scommessa, e di lotta formidabile dello spirito per costruire, contro il nonsenso ambiente, una forma significante avente la sua logica e la sua necessità. Ma, una volta inventato lo schema e posta una sorta di assiomatica di partenza, il lavoro dello scrittore consisterà non solo nello sviluppare il modello (passando dal progetto alla sceneggiatura, dalla sceneggiatura a una prima stesura ecc.) ma anche nel problematizzarlo, reiniettando nel testo quel minimo di non-senso e di aleatorio senza il quale la struttura, logica e necessaria, resterebbe inerte. Si vede allora, paradossalmente, che la scrittura si sforza di conseguire un nuovo tipo di rapporto col caso: quel coefficiente d'incertezza senza il quale il certo diventa artificioso.

1 **Con l'espressione «nucleo embrionale», al termine del primo capoverso, il brano vuole indicare:**

A il cuore del messaggio che l'opera trasmetterà

B lo schema degli snodi fondamentali dello sviluppo della trama

C la situazione iniziale da cui lo scrittore farà scaturire l'intreccio

D il gruppo di personaggi principali che compariranno nel racconto

E uno spunto creativo forte su cui concentrarsi

2 **«*Ma*, una volta inventato lo schema e *posta una sorta di assiomatica di partenza*, il lavoro dello scrittore consisterà non solo nello sviluppare il modello (passando dal progetto alla sceneggiatura, dalla sceneggiatura a una prima stesura ecc.) ma anche nel problematizzarlo».**

Quale alternativa sostituisce i termini in corsivo senza alterare il significato della frase?

A *Al contrario*, una volta inventato lo schema e *iniziando da una specie di dogmatica*, il lavoro dello scrittore consisterà non solo nello sviluppare il modello (passando dal progetto alla sceneggiatura, dalla sceneggiatura a una prima stesura ecc.) ma anche nel problematizzarlo

B *Tuttavia*, una volta inventato lo schema e *stabilito un iniziale insieme di principi fondamentali*, il lavoro dello scrittore consisterà non solo nello sviluppare il modello (passando dal progetto alla sceneggiatura, dalla sceneggiatura a una prima stesura ecc.) ma anche nel problematizzarlo

C *Nondimeno*, una volta inventato lo schema e *posta un'apparenza di somiglianza iniziale*, il lavoro dello scrittore consisterà non solo nello sviluppare il modello (passando dal progetto alla sceneggiatura, dalla sceneggiatura a una prima stesura ecc.) ma anche nel problematizzarlo

D *Perciò*, una volta inventato lo schema e *stabilito un criterio di selezione prima di partire*, il lavoro dello scrittore consisterà non solo nello sviluppare il modello (passando dal progetto alla sceneggiatura, dalla sceneggiatura a una prima stesura ecc.) ma anche nel problematizzarlo

E *Oppure*, una volta inventato lo schema e *adottato una specie di calendario dei lavori da cui partire*, il lavoro dello scrittore consisterà non solo nello sviluppare il modello (passando dal progetto alla sceneggiatura, dalla sceneggiatura a una prima stesura ecc.) ma anche nel problematizzarlo

3 **All'ultimo capoverso, nell'espressione «costruire [...] una forma significante», *significante*:**

A non ha valore di aggettivo

B non è un verbo

C è un participio

D è un participio passato

E ha valore di nome

4 **Secondo quanto riportato nel brano, lo scrittore Jean Giono:**

A ha bisogno di una programmazione iniziale prima di cominciare a scrivere

B appartiene a una categoria di scrittori diversa da quella di Aragon

C amava Paul Valéry

D appartiene alla stessa categoria di scrittori di Paul Valéry

E nessuna delle alternative è corretta

5 Secondo l'autore del brano:

- A c'è una componente di aleatorietà nel metodo di entrambe le categorie di scrittori descritte
- B *Deux cavaliers de l'orage* è un verso di Valéry
- C nel lavoro di scrittura, programmazione significa riduzione della libertà creativa
- D gli scrittori che svolgono un accurato lavoro preparatorio ottengono risultati narrativi generalmente migliori
- E i documenti di programmazione sono inutili

Brano 2 In base alle informazioni contenute nel brano seguente, rispondere alle successive domande.

Voglio ora tentare di rispondere al secondo quesito che vi ho posto: quale fondamentale differenza biologica esiste fra gli esseri umani e gli altri animali? Una risposta possibile, che cercherò di giustificare è la seguente: l'uomo è unico, fra gli animali, per il valore altissimo che la tradizione ha finito con l'assumere nella sua vita, assicurando di generazione in generazione la continuità di quelle proprietà a cui deve il proprio equilibrio di efficienza biologica.

Tutti sanno che l'uomo è un animale che usa utensili o strumenti. Gli strumenti usati dall'uomo sono di due specie principali: chiamerò gli uni strumenti motori o d'azione – per esempio, martelli, strumenti da taglio, automobili, megafoni, cannoni e altri utensili che aumentano spesso in modo prodigioso il repertorio delle nostre attività motorie. Chiamerò accessori sensoriali il secondo gruppo di strumenti: occhiali, apparecchi acustici, apparecchi radio, termometri, apparecchi che portano al di là di limiti mai prima raggiunti le comuni capacità sensoriali. (Ma non tutti gli strumenti rientrano in queste due categorie: gli abiti per esempio, ne restano esclusi.)

L'uomo non è proprio l'unico animale che faccia uso di strumenti: ma gli esempi di animali inferiori che usino strumenti sono così rari che fanno spettacolo a sé e se ne parla e discute in lungo e in largo: per esempio il picchio delle Galápagos, una specie di fringuello, usa tenere nel becco una spina per grattar via gli insetti dalla corteccia degli alberi. Inoltre molti animali si fabbricano rifugi e tane, ma questo tipo di strumento non rientra nella nostra storia. Propongo di usare i termini coniati da A. J. Lotka, celebre studioso di statistica attuariale, per distinguere gli organi con cui si nasce da quelli che vengono fabbricati: strumenti *endosomatici* sono gli occhi, le zampe, le ali, i denti, i reni ecc. e strumenti *esosomatici* sono i telescopi, gli stuzzicadenti, gli scalpelli, le bilance, i vestiti ecc. Per quanto la distinzione fra gli strumenti di questi due tipi sembri molto ovvia, lo è assai meno da un punto di vista biologico che secondo l'istintivo buon senso. I due tipi di strumenti, infatti, servono alle stesse funzioni biologiche e, fino a un certo punto, l'uno può dare la sua delega all'altro. L'uomo è un animale che vola anche in senso biologico molto stretto: può volare più velocemente, più in alto e più lontano degli uccelli anche se non ancora proprio con la stessa grazia.

È anche importante ricordare che gli strumenti esosomatici *funzionalmente* fanno parte del corpo anche se sono separati e distinti anatomicamente. Tutti gli apparecchi sensori, come occhiali, contatori Geiger e spettrofotometri si riallacciano a un certo punto e attraverso un certo percorso ai comuni sensi endosomatici, e gli strumenti motori hanno una funzione e sono funzionalmente intellegibili solo al momento in cui vengono usati. Di per sé, gli occhiali non sono strumenti della vista: lo diventano solo quando sono portati e ci si vede attraverso; e il martello è un utensile solo quando la mano lo adopera. (Se ricordo bene, fu Wilfred Trotter a dire che un chirurgo, quando usa uno strumento semplice tipo sonda o altro per esplorare le parti interne del corpo, ossia un qualcosa che possa definirsi un prolungamento delle dita come i trampoli sono il prolungamento delle gambe, non fa che trasmettere il senso del tatto all'estremità dello strumento). Il rapporto fra lo strumento e chi lo usa può essere molto remoto, come nel caso di missili telecomandati o di macchinari atti a funzionare senza sorveglianza; tuttavia essi si comportano secondo uno schema che l'uomo vi ha costruito dentro, e l'integrazione funzionale dello strumento con colui che l'adopera è, in linea di principio, dello stesso genere. Proprio per questa ragione deploro l'abitudine di descrivere il cervello come una specie di macchina calcolatrice; in realtà è la macchina calcolatrice che è una specie di cervello esosomatico: esegue funzioni analoghe a quelle del cervello, proprio come le macchine fotografiche ne eseguono di simili all'occhio, e gli abiti di simili alla pelle, e le automobili svolgono funzioni che endosomaticamente vengono eseguite dalle gambe. È vero che possiamo imparare qualcosa sul funzionamento del cervello studiando le macchine calcolatrici, proprio come abbiamo imparato qualcosa sull'occhio studiando le lenti; tuttavia non è detto che questo si verifichi sempre: il motore a scoppio non ha nulla da insegnarci sul funzionamento dei muscoli.

6 Secondo l'autore, gli strumenti costruiti dall'uomo possono rientrare nelle due seguenti categorie:

A percettivi e sensoriali
B motori e visivi
C motori e sensoriali
D materiali e spirituali
E endosomatici ed esosomatici

7 Secondo Lotka:

A le zampe sono strumenti esosomatici
B gli strumenti motori non sono funzionalmente intellegibili mentre se ne fa uso
C i vestiti sono strumenti con cui si nasce
D non si può dire che l'uomo vola
E nessuna delle altre risposte è corretta

8 Secondo l'autore:

A talvolta si può imparare qualcosa sugli strumenti endosomatici studiando quelli esosomatici
B vi è sempre un rapporto anatomico stretto tra uomo e strumento esosomatico
C il cervello è come una calcolatrice
D l'uomo è l'unico animale che faccia uso di strumenti
E uno strumento non può avere funzioni biologiche

9 L'argomento del brano è di ambito:

A biologico
B storico
C sociologico
D filosofico
E etnologico

10 Dal brano si deduce che il picchio delle Galápagos:

A è in via di estinzione
B è in grado di fabbricarsi da solo la casa
C ha una caratteristica in comune con l'uomo
D risente degli schemi di comportamento indotti in lui dall'uomo
E è estinto

Brano 3 In base alle informazioni contenute nel brano seguente, rispondere alle successive domande.

Il primo e più diffuso [atteggiamento possibile] sarebbe quello di [...] dire che la teoria quantistica consiste in questo, e che non c'è nient'altro da cercare. Essa fa descrizioni probabilistiche, le quali d'altronde corrispondono meravigliosamente alle misure sperimentali: è una teoria che raggiunge, oserei dire anche nel caso, una precisione considerevole; e il caso è in essa un elemento costitutivo, essendoci previsioni che possono essere formulate solo in termini di probabilità. La teoria quantistica sarebbe quindi probabilistica per il fatto che il Mondo alla scala microscopica sarebbe aleatorio per natura. Questa è la visione più diffusa: essa è perfettamente coerente se la teoria non si imbatte in ostacoli o in contraddizioni, e non ne ha incontrati da più di tre quarti di secolo, ossia da quando esiste.

Altri fisici – un gruppo minoritario – non sono soddisfatti di questa situazione, a cominciare del resto da uno dei fondatori della teoria quantistica stessa, Louis de Broglie. Essi hanno sempre obiettato che è contrario alle ambizioni stesse di una teoria scientifica degna di questo nome accontentarsi di una situazione del genere, e che non esiste scienza in assenza di un determinismo assoluto. Per queste persone l'obiettivo era trovare un modo per eliminare il caso e per tornare a una sottostante teoria deterministica. È la cosiddetta "teoria delle variabili nascoste": questa espressione significa che l'elettrone – per riprendere questo esempio – avrebbe, nella sua costituzione interna, un certo numero di proprietà che ignoriamo, ma che sarebbero governate da leggi assolutamente deterministiche. Sarebbe semplicemente la nostra ignoranza di queste proprietà e del loro comportamento a condurci a descrivere in modo statistico e aleatorio il comportamento dell'elettrone. In altri termini, quando alcuni elettroni vanno a colpire punti diversi dello schermo, è perché fra loro c'erano differenze iniziali. Al loro interno ci sarebbero alcune rotelline, piccoli meccanismi o chissà che altro, che se ne fossimo stati a conoscenza ci avrebbero permesso di constatare che essi non erano nello stesso stato. Non sarebbe quindi sorprendente che essi abbiano un'evoluzione diversa e che vadano a colpire punti diversi dello schermo.

Se conoscessimo meglio la struttura sottostante della materia, potremmo eliminare il caso e ci ritroveremmo immediatamente in una situazione molto prossima a quella della fisica statistica classica, la quale utilizza le probabilità per descrivere il comportamento delle molecole solo perché non può interessarsi ai loro comportamenti individuali, alle loro singole traiettorie (cosa che, del resto, per lo più neanche vuole). Una tale visione è possibile per il fatto che [...] il nucleo duro di una teoria, il suo formalismo, le sue equazioni non impongono un modo unico di concettualizzazione, di comprensione. È possibile costruire teorie con variabili nascoste. Ma perché esse abbiano un senso e un interesse occorre che permettano di recuperare integralmente tutte le predizioni verificate della teoria quantistica.

Ci si rende conto allora – questo è stato in fondo il grande progresso degli ultimi vent'anni – che, se si vuole recuperare il determinismo, si è costretti a rinunciare a qualcos'altro, che è almeno altrettanto importante fisicamente, come il carattere locale di una teoria, ossia l'idea che le interazioni fra i sistemi non possano trasmettersi in modo istantaneo a qualsiasi distanza. Ciò significa che effettivamente è possibile costruire alla base della teoria quantistica delle teorie deterministiche, e persino in modi multipli, proprio perché nell'esperienza non c'è nulla che ci imponga una scelta precisa (in un certo senso, ci sono troppe possibilità). Queste teorie presenteranno però aspetti forse ancora più bizzarri di quelli della teoria quantistica convenzionale, non al livello della questione del determinismo e del caso, ma al livello di altri aspetti fondamentali. Si dovranno accettare allora comportamenti molto più strani di quelli che si sono voluti eliminare. Ecco perché, attualmente, queste teorie deterministiche che dovrebbero spiegare e sottendere la teoria quantistica hanno perso gran parte del favore di cui godevano, ivi compreso anche quello della minoranza che le difendeva.

---

11 Alla fine del terzo capoverso, nella frase «Ma perché esse abbiano un senso e un interesse occorre che permettano...», *perché*:

- **A** significa "per il fatto che"
- **B** significa "per quale ragione"
- **C** significa "affinché"
- **D** significa "cosicché"
- **E** introduce una domanda

12 **«Ci si rende conto allora – questo è stato in fondo il grande progresso degli ultimi vent'anni – *che*, se si vuole recuperare il determinismo, si è costretti a rinunciare a qualcos'altro, *che* è almeno altrettanto importante fisicamente».**
Nella frase precedente, riguardo ai due *che* in corsivo è corretto affermare:
- A sono due pronomi
- B non sono pronomi
- C il primo *che* si riferisce alla parola *progresso*
- D il secondo *che* si riferisce alla parola *determinismo*
- E uno dei due è un pronome relativo

13 **In base al contenuto del primo paragrafo, quale affermazione è corretta?**
- A Vi sono prove che il comportamento della materia a livello microscopico non è governato dal caso
- B Caso e precisione si escludono a vicenda
- C La teoria quantistica formula previsioni che però sono smentite dalle misure sperimentali
- D Le descrizioni della teoria quantistica sono solo probabilistiche
- E Le descrizioni probabilistiche riducono l'aleatorietà della teoria quantistica

14 **Perché l'autore, nella sua esposizione, ricorre a un certo punto all'immagine delle *rotelline*?**
- A Per mostrare l'assurdità della "teoria delle variabili nascoste"
- B Per fornire al lettore un esempio di immediata comprensione
- C Per alleggerire il testo con uno spunto ironico
- D Per citare gli antichi filosofi greci che formularono la teoria dell'atomismo
- E Perché gli elettroni assomigliano a piccole sfere che rotolano

15 **In base alle parole del testo, la teoria quantistica probabilistica:**
- A è accettata da un gruppo minoritario di fisici
- B corrisponde alla teoria delle variabili nascoste
- C è frutto del progresso degli ultimi 20 anni
- D presenta aspetti ancora più bizzarri della scienza convenzionale
- E esiste da almeno 75 anni

Brano 4 **In base alle informazioni contenute nel brano seguente, rispondere alle successive domande.**

La prima finalità dell'insegnamento è stata formulata da Montaigne: è meglio una testa ben fatta che una testa ben piena.

Cosa significa «una testa ben piena» è chiaro: è una testa nella quale il sapere è accumulato, ammucchiato, e non dispone di un principio di selezione e di organizzazione che gli dia senso. Una «testa ben fatta» significa che invece di accumulare il sapere è molto più importante disporre allo stesso tempo di:
- un'attitudine generale a porre e a trattare i problemi;
- principi organizzatori che permettano di collegare i saperi e di dare loro senso.

L'attitudine generale

Ricordiamo che la mente umana è, come diceva Herbert Simon, *general problem setting and solving*. Contrariamente all'opinione oggi diffusa, lo sviluppo delle attitudini generali della mente permette ancor meglio lo sviluppo di competenze particolari o specializzate. Più potente è l'intelligenza generale, più grande è la sua facoltà di trattare problemi speciali. L'educazione deve favorire l'attitudine generale della mente a porre e a risolvere i problemi e correlativamente deve stimolare il pieno impiego dell'intelligenza generale.

Questo pieno impiego richiede il libero esercizio della facoltà più diffusa e viva dell'infanzia e dell'adolescenza, la curiosità, che troppo spesso l'insegnamento spegne e che, al contrario, si tratta di stimolare o di risvegliare, se sopita. Si tratta subito di incoraggiare, di spronare l'attitudine indagatrice, e di orientarla sui problemi fondamentali della nostra stessa condizione e del nostro tempo. Ciò evidentemente non può essere iscritto in un programma, ciò può essere animato solo da un entusiasmo educativo.

Lo sviluppo dell'intelligenza generale richiede di legare il suo esercizio al dubbio, lievito di ogni attività critica, che, come indica Juan de Mairena, permette di «ripensare al passato» ma comporta anche «il dubbio del suo stesso dubbio». Deve fare appello all'*ars cogitandi* (la quale include il buon uso della logica, della deduzione, dell'induzione), l'arte dell'argomentazione e della discussione. Comporta anche quell'intelligenza che i Greci chiamavano *métis*, «insieme di attitudini mentali [...] che combinano l'intuizione, la sagacia, la previsione, l'elasticità mentale, la capacità di cavarsela, l'attenzione vigile, il senso dell'opportunità».

Infine si dovrebbe partire da Voltaire e da Conan Doyle, poi esaminare l'arte del paleontologo o dello studioso della preistoria, per educare alla serendipità, arte di trasformare dettagli apparentemente insignificanti in indizi che consentono di ricostruire tutta una storia.

Poiché il buon uso dell'intelligenza generale è necessario in tutti i domini della cultura umanistica e della cultura scientifica, e naturalmente nella vita, è proprio in questi domini che si dovrà mettere in rilievo il «ben pensare, che non conduce per nulla a diventare benpensanti [...]».

L'organizzazione delle conoscenze

Una testa ben fatta è una testa atta a organizzare le conoscenze così da evitarne la sterile accumulazione.

Ogni conoscenza è una traduzione e nello stesso tempo una ricostruzione (a partire da segnali, segni, simboli), sotto forma di rappresentazioni, idee, teorie e discorsi. L'organizzazione delle conoscenze, che si effettua in funzione di principi e regole che non è il caso di esaminare qui, comporta operazioni di interconnessione (congiunzione, inclusione, implicazione) e di separazione (differenziazione, opposizione, selezione, esclusione). Il processo è circolare, passa dalla separazione al collegamento, dal collegamento alla separazione, e poi, dall'analisi alla sintesi, dalla sintesi all'analisi. In altri termini, la conoscenza comporta nello stesso tempo separazione e interconnessione, analisi e sintesi.

La nostra civiltà e di conseguenza il nostro insegnamento hanno privilegiato la separazione a scapito dell'interconnessione, l'analisi a scapito della sintesi. Interconnessione e sintesi rimangono sottosviluppate. È per questo che sia la separazione che l'accumulo, senza l'interconnessione delle conoscenze, vengono privilegiati a scapito dell'organizzazione che interconnette le conoscenze.

Proprio in quanto il nostro modo di conoscenza disgiunge gli oggetti tra loro, ci è necessario ciò che li interconnette. E in quanto isola gli oggetti dal loro contesto naturale e dell'insieme di cui fanno parte, è necessità cognitiva porre una conoscenza specifica nel suo contesto e situarla in un insieme. In effetti, la psicologia cognitiva dimostra che la conoscenza progredisce principalmente per sofisticazione, formalizzazione e astrazione delle conoscenze particolari, in misura minore per attitudine a integrare queste conoscenze nel loro contesto e nel loro insieme globale.

Di conseguenza, lo sviluppo dell'attitudine a contestualizzare e globalizzare i saperi diviene un imperativo dell'educazione.

Lo sviluppo dell'attitudine a contestualizzare tende a produrre l'emergenza di un pensiero «ecologizzante», nel senso che esso situa ogni evento, informazione o conoscenza in una relazione di inseparabilità con il suo ambiente culturale, sociale, economico, politico e, beninteso, naturale.

Esso non si limita a situare un evento nel suo contesto, ma incita anche a vedere come modifichi questo contesto, o come lo chiarisca altrimenti. Tale pensiero diventa con ciò anche inevitabilmente pensiero del complesso, poiché non basta inscrivere ogni cosa ed evento in un «quadro» o «orizzonte». Si tratta di ricercare sempre le relazioni e le inter-retroazioni tra ogni fenomeno e il suo contesto, le relazioni reciproche tutto-parti: come una modifica locale si ripercuote sul tutto e come una modifica del tutto si ripercuote sulle parti. Si tratta nello stesso tempo di riconoscere l'unità in seno alla diversità, la diversità in seno all'unità; di riconoscere, per esempio, l'unità umana attraverso le diversità individuali e culturali, le diversità individuali e culturali attraverso l'unità umana.

16 **Secondo l'autore «un pensiero ecologizzante» è quello che:**

- A è in grado di rispondere alle richieste di maggiore sensibilità ecologica
- B considera ogni conoscenza in una relazione di inseparabilità con il suo ambiente
- C situa alcuni eventi in una relazione di distacco con il loro ambiente
- D è in grado di rispondere alle richieste di accumulazione di idee
- E evita sprechi sia in termini materiali sia di velocità decisionale

17 **Secondo l'autore il compito principale dell'educazione è:**

- A trasmettere conoscenze verificate e consolidate
- B conformare la mente degli allievi a quella dei docenti
- C stimolare l'utilizzo efficace dell'intelligenza generale
- D alimentare certezze e fugare qualsiasi dubbio
- E eliminare il principio di autorità

18 **Secondo il brano l'esercizio della conoscenza è sintetizzabile come capacità di:**

- A accostare informazioni e trovare i nessi tra loro
- B separare gli argomenti complessi e interconnetterne le componenti
- C dividere ogni argomento in concetti semplici e trattarli separatamente
- D distinguere le informazioni per settore di appartenenza
- E eliminare le contraddizioni per arrivare a un concetto unico e sempre verificato

19 **L'utilizzo della serendipità consente di:**

- A essere affascinati dai dettagli trascurando il contesto generale
- B trovare una spiegazione a ogni evento
- C creare una giustificazione per qualsiasi evento
- D estrarre dai dettagli le tracce per comprendere il contesto generale
- E cambiare l'oggetto della propria ricerca

20 **Il brano tratta:**

- A delle esperienze educative dell'autore
- B di come si insegnava nel passato
- C dell'importanza di apprendere dai libri
- D dell'importanza di una riforma dell'organizzazione dei saperi
- E dell'emergenza ambientale ed ecologica

Brano 5 **In base alle informazioni contenute nel brano seguente, rispondere alle successive domande.**

L'architettura romana, nata durante la fase dei più intensi contatti con il mondo greco, porta il segno della attiva penetrazione e del rinnovamento impressole da quella grande cultura artistica. Gli Etruschi, destinati a fondere la loro civiltà in quella della nuova patria italica, non potevano, infatti, offrire grandi invenzioni architettoniche, e i Romani presto si distaccarono dai loro modi costruttivi massicci ed elementari. Se si tolgono le mura dalle città, le porte di Perugia e di Volterra e forse i primi tratti della Cloaca Massima, poche sono le opere romane che mostrino un rapporto più che casuale con i precursori dell'Italia centrale. Al contrario, le prime costruzioni architettate si riallacciano alla suggestiva visione greca.

Nel campo delle strutture murarie, i Romani mutarono però quasi totalmente i mezzi dalla tradizione greca, e sarà quindi necessario elencare i vari aspetti della tecnica edilizia romana, dai primi secoli fino all'epoca matura.

Dagli Etruschi, i Romani ereditarono la struttura muraria a blocchi poligonali, che fu detta «ciclopica», per la sua immane pesantezza. Il materiale fu dapprima selce, da cui il nome di *opus siliceum* e poi il tufo o il travertino. Con tale tecnica si edificarono le mura della città, i primi archi, le prime porte urbiche, e ne rimangono pochi esempi (secoli VI-V a.C.).

In seguito, dalle forme più irregolari dei blocchi di pietra posti in opera senza malta, si giunse via via a una squadratura simmetrica, tutta di eguale misura. Abbiamo allora l'*opus quadratum* (V-IV secolo), che caratterizza, a Roma, la cinta delle mura repubblicane, impropriamente attribuite al re Servio Tullio.

La grande invenzione tecnica dei Romani è però l'*opus caementicium*, ottenuto mescolando pietre di piccole dimensioni irregolari o frammenti laterizi con una malta di calce e sabbia. Ne risulta qualcosa di simile al moderno calcestruzzo, che permette una completa indipendenza di soluzioni tecniche e formali. Quando, al posto della sabbia inerte, si usò sabbia finissima di origine eruttiva, scavata principalmente a Pozzuoli (detta appunto «pozzolana»), la durezza e la compattezza del getto divennero eccezionali.

Si sentì in seguito la necessità di abbellire le facce esterne con paramenti, ottenuti collocando dei filari sovrapposti di blocchi di tufo o travertino mentre il getto faceva presa, o addirittura in precedenza, creando le pareti di contenimento.

Nel secolo III tali paramenti hanno la forma a *opus incertum*, cioè irregolare. Poi, tra i secoli II e I, assumono forme più regolari, con l'*opus reticulatum* (fatto di blocchetti a cuneo, disposti a rete), e con l'*opus testaceum*, dove il paramento è ottenuto con una cortina di mattoni triangolari equilateri, collocati di punta nelle malte.

---

21 Secondo l'autore del brano, l'influenza della cultura etrusca nell'architettura romana è:

- A irrintracciabile
- B significativa
- C casuale
- D rara
- E inesistente

---

22 Secondo quanto affermato dal brano, la tecnica dell'*opus incertum* è:

- A precedente a quella dell'*opus quadratum*
- B precedente al 300 avanti Cristo
- C caratterizzata da forme esagonali molto nette e precise
- D successiva a quella dell'*opus caementicium*
- E caratterizzata da instabilità

---

23 In che cosa, secondo il testo, l'architettura romana si differenziò da quella greca?

- A Nelle colonne
- B Nei templi
- C Nelle strutture murarie
- D Nell'oggettistica
- E Nelle costruzioni

---

24 Il registro testuale del brano è:

- A narrativo
- B regolativo
- C divulgativo
- D argomentativo
- E polemico

25 L'autore menziona la Cloaca Massima come esempio di opera:

A romana che risente chiaramente dell'influenza greca

B romana che risente, seppure in misura limitata, dell'influenza etrusca

C che rappresenta un pessimo caso di architettura romana

D romana dove è più evidente l'utilizzo dell'*opus siliceum*

E etrusca che influenza l'architettura romana

Brano 6 In base alle informazioni contenute nel brano seguente, rispondere alle successive domande.

[1] Non basta dire che la storia è il giudizio storico, ma bisogna soggiungere che ogni giudizio è giudizio storico, o storia senz'altro. **[2]** Se il giudizio è rapporto di soggetto e predicato, il soggetto, ossia il fatto, quale che esso sia, che si giudica, è sempre un fatto storico, un diveniente, un processo in corso, perché fatti immobili non si ritrovano né si concepiscono nel mondo della realtà. **[3]** È giudizio storico anche la più ovvia percezione giudicante (se non giudicasse, non sarebbe neppure percezione, ma cieca e muta sensazione): per esempio, che l'oggetto che mi vedo innanzi al piede è un sasso, e che esso non volerà via da sé come un uccellino al rumore dei miei passi, onde converrà che io lo discosti col piede o col bastone; perché il sasso è veramente un processo in corso, che resiste alle forze di disgregazione o cede solo a poco a poco, e il mio giudizio si riferisce a un aspetto della sua storia.

[4] Ma neppur qui ci si può arrestare, rinunziando a svolgere l'ulteriore conseguenza: che il giudizio storico non è già un ordine di conoscenze, ma è la conoscenza senz'altro; la forma che tutta riempie ed esaurisce il campo conoscitivo, non lasciando posto per altro.

[5] In effetto, ogni concreto conoscere non può non essere, al pari del giudizio storico, legato alla vita, ossia all'azione, momento della sospensione o aspettazione di questa, rivolto a rimuovere, come si è detto, l'ostacolo che incontra quando non scorge chiara la situazione da cui essa dovrà prorompere nella sua determinatezza e particolarità. **[6]** Un conoscere per il conoscere, non solo, diversamente da quel che taluni immaginano, non ha punto dell'aristocratico né del sublime, esemplato come è in effetto sul passatempo idiota degli idioti e dei momenti di idiozia che sono in ognuno di noi, ma realmente non accade mai in quanto intrinsecamente è impossibile, venendogli meno con lo stimolo della pratica la materia stessa e il fine del conoscere. **[7]** E quegli intellettuali che disegnano come via di salvazione il distacco dell'artista o del pensatore dal mondo che lo attornia, la sua deliberata impartecipazione ai volgari contrasti pratici – volgari in quanto pratici –, non si avvedono di disegnare nient'altro che la morte dell'intelletto. In una vita paradisiaca, senza lavoro e senza travaglio, in cui non si urti in ostacoli da superare, neppur si pensa, perché è venuto meno ogni motivo di pensare, e neppure, propriamente, si contempla, perché la contemplazione attiva e poetica chiude in sé un mondo di pratiche lotte e di affetti.

da Benedetto Croce, *La storia come pensiero e azione* (1938)

26 Complessivamente, nel brano, Croce:

A incoraggia l'intellettuale alla partecipazione, scontrandosi con gli ostacoli e i travagli pratici del mondo circostante

B esorta l'intellettuale a salvarsi chiudendosi in una torre d'avorio

C difende il valore dell'arte per l'arte, che resta lontana dalla volgarità dei conflitti

D sottolinea la differenza tra conoscenza e giudizio e afferma che all'intellettuale deve interessare solo la prima

E sottolinea la differenza tra conoscenza e giudizio e afferma che la prima deve essere la premessa del secondo

27 Stando al brano, la morte dell'intelletto si ha:

- A quando l'azione toglie spazio alla conoscenza
- B quando il pensiero non ha ostacoli pratici da superare
- C quando l'uomo non sa coltivare la propria libertà di pensare per pensare
- D quando ci si dedica alla contemplazione poetica
- E quando il giudizio scaturisce dai contrasti

28 Stando al brano, il giudizio storico:

- A necessita di soggetto e predicato
- B non può applicarsi a oggetti mobili
- C è di tipo diverso dal giudizio comune che ci guida nelle azioni
- D si applica alla muta e cieca sensazione
- E nessuna delle altre risposte è corretta

29 Spiega il significato di *soggiungere* al punto [1].

- A Dire a bassa voce
- B Ammettere
- C Dedurre
- D Aggiungere
- E Correggere

30 Spiega il significato dell'espressione *esaurisce il campo conoscitivo,* al punto [4].

- A Occupa completamente l'ambito della conoscenza
- B Stanca le energie conoscitive
- C Inaridisce le possibilità del sapere
- D Integra le conoscenze umane
- E Consuma le possibilità di conoscere

31 Spiega il significato dell'espressione *non ha punto* (al punto [6]).

- A Non ha motivo
- B Non ha carattere
- C Non ha nulla
- D Non ha scopo
- E Non ha collegamento

32 In [3], l'espressione *un aspetto della sua storia* indica:

- A il fatto che il sasso è un processo in corso
- B l'incontro tra l'autore e il sasso, dal punto di vista di quest'ultimo
- C una fase del processo in corso che è il sasso
- D la resistenza del sasso alle forze di disgregazione
- E nessuna delle precedenti è corretta

33 Quale fra le seguenti è la migliore sintesi del punto [6]?

- A La conoscenza fine a sé stessa non solo non è nobile ma non è proprio possibile
- B La conoscenza fine a sé stessa è propria degli idioti che non hanno interessi pratici
- C La conoscenza fine a sé stessa non è affatto più nobile di quella finalizzata
- D Alcuni pensano che la conoscenza fine a sé stessa sia sublime, ma di fatto è inutile
- E La conoscenza fine a sé stessa è un passatempo idiota, e tutti abbiamo momenti di idiozia

34 **Nella frase seguente (punto [2]), quale è la proposizione principale?**
«Se il giudizio è rapporto di soggetto e predicato, il soggetto, ossia il fatto, quale che esso sia, che si giudica, è sempre un fatto storico, un diveniente, un processo in corso, perché fatti immobili non si ritrovano né si concepiscono nel mondo della realtà.»

- A perché fatti immobili non si ritrovano
- B il soggetto è sempre un fatto storico
- C il soggetto, ossia il fatto, quale che esso sia
- D Se il giudizio è rapporto di soggetto e predicato
- E né si concepiscono nel mondo della realtà

35 **Individuare l'errore nella frase seguente (punto [6]).**
«Un conoscere per il conoscere, non solo, diversamente da quel che taluni immaginano, non ha punto dell'aristocratico né del sublime, esemplato come è in effetto sul passatempo idiota degli idioti e dei momenti di idiozia che sono in ognuno di noi, ma realmente non accade mai in quanto intrinsecamente è impossibile, venendogli meno con lo stimolo della pratica la materia stessa e il fine del conoscere.»

- A taluni
- B esemplato
- C in effetto
- D intrinsecamente
- E la frase non presenta errori

Brano 7 **In base alle informazioni contenute nel brano seguente, rispondere alle successive domande.**

[1] Supponiamo che *A* e *B* stiano parlando di un comune amico, *C*, che ora lavora in una banca. *A* chiede a *B* come vada *C* con il lavoro, e *B* risponde: «Oh! proprio bene, mi pare; si trova bene con i colleghi, e non è ancora finito in prigione». **[2]** A questo punto *A* potrebbe ben chiedere a *B* che cosa stia implicando, insinuando, o persino che cosa intenda con il dire che *C* non è ancora finito in prigione. **[3]** La risposta potrebbe essere di un tipo qualsiasi delle seguenti: che *C* è il tipo di persona incline a cedere alle tentazioni offerte dalla sua occupazione, che i colleghi di *C* sono in realtà gente molto sgradevole e sleale, e così via. **[4]** Naturalmente ad *A* potrebbe non essere affatto necessario fare a *B* una simile domanda, nel caso che la risposta a essa sia anticipatamente chiarita dal contesto. **[5]** È chiaro che qualunque cosa *B* implichi, insinui, intenda, eccetera, in questo esempio, si tratta di qualcosa di distinto da quel che *B* dice, che è semplicemente che *C* non è ancora finito in prigione [...].

[6] I nostri scambi linguistici non consistono, di norma, in una successione di osservazioni prive di connessioni reciproche, e non sarebbero razionali se consistessero in ciò. **[7]** È tipico che siano, almeno in certo grado, lavori in collaborazione; e ciascun partecipante vi riconosce, in certa misura, uno scopo o un insieme di scopi comuni, o almeno un orientamento mutuamente accettato [...]. **[8]** Potremmo allora formulare un principio generale approssimativo che ci si aspetterà che i partecipanti (*ceteris paribus*) osservino, e cioè: il tuo contributo alla conversazione sia tale quale è richiesto, allo stadio in cui avviene, dallo scopo o orientamento accettato dello scambio linguistico in cui sei impegnato. **[9]** Lo si potrebbe chiamare *principio di cooperazione*.

(da P. Grice, *Logica e conversazione*)

36 **Alla luce del testo, si può affermare che nello scambio fra *A* e *B* riportato nel periodo [1]:**

- A *B* esprime qualcosa che non dice esplicitamente
- B *A* intende qualcosa che *B* non pensa
- C *B* non vuole che il suo interlocutore lo capisca
- D *B* si aspetta che il suo interlocutore intenda solo ciò che dice
- E *A* spera che *B* si stia sbagliando

37 **Qual è il senso di *persino* nel periodo [2]?**

- A soltanto
- B anche soltanto
- C inoltre
- D non solo
- E addirittura

38 **Nel periodo [5] Grice distingue fra:**

- A ciò che un parlante pensa e ciò che non pensa
- B ciò che un parlante dice e ciò che gli interlocutori dicono
- C ciò che un parlante dice e ciò che vorrebbe dire
- D ciò che un parlante dice e ciò che implica
- E ciò che un parlante implica e ciò che un parlante pensa

39 **In base a quanto complessivamente sostenuto dall'autore nel brano, ciò che *B* intende può essere chiarito dal contesto?**

- A No, *B* è incomprensibile a ogni livello
- B No, sono sempre necessari prerequisiti fuori contesto
- C Sì, può essere chiarito dal contesto se esso è noto all'interlocutore *A*
- D Sì, a patto che *B* intenda solo quello che dice esplicitamente
- E Tutte le altre risposte sono errate

40 **Quale fra le seguenti deduzioni è sicuramente errata per quanto detto al punto [3]?**

- A *C* avrebbe potuto tentare di sottrarre denaro alla banca
- B I colleghi di *C* lo avrebbero potuto denunciare per un illecito da lui compiuto
- C I colleghi di *C* lo avrebbero potuto denunciare per un illecito da lui non compiuto
- D I colleghi di *C* avrebbero potuto tentare di sottrarre denaro alla banca
- E Se *C* non è finito in prigione è perché non è incline a cedere alle tentazioni

41 **Secondo quanto l'autore sostiene nei periodi [6] e [7], gli scambi linguistici razionali:**

- A sono molto profondi
- B sono osservazioni prive di connessioni reciproche
- C sono azioni cooperative
- D sono molto rari
- E possono essere dettati da orientamenti contrastanti

42 **Nel periodo [8]** con l'espressione ***un principio generale approssimativo*** **si intende:**

- A un presupposto di ogni forma di comunicazione
- B una modalità di svolgimento di ogni comunicazione
- C un presupposto costante dei dialoghi a due
- D un orientamento che regola ogni dialogo
- E una regola da osservare in una data conversazione

43 **Stando al brano, grazie al citato *principio di cooperazione*:**

- A le persone intelligenti si capiscono sempre
- B i parlanti sono disposti ad aiutarsi in caso di difficoltà
- C i parlanti razionali condividono uno scopo in comune durante la conversazione
- D le persone si scambiano parole in libertà
- E le persone intelligenti non hanno bisogno di parlarsi

44 **La frase «*C* è il tipo di persona incline a cedere alle tentazioni offerte dalla sua occupazione» è:**

- A un eufemismo
- B un'offesa
- C un'ipotesi
- D una metafora
- E nessuna delle precedenti

45 **La frase «ad *A* potrebbe non essere affatto necessario fare a *B* una simile domanda» equivale a:**

- A *A* ha necessità di chiedere a *B*
- B *A* non ha bisogno di fare a *B* una simile domanda
- C *A* potrebbe chiedere a *B*
- D *A* non è costretto a domandare a *B*
- E nessuna delle precedenti è corretta

Brano 8 **In base alle informazioni contenute nel brano seguente, rispondere alle successive domande.**

[1] Karl Marx non divenne un dissidente e un rivoluzionario per reazioni a stenti e a privazioni patiti in gioventù. I moderni discepoli che si recano in pellegrinaggio a Treviri, sua città natale, che sorge nella valle della Mosella ed è contigua alla più bella campagna d'Europa, trovano una dimora attraente, straordinariamente spaziosa. Salvo casi estremamente rari, essa supera in eleganza quelle da cui provengono gli stessi visitatori. Il padre di Marx, il più eminente avvocato di Treviri, nonché magistrato presso la corte d'appello, apparteneva a un'antica famiglia ebraica. All'epoca della nascita di Karl, si era da poco convertito al protestantesimo, ma non pare che in ciò entrassero genuine persuasioni spirituali. Il fatto è che nella posizione ufficiale da lui occupata in Prussia non era facile essere ebreo. Il giovane Marx frequentava l'élite sociale locale; e il suo matrimonio con Jenny von Westphalen, figlia del barone Ludwig von Westphalen, il primo cittadino della città, era in armonia con la sua posizione. I primi anni di Marx non offrono nessun segno premonitore del violento dissenso rivoluzionario che l'avvenire aveva in serbo.

[2] Questo dissenso fu alimentato per la prima volta durante gli anni degli studi universitari, quando, dopo un periodo romanticamente spensierato trascorso a Bonn, Marx si trasferì a Berlino, dove cadde sotto l'influsso di Georg Wilhelm Friedrich Hegel (1770-1831). Da Hegel, o, più precisamente, dalla formidabile e spesso sconcertante aggregazione del pensiero hegeliano, scaturì un'idea in cui ci siamo già imbattuti, sia pure in forma molto elementare, nell'opera di Friedrich List. Si tratta della ferma convinzione che la vita economica, sociale e politica sia impegnata in un processo di costante trasformazione. Quando una struttura o istituzione sociale conquista autorità o preminenza, un'altra sorge a sfidarla. E dalla sfida e dal conflitto che ne derivano nascono una nuova sintesi e un nuovo potere, che saranno successivamente a loro volta sfidati da nuove strutture o istituzioni. L'ovvia esemplificazione in carne e ossa di questa superba astrazione era costituita dai capitalisti – i nuovi industriali – e dalla loro sfida alle vecchie classi dominanti terriere. E non era necessario un grande sforzo di immaginazione per rendersi conto che, dopo aver opportunamente demolito il potere della vecchia aristocrazia e aver raggiunto una nuova sintesi, la nuova borghesia sarebbe stata a sua volta sfidata dagli operai che aveva chiamato a raccolta al proprio servizio.

[3] La tradizione classica – l'abbiamo visto – aveva postulato un equilibrio; e questa dottrina sarebbe stata chiamata l'economia dell'equilibrio. La relazione fondamentale tra datore di lavoro e operaio, tra terra, capitale e lavoro, non mutava mai. Potevano verificarsi variazioni nell'offerta di lavoro e di capitale, ma queste variazioni non avevano altro effetto che quello di portare a un nuovo e analogo equilibrio. L'identificazione e lo studio di tale equilibrio finale costituivano la sostanza della scienza economica. Muovendo da Hegel, Marx fu dunque indotto a rifiutare il più fondamentale dei presupposti dell'economia classica. Per lui l'equilibrio non era il punto d'arrivo, ma un evento incidentale in una assai più ampia trasformazione, che modificava l'intera relazione tra capitale e lavoro.

[4] Possiamo individuare qui la base della più importante divergenza singola nelle visioni dell'economia moderna. Per gli economisti di orientamento classico o neoclassico esiste tuttora un modello fisso, immutabile. A questa norma la vita economica – quali che siano le temporanee perturbazioni o interferenze – tende irresistibilmente a tornare. La scienza economica fa progredire e perfeziona la conoscenza di istituzioni e relazioni basilari che sono costanti. A questa concezione si contrappone la fede in una trasformazione ininterrotta cui gli economisti e le idee economiche devono adattarsi. È il lascito di Hegel e di Marx. Le istituzioni economiche – sindacati, società anonime, le manifestazioni economiche e le politiche dello Stato, il conflitto di classe – sono tutte in movimento o sono fonte di movimento. Credere nell'equilibrio – ossia concepire lo studio dell'economia come una ricerca che mira a far progredire la conoscenza di un oggetto fisso e definito una volta per tutte, insomma come una scienza non diversa dalla fisica o dalla chimica – significa condannarsi a un'ineluttabile obsolescenza.

[5] Negli Stati Uniti, come vedremo in seguito, lo schieramento degli economisti si divide oggi tra classicisti (la stragrande maggioranza) e istituzionalisti, tra quanti postulano un equilibrio inevitabile e costante e quanti (che rivendicano pretese assai minori di precisione scientifica) accettano un mondo in evoluzione e in continuo mutamento.

---

46 Il genere del brano può essere definito come:

A informativo B cronachistico C polemico D critico E poetico

---

47 Alla fine del paragrafo [1], il senso della frase: «I primi anni di Marx non offrono nessun segno premonitore...» è:

A in età giovanile, il carattere di Marx non lasciava immaginare la sua futura veemenza
B il dissenso rivoluzionario che Marx avrebbe espresso in seguito non sembra in relazione con la sua famiglia e la classe sociale di provenienza
C furono proprio i drammatici sviluppi della sua storia famigliare a originare in Marx il dissenso rivoluzionario
D la futura intransigenza ideologica di Marx contrasta con l'atteggiamento in qualche modo opportunistico del padre
E le origini ebraiche di Marx sono un tratto sorprendente quando si considerano le posizioni politiche che ha espresso nel corso della sua vita

---

48 In [2], con l'espressione «formidabile e spesso sconcertante aggregazione del pensiero hegeliano» si indica:

A l'intransigente applicazione dei principi del pensiero hegeliano operata da Marx
B la scorretta e disinvolta commistione del pensiero hegeliano con quello di List
C l'interpretazione del pensiero hegeliano operata da Marx, potente e tanto audace da disorientare un po'
D la rilettura dell'opera di List alla luce del pensiero hegeliano, sorprendete ed eccessiva, operata da Marx
E l'impressionante quantità di scritti, non sempre tra loro coerenti, lasciati da Hegel

---

49 Secondo quanto sostenuto nel paragrafo [2], i *nuovi industriali*:

A sono una categoria dialettica del pensiero economico hegeliano
B sono una superba astrazione della teoria politica marxista
C sono gli alleati naturali dei vecchi proprietari terrieri in opposizione alla classe operaia
D sono il più ovvio esempio di sfidanti contro una vecchia istituzione
E solo con uno sforzo di immaginazione potrebbero abbattere la vecchia aristocrazia terriera

50 Stando al brano, si può dedurre che l'autore presumibilmente sia:

A giornalista economico
B esperto di economia
C conoscitore del pensiero di Marx
D autore di una biografia di Marx
E equilibrista

51 Quale delle seguenti affermazioni è corretta, secondo quanto riportato dal brano?

A Il padre di Karl aderiva sinceramente alla confessione protestante
B La teoria economica istituzionalista trae origine anche dal pensiero di Hegel
C Marx non fu un rivoluzionario
D Secondo la teoria classica la vita economica è in costante trasformazione
E Avere fede in una trasformazione ininterrotta comporta un'ineluttabile obsolescenza

52 Nel paragrafo [5], perché si dice di alcuni economisti che «rivendicano pretese assai minori di precisione scientifica»?

A Perché a partire dal secondo Novecento le scienze in generale hanno rinunciato a un eccessivo determinismo
B Perché negli Stati Uniti gli economisti si sono allontanati più decisamente dalle premesse di stampo positivistico della loro disciplina
C Perché la teoria economica istituzionalista, considerando il mondo come continua evoluzione, non richiede la medesima precisione della dottrina classica
D Perché gli economisti di ispirazione marxista privilegiano un approccio ideologico
E Perché gli economisti classicisti ritengono più importante descrivere i processi di mutamento, meno definiti rispetto ai periodi in cui i sistemi economici si trovano in equilibrio

53 Quale delle seguenti affermazioni NON è contenuta nel brano?

A I sindacati sono istituzioni economiche
B La casa di famiglia di Marx a Treviri supera spesso in eleganza le residenze dei visitatori che vi si recano in pellegrinaggio
C Marx trascorse a Berlino un periodo romanticamente spensierato
D Quando Hegel morì aveva più di 60 anni
E Gli operai non erano gli sfidanti dell'aristocrazia terriera

54 Alla fine del paragrafo [4] l'espressione *ineluttabile obsolescenza* significa:

A totale annebbiamento intellettuale
B continua dimenticanza
C disinteressata generosità
D pervicace opposizione
E nessuna delle altre risposte è corretta

55 Al paragrafo [2] date le frasi «Quando una struttura o istituzione sociale conquista autorità o preminenza, un'altra sorge a sfidarla. E dalla sfida e dal conflitto che ne derivano nascono una nuova sintesi e un nuovo potere», il monosillabo *ne*:

A è una congiunzione negativa
B è un avverbio
C è un pronome e significa "da essa"
D è un pronome e significa "da ciò"
E è un pronome e significa "da essi"

Brano 9 **In base alle informazioni contenute nel brano seguente, rispondere alle successive domande.**

[1] Il buddhismo zen è una pratica e una visione della vita che non appartengono a nessuna categoria formale del moderno pensiero occidentale. Non è religione o filosofia; non è una psicologia o un tipo di scienza. È un esempio di ciò che è noto in India o in Cina come una "via di liberazione", ed è analogo sotto questo aspetto al taoismo, al vedanta e allo yoga. Come sarà presto evidente, una via di liberazione non può avere nessuna definizione positiva. Dev'essere suggerita dicendo ciò che essa non è, un po' come uno scultore rivela una figura rimuovendo le schegge da un blocco.

[2] Storicamente, lo zen può considerarsi come il compimento di lunghe tradizioni di cultura indiane e cinesi, sebbene sia in realtà molto più cinese che indiano e, dal XII secolo, si sia profondamente radicato (e molto costruttivamente) nella cultura del Giappone. Come fruizione di queste grandi culture, e come esempio unico e particolarmente istruttivo di via di liberazione, lo zen è uno dei più preziosi doni dell'Asia al mondo.

[3] Le origini dello zen sono sia taoiste sia buddhiste, e poiché il suo profumo è così tipicamente cinese, è forse meglio iniziare indagando sui suoi antecedenti cinesi e illustrando al tempo stesso, mediante l'esempio del taoismo, ciò che si intende per via di liberazione.

[4] Gran parte della difficoltà e delle mistificazioni che lo zen presenta allo studioso occidentale è il risultato della sua scarsa familiarità con i modi di pensiero cinesi; modi che differiscono sostanzialmente dai nostri e che sono, proprio per questa ragione, di particolare valore per noi nella ricerca di una prospettiva critica delle nostre idee. Il problema non è qui semplicemente di padroneggiare idee diverse, che differiscono dalle nostre come, diciamo, le idee di Kant differiscono da quelle di Descartes, o quelle dei calvinisti da quelle dei cattolici. Il problema è di tenere in dovuto conto le differenze nelle premesse fondamentali del pensiero e nei veri e propri metodi del pensare; differenze così facilmente trascurate, che le nostre interpretazioni della filosofia cinese tendono a essere una proiezione, nella terminologia cinese, di idee tipicamente occidentali. Questo è l'inevitabile svantaggio di chi studia la filosofia asiatica coi metodi puramente letterari della cultura occidentale, poiché le parole possono essere comunicative solo tra coloro che dividono esperienze analoghe.

[5] Ciò non significa che una lingua così ricca e articolata come l'inglese sia semplicemente inetta a esprimere idee cinesi. Al contrario, essa è in condizione di esprimere assai più di quanto abbiano creduto possibile taluni studiosi cinesi e giapponesi dello zen e del taoismo, la cui dimestichezza con l'inglese lascia alquanto a desiderare. La difficoltà risiede non tanto nel linguaggio quanto nei modelli di pensiero che sono finora sembrati inseparabili dal modo accademico e scientifico di affrontare un argomento. L'inadeguatezza di questi modelli per argomenti come il taoismo e lo zen è largamente responsabile dell'impressione che lo "spirito orientale" sia misterioso, irrazionale e imperscrutabile. Inoltre, non bisogna credere che questi soggetti siano così tipicamente cinesi e giapponesi da mancare di qualsiasi punto di contatto con la nostra cultura. Mentre è vero che nessuna delle suddivisioni formali della scienza e del pensiero occidentali corrisponde a una via di liberazione, il mirabile studio di R. H. Blyth sullo zen ha mostrato molto chiaramente che le intuizioni essenziali dello zen sono universali.

[6] Le ragioni per cui a prima vista il taoismo e lo zen rappresentano un tale enigma per la mente occidentale sta nel fatto che noi abbiamo una visione ristretta del sapere umano. Per noi quasi tutto il sapere consiste in ciò che un taoista chiamerebbe conoscenza convenzionale, poiché noi non sentiamo di sapere veramente qualcosa se non possiamo rappresentarcelo con parole, o con qualche sistema di segni convenzionali come le notazioni della matematica e della musica. Tale conoscenza è detta convenzionale poiché è un fatto di convenzione sociale né più ne meno che i codici del linguaggio. Proprio come la medesima gente che parla il medesimo linguaggio ha taciti accordi riguardo le parole da usare per indicare determinate cose, così i membri di ogni società e cultura sono tenuti uniti da vincoli di comunicazione che poggiano su ogni specie di accordo riguardo la classificazione e la valutazione di azioni e di cose.

56 Nel paragrafo [1] l'autore afferma che il buddhismo zen è:

- A una filosofia
- B una religione
- C una forma dello yoga
- D analogo al taoismo
- E una tecnica cinese

57 Nel paragrafo [1], che cosa intende l'autore dicendo che «una via di liberazione non può avere nessuna definizione positiva»?

- A In quanto via di liberazione, lo zen è una forma indefinibile del pensiero
- B A differenza delle vie di liberazione, lo zen è definibile anche se la cultura occidentale fatica a comprenderlo
- C In quanto via di liberazione, lo zen non può essere giudicato in modo favorevole
- D Le vie di liberazione non possono essere descritte in modo oggettivo
- E Le vie di liberazione possono essere descritte solo in base a ciò che non sono

58 Secondo quanto riportato nel paragrafo [2], lo zen:

- A è nato in Cina
- B è nato in India
- C è nato in Giappone
- D si è diffuso poi in Giappone
- E si è diffuso in India nel XII secolo

59 Al principio del paragrafo [4], nella frase «Gran parte della difficoltà e delle mistificazioni che lo zen presenta allo studioso occidentale è il risultato della sua scarsa familiarità con i modi di pensiero cinesi», il possessivo *sua*:

- A è riferito a *zen*
- B è riferito a *difficoltà*
- C è riferito a *risultato*
- D è riferito a *studioso*
- E nessuna delle altre alternative è corretta

60 In base a quanto sostenuto nei paragrafi [4] e [5], lo studioso occidentale ha difficoltà ad avvicinarsi allo zen:

- A perché il pensiero occidentale è pervaso di razionalismo kantiano
- B perché è problematico padroneggiare idee diverse dalle proprie
- C l'inadeguatezza dei modelli occidentali di pensiero
- D perché non riesce a capire la terminologia cinese
- E le parole riescono a essere comunicative solo tra chi studia le stesse discipline

61 In [4] *proprio per questa ragione* vuol dire:

- A proprio per il fatto che i modi di pensiero cinesi hanno particolare valore
- B proprio per il fatto che i nostri modi di pensiero sono diversi
- C proprio perché i modi di pensiero cinesi e nostri sono affatto diversi
- D proprio per il fatto che i modi di pensiero cinesi sono diversi
- E proprio perché abbiamo scarsa familiarità con i modi di pensiero cinesi

62 **Nel paragrafo [5]si afferma che lo *spirito orientale* rimane misterioso:**

- A se viene affrontato con modelli di pensiero accademico-scientifico
- B perché è irrazionale e imperscrutabile
- C in quanto le intuizioni dello zen sono universali
- D se non ci sono punti di contatto tra la cultura occidentale e quella orientale
- E perché nessuna branca della scienza occidentale corrisponde a una via di liberazione

63 **La *conoscenza convenzionale* citata nel paragrafo [6], per un taoista è:**

- A il sapere rappresentato con notazioni grafiche
- B il sapere rappresentato mediante un sistema concordato di segni
- C lo studio dei simboli convenzionali
- D l'insieme delle convenzioni sociali
- E la classificazione e la valutazione dei linguaggi

64 **Nel paragrafo [4] la parola mistificazioni significa:**

- A segreti
- B alterazione della verità
- C bugie
- D truffe
- E mescolanze

65 **La frase: «Noi non sentiamo di sapere veramente qualcosa se non possiamo rappresentarcelo con parole» equivale a:**

- A non possiamo rappresentarci qualcosa con parole senza prima saperla
- B quel che sentiamo di sapere allora possiamo rappresentarlo con parole
- C se non sentiamo di sapere una cosa, allora non la rappresentiamo con parole
- D sappiamo quello che riusciamo a rappresentare con parole
- E nessuna delle altre risposte è corretta

Brano 10 **In base alle informazioni contenute nel brano seguente, rispondere alle successive domande.**

Lo spettacolo continuato

[1] Una delle caratteristiche più significative del *nickelodeon* [un genere di piccola sala statunitense di inizio Novecento, il cui accesso costava un nichelino] e anche delle sale cinematografiche popolari, che si sarebbe poi estesa all'insieme degli spettacoli cinematografici, era l'"orario continuato", già sperimentato in precedenza nei teatri di *vaudeville* indirizzati al pubblico meno esigente. Nelle sale a orario continuato, le **[A]** si susseguono ininterrottamente; inoltre gli spettatori possono generalmente entrare in qualunque momento, anche a spettacolo già iniziato.

[2] Quest'ultima abitudine, nelle sale cinematografiche di oggi è, almeno nelle città occidentali, quasi dimenticata, ma fino a pochi anni fa era così radicata da consentire l'esistenza di uno specifico mestiere, quello della "maschera", incaricata di accompagnare lo spettatore ai posti durante la proiezione, guidandolo nel buio della sala. Con lo spettacolo continuato si affermava un'esigenza relativamente nuova, quella di uno spettacolo formato da un *flusso* ininterrotto in cui il potenziale spettatore potesse inserirsi nel momento in cui gli era più comodo: un flusso costituito non da un singolo racconto, ma da un insieme **[B]** composito di divertimenti differenti. Avevano forma di flusso il varietà e il *vaudeville*, ha avuto forma di flusso lo spettacolo cinematografico fino agli anni Sessanta inoltrati. Lo spettatore cinematografico non solo entrava quando capitava, ma assisteva a un insieme di spettacoli diversi: il film (o nei casi di doppia programmazione i film), il cinegiornale, la pubblicità, a volte un documentario, i "prossimamente".

[3] Dopo il cinema, e sull'esempio del cinema (oltre che del giornale), è stata poi la radio a dare alla propria programmazione la caratteristica di un flusso ininterrotto, capace di rispondere alle esigenze delle persone che, nei diversi momenti della giornata, potevano dedicare tempo all'ascolto; **[C]** è stata poi la volta della televisione, ed è solo quando gli spettacoli televisivi sono diventati il flusso di spettacolo dominante che la frequentazione dei cinema si è specializzata, e si è affermata, in Occidente, l'usanza di non entrare in sala dopo l'inizio del film.

[4] La diffusione degli spettacoli a orario continuato a partire dagli ultimi decenni dell'Ottocento può essere quindi considerata un segnale significativo. Da un lato, essa indica l'inizio di quelli che possiamo chiamare "i media di flusso", dall'altro segnala l'emergere **[D]** di una nuova esigenza da parte del pubblico: quella di adeguare i tempi e ritmi degli spettacoli al "tempo libero" di ciascuno spettatore.

Peppino Ortoleva, *Mass media. Dalla radio alla rete*, Giunti, Firenze 1995, p. 115

---

66 Quale delle seguenti parole è stata tolta al punto [A]?

A Produzioni
B Proiezioni
C Pubblicità
D Recite
E Commedie

---

67 In che termini nel paragrafo [2] l'autore cita la figura della *maschera*?

A Per sottolineare il carattere popolare degli spettacoli di flusso
B Per ricordare gli albori dell'arte cinematografica
C Per esplicitare il riferimento ai teatri di *vaudeville*
D Per rappresentare una implicazione della programmazione continua
E Per conferire un sapore nostalgico alla sua narrazione

---

68 Perché nel paragrafo [3] si cita anche il giornale come esempio di *media di flusso*?

A Per il suo carattere di fruizione collettiva simultanea
B Per i suoi costi bassi
C Perché ne escono molte edizioni durante una giornata
D Per i suoi contenuti vari e la sua fruizione libera
E Per il suo carattere effimero

---

69 In quale contesto nasce lo spettacolo continuato?

A Spettacoli di strada
B Piccole sale popolari
C Campagna e piccoli centri
D Radio e televisione
E Grandi sale teatrali

---

70 Quale tipologia di spettacoli veniva inclusa in origine nelle sale a orario continuato?

A Successioni di drammi teatrali o teatro d'opera
B Solo opere del *vaudeville*
C Solo film narrativi
D Successione di spettacoli e prodotti diversi
E Solo musica e danza dal vivo

71 Quale tra i seguenti vocaboli può essere usato come sinonimo di *composito* al punto [B]?

A Disordinato

B Caotico

C Eterogeneo

D Coerente

E Vivace

72 Secondo l'autore, quale fenomeno sociale e di costume è correlato all'avvento dei *media di flusso*?

A La richiesta di spettacoli con tempi e ritmi adeguabili al tempo libero di ciascuno

B La necessità del pubblico di conoscere gli orari precisi degli spettacoli

C Il desiderio di specializzazione dello svago nel tempo libero

D La necessità di divertimento a costi contenuti

E Lo sviluppo di una cultura d'élite

73 In base a quanto espresso in [C], cosa significa che «la frequentazione dei cinema si è specializzata»?

A Le sale sono frequentate solo da alcuni generi di spettatori

B Ogni sala proietta solo un certo genere di pellicole (film, documentario ecc.)

C Chi guarda la televisione non va più al cinema

D Solo chi ha tempo libero può andare al cinema

E Il pubblico fruisce con attenzione e non entra in sala a pellicola iniziata

74 Quale è l'errore presente nella seguente frase del brano?

«Quest'ultima abitudine, nelle sale cinematografiche di oggi è, almeno nelle città occidentali, quasi dimenticata».

A L'apostrofo in *quest'ultima*

B La virgola dopo *abitudine*

C La grafia della parola *cinematografiche*

D La ripetizione della preposizione articolata *nelle*

E Non c'è alcun errore nella frase data

75 Al punto [D], *l'emergere* è:

A sostantivo

B proposizione infinitiva

C infinito sostantivato

D verbo servito

E nessuna delle altre risposte è corretta

1.2 | Soluzioni e commenti

Brano 1

1 Con l'espressione *nucleo embrionale* l'autore del brano allude a quello specifico elemento che dà l'impronta al lavoro di scrittura e che può consistere di cose diverse. Può essere un titolo pregnante, un buon *incipit*, un'ispirazione, un primo verso, una suggestione, un volto e così via: insomma, «un principio in origine oscuro» (come si legge alla fine del penultimo capoverso) da cui si svilupperà l'opera. Attenzione: non si tratta di una «situazione iniziale» (C errata), che riguarda l'intreccio, né del messaggio (A errata) ma di un principio che definisce il carattere di un'opera. Nemmeno la B è accettabile, dato che una scaletta degli eventi può essere descritta più come uno scheletro che come il nucleo di uno scritto. Anche la D si può escludere, dato che l'insieme dei personaggi non è mai citato nel brano. È quindi l'alternativa E a rendere più correttamente il senso dell'espressione.

2 Per rispondere al quesito si deve individuare l'alternativa che non altera il senso della frase. Sapendo che *ma* è una congiunzione di tipo avversativo (cioè mette in opposizione le frasi che collega), è già possibile escludere le alternative D ed E. Infatti: perciò è una congiunzione conclusiva (trae una conseguenza da ciò che la precede) e *oppure* una congiunzione disgiuntiva (introduce una alternativa). La A si può scartare sia perché al contrario esprime una opposizione marcata, laddove ma ha valori più sfumati, sia perché il sostantivo dogmatica non può assumere lo stesso senso di assiomatica. Infatti, mentre assioma indica un principio autoevidente che si pone alla base di un ragionamento, il dogma è un concetto di cui si assume per fede la verità e l'indimostrabilità. L'assiomatica è dunque un sistema di assunti preliminari: si scarta così la C, mentre la B è la risposta esatta.

3 *Significante* è il participio presente del verbo significare: perciò C è la risposta corretta, mentre D e B sono errate. Come participio viene qui usato con valore di aggettivo "piena di significato" (A errata), ma non ha valore sostantivato (E errata).

4 È bene verificare le alternative per escludere via via quelle errate. Giono è citato come esempio di scrittori «che lavorano in modo più istintivo e meno programmato»: la A è errata. Il paragrafo spiega che il suo bisogno di trovare un titolo, da cui lasciarsi guidare, è paragonabile all'attesa di quel «primo verso donato dagli dei» attribuita a Paul Valéry. Pertanto la C e la D vanno scartate, perché il brano non dice che Giono amasse Valéry o appartenesse alla sua stessa categoria di scrittori. Si legge poi che Aragon è orientato dallo stesso spirito di Giono (anche se nel suo caso, la necessità non è trovare il titolo ma il giusto *incipit*), dunque si può dire che i due appartengano alla stessa "categoria": anche la B è errata. La soluzione al quesito è la E.

5 L'alternativa A concorda con l'affermazione che si legge alla quartultima riga («reiniettando nel testo quel minimo [...] di aleatorietà») ed è dunque la soluzione esatta del quesito. L'alternativa B è errata in quanto dal testo (secondo paragrafo) si può dedurre che *Deux cavaliers de l'orage* è un titolo di Giono. Analogamente, l'alternativa C può essere esclusa in quanto dal primo paragrafo si ricava che quello non è il parere dell'autore ma della categoria di scrittori che lavorano in modo «più istintivo». Le alternative D ed E, infine, si escludono facilmente perché il brano non contiene simili giudizi di valore.

Brano 2

6 Nel secondo capoverso del brano è contenuta la risposta al quesito (alternativa C). L'alternativa B è errata in quanto parziale (quelli visivi sono solo sottoinsieme di quelli che vengono definiti strumenti sensoriali).

7 In base a quanto affermato nel brano, Lotka distingue tra organi (strumenti endosomatici) e strumenti esosomatici. Tra i primi vengono esplicitamente menzionate le zampe e altre parti del corpo (occhi, denti, reni ecc.). Si possono dunque escludere le alternative A e C. L'alternativa B è anch'essa errata in quanto esattamente opposta al pensiero di Lotka (gli strumenti esosomatici diventano funzionalmente intellegibili *solo* durante il loro uso). Il testo afferma il contrario di quanto detto in D. La risposta esatta è dunque la E.

8 L'alternativa A corrisponde a quanto affermato nelle ultime righe del brano ed è dunque la risposta corretta del quesito in esame. Per ciò che riguarda l'alternativa B, l'autore afferma, poco oltre la metà del brano, che il rapporto stretto che esiste tra uomo e strumento esosomatico è di tipo funzionale e non anatomico. Le alternative C, D ed E si escludono facilmente in base alle seguenti frasi contenute nel brano: «deploro l'abitudine di descrivere il cervello come una specie di macchina calcolatrice» e «l'uomo non è proprio l'unico animale che faccia uso di strumenti»; «I due tipi di strumenti, infatti, servono alle stesse funzioni biologiche».

9 Tra le alternative proposte, l'unica che descrive correttamente il contenuto del brano è la A, come dichiarato in apertura del testo: «quale fondamentale differenza biologica esiste fra gli esseri umani e gli altri animali?».

10 L'autore afferma che il picchio delle Galápagos è uno dei rari esempi di animali che usino strumenti. Peraltro, il fatto di usare strumenti è una caratteristica che il picchio delle Galápagos ha in comune con l'uomo e dunque l'alternativa C è esatta.

Brano 3

11 Presa come congiunzione, perché può introdurre proposizioni causali, finali, interrogative indirette e consecutive. Preso come avverbio interrogativo, *perché* consente invece di formulare domande dirette o indirette. Considerando l'intero periodo («Ma perché esse abbiano un senso e un interesse occorre che permettano di recuperare integralmente tutte le predizioni verificate della teoria quantistica») si può escludere subito la E perché è evidente che non introduce una interrogazione. A una analisi più attenta, si individua la C come risposta esatta: la frase esprime lo scopo da raggiungere.

12 Nella frase data, il primo *che* non è un pronome ma una congiunzione dichiarativa: sono errate la A e la C. Il secondo *che* è un pronome relativo, riferito a *qualcos'altro*. Sono errate la B e la D; la E è a soluzione dell'esercizio.

13 La risposta corretta è la D. In base a quanto espresso nel capoverso, osservata su scala microscopica la materia si comporta in modo aleatorio, cioè non deterministico (A errata); le previsioni effettuate dalla teoria quantistica sono precise, anche se in esse il caso è un elemento costitutivo (B ed E errate) e corrispondono alle misure sperimentali (C errata).

14 In tutto il brano l'autore mantiene uno stile divulgativo nell'illustrare il dibattito scientifico relativo alla teoria quantistica probabilistica, alle possibilità di recupero di teorie deterministiche e alle relative implicazioni; non prende posizione né esprime giudizi non scientificamente fondati e usa un tono per lo più neutrale. La risposta A è quindi palesemente errata, mentre la C potrebbe trarre in inganno, ma non è l'ironia all'origine della scelta dell'autore, che usa invece l'immagine delle *rotelline* per consentire al lettore di "visualizzare" i concetti, come proposto dall'opzione B, soluzione al quesito.

15 L'alternativa A è da scartare perché, stando al brano, la teoria accettata da un gruppo minoritario di fisici è quella delle *variabili nascoste*. Quest'ultima è infatti una teoria di tipo deterministico e non probabilistico alternativa alla teoria dei quanti (risposta B errata). L'alternativa C va scartata perché nell'ultimo paragrafo si sostiene che il progresso colto negli ultimi venti anni non consiste nella teoria quantistica in sé ma nell'avere compreso che non si può preservare il determinismo

senza che si producano altri e più gravi problemi teorici. Infine, «gli aspetto bizzarri» citati dalla D riguardano le teorie alternative alla fisica quantistica convenzionale. La soluzione esatta è la E: alla fine del primo paragrafo si dice che questa teoria esiste da tre quarti di secolo.

Brano 4

16 Nella seconda parte del brano l'autore parla della necessità di sviluppare l'attitudine a contestualizzare i saperi, atteggiamento che a sua volta arriva a produrre un «pensiero ecologizzante», un pensiero cioè che riesce a situare ogni evento, informazione o conoscenza in una relazione di inseparabilità con il proprio ambiente culturale, sociale, economico, politico e naturale. La soluzione al quesito è fornita, quindi, dall'alternativa B.

17 Il brano afferma che «l'educazione deve favorire l'attitudine generale della mente a porre e a risolvere i problemi e correlativamente deve stimolare il pieno impiego dell'intelligenza generale» (come suggerito dall'alternativa C). Lo stesso brano afferma, inoltre, che lo sviluppo di tale intelligenza generale passa per l'esercizio al dubbio (e non per l'alimentazione delle certezze come afferma l'alternativa D, che è errata).

18 Secondo quanto affermato dall'autore, la conoscenza comporta nello stesso tempo separazione e interconnessione, analisi e sintesi. La conoscenza è, cioè, un processo circolare che passa «dalla separazione al collegamento, dal collegamento alla separazione, e poi, dall'analisi alla sintesi, dalla sintesi all'analisi» e non solo un processo di separazione, come vorrebbero le alternative C e D, o di mera interconnessione, come vorrebbe la A. La soluzione al quesito è, quindi, fornita dall'alternativa B.

19 A metà del brano si parla della serendipità come dell'arte in grado di trasformare dettagli apparentemente insignificanti in indizi che consentono di ricostruire tutta una storia. L'alternativa coerente con questa definizione è la D.

20 Scopo del brano è capire quale sia la finalità dell'insegnamento. Secondo l'autore, nel presente, il problema relativo all'educazione sta nel fatto che questa ha privilegiato la separazione, l'analisi a scapito dell'interconnessione e della sintesi che restano trascurate. Ma proprio perché l'uomo tende naturalmente a conoscere disgiungendo gli oggetti tra loro, è necessario dare valore a quanto invece li interconnette. Lo sviluppo della capacità di contestualizzare e globalizzare i saperi diviene quindi per l'autore un imperativo dell'educazione. Il brano, infatti, parla proprio dell'importanza della riforma dell'organizzazione dei saperi, per arrivare a una conoscenza che comporti nello stesso tempo, secondo le parole dell'autore «separazione e interconnessione, analisi e sintesi». La soluzione del quesito è, quindi, fornita dall'alternativa D.

Brano 5

21 Nel brano (primo capoverso) si afferma che sono rari i molto antichi i casi in cui l'architettura romana mostra di avere risentito dell'influenza etrusca in modo non casuale. Ma tali esempi sono appunto davvero pochi, come correttamente suggerito dall'alternativa D.

22 Dopo aver parlato della «grande invenzione tecnica dei Romani» – l'*opus caementicium* – l'autore afferma che «si sentì di seguito la necessità di abbellire le facce esterne» con dei paramenti che nel III secolo assumono la forma dell'*opus incertum*. Quest'ultimo è quindi successivo all'*opus caementicium*, come correttamente affermato dall'alternativa D.

23 Il brano spiega che, benché l'architettura romana si rifacesse a quella greca, altrettanto non accadeva «nel campo delle strutture murarie» dove «i Romani mutarono quasi totalmente i mezzi dalla tradizione greca». La risposta esatta è dunque la C.

24 Definendo il genere testuale del brano, si intende identificare il modo e/o il fine dell'esposizione. Si scartano, quindi, le varie alternative, dato che non si tratta di un testo né finzionale né normativo né di un testo a tesi o in polemica con una qualche teoria. L'architettura e la sua evoluzione al tempo dei romani è l'oggetto del brano, accessibile anche a un lettore non esperto dell'argomento; la soluzione è, quindi, fornita dall'alternativa C.

25 La Cloaca Massima viene nominata all'inizio del brano come uno dei rari esempi di influenza chiara dell'architettura etrusca su quella romana. La soluzione al quesito è fornita dall'alternativa B.

Brano 6

26 La risposta corretta è la A, dato che Croce dice: «ogni concreto conoscere non può non essere [...] legato alla vita, ossia all'azione [...] rivolto a rimuovere, come si è detto, l'ostacolo che incontra» (punto **[5]**). Di conseguenza B è errata («quegli intellettuali che disegnano come via di salvazione il distacco dell'artista o del pensatore dal mondo [...] non si avvedono di disegnare nient'altro che la morte dell'intelletto»: punto **[7]**). Dall'affermazione «un conoscere per il conoscere [...] realmente non accade mai» (al punto **[6]**) risulta poi errata l'alternativa C. Infine si escludono la D e la E: infatti l'autore stabilisce chiaramente l'identità tra conoscenza e giudizio quando afferma «il giudizio storico [...] è la conoscenza senz'altro» (punto **[4]**).

27 Le opzioni A e C dicono palesemente l'opposto di quanto espresso nel testo, che collega giudizio e conoscenza all'azione (si vedano i punti **[5]** e **[6]**). La E non trova riscontro e va quindi esclusa. La D opera una deduzione impropria: l'autore, nelle ultime righe, afferma che la «contemplazione attiva e poetica chiude in sé un mondo di pratiche lotte e di affetti», dunque la contemplazione non significa distacco dalla realtà e pertanto non comporta «la morte dell'intelletto». Quest'ultima, invece, si ha quando, con la «deliberata impartecipazione ai volgari contrasti pratici [...] in cui non si urti in ostacoli da superare, neppur si pensa, perché è venuto meno ogni motivo di pensare» (**[7]**). La soluzione al quesito è data dall'opzione B.

28 Le informazioni necessarie per risolvere il quesito sono fornite dai punti **[1]** e **[2]**. Vi si legge infatti che ogni giudizio è giudizio storico (C errata) e che un giudizio consiste nel mettere in rapporto un soggetto (cioè un fatto) con il predicato: ne consegue che questi due elementi sono necessari e che la risposta A è corretta rispetto al testo. Le altre opzioni vanno escluse: il giudizio riguarda sempre un fatto storico, cioè un processo in divenire, dato che «fatti immobili non si ritrovano nella realtà» (B errata); la sensazione è ciò che resta di una percezione che non giudica (D errata).

29 Croce dice: «Non basta dire che la storia è il giudizio storico, ma bisogna soggiungere che ogni giudizio è giudizio storico». La seconda parte del periodo accosta al primo concetto un secondo. Non si tratta di una correzione (la seconda parte non contraddice la prima), né di una deduzione (la seconda parte non deriva per necessità logica dalla prima, ma è argomentata); neppure è l'ammissione di qualcosa detto in precedenza, ma è un completamento, cioè una *aggiunta*. La risposta corretta è dunque la D.

30 Il giudizio storico – e dunque la storia – per Croce non è solo una tra le differenti forme possibili del conoscere (*un ordine di conoscenze*) ma è la sola forma possibile di conoscenza *non lasciando posto per altro*. Il verbo usato nell'espressione oggetto del quesito, non va dunque inteso secondo la sua accezione di "svuotare, indebolire" (B, C ed E errate) ma secondo quella di "riempire completamente". La A è pertanto la soluzione al quesito. Il senso di integrare (D) è invece estraneo al verbo.

31 Nella frase «non ha punto dell'aristocratico né del sublime», *punto* ha il valore di avverbio rafforzativo della negazione. Il senso è quindi "non ha affatto, per nulla" e la risposta corretta è la C.

Letteralmente significa: "nemmeno un punto", cioè "nemmeno la più piccola parte", dunque "nulla".

32 Il senso dell'espressione si lega alla *percezione giudicante* di cui si parla all'inizio del periodo. L'autore spiega che anche quando incappiamo in un sasso per strada, ne percepiamo la presenza formulando al contempo un giudizio che guida poi la nostra azione (per esempio, evitare o spostare il sasso ecc.). Tale giudizio è storico (in quanto il sasso è un *processo in corso*) ed è parziale, perché considera solo gli aspetti rilevanti ai fini della situazione concreta (che il sasso non volerà via, nell'immediato, anche se un giorno sarà del tutto disgregato). La soluzione è quesito è quindi **C**.

33 Secondo Croce, il *conoscere per il conoscere* non solo non ha nulla di nobile (*non ha punto dell'aristocratico né del sublime*) ma non si verifica mai nella realtà, perché *intrinsecamente è impossibile*; infatti, senza azione (lo *stimolo della pratica*) al conoscere mancano l'oggetto e lo scopo (*venendogli meno la materia stessa e il fine del conoscere*). La risposta esatta è quindi la **A**. Le altre alternative propongono affermazioni in tutto o in parte rispettose del testo, ma incomplete.

34 La proposizione principale è tale non solo perché reggente di tutte le altre nel periodo, ma perché autonoma nella sintassi e di senso compiuto. È facile dunque escludere **A** e **D** introdotte da congiunzioni subordinative (perché, causale; se, condizionale). Per le altre opzioni bisogna verificare il contesto: la **E** si esclude in quanto è una coordinata alla causale (*perché … né*); in **C**, invece, *quale che* introduce una interrogativa indiretta, per sua natura una proposizione subordinata. La risposta esatta è pertanto la **B**: per ricostruirla, bisogna depurarla dagli incisi interposti (il soggetto [, ossia il fatto, quale che esso sia, che si giudica,] è sempre un fatto storico).

35 Tenendo conto che Croce ha scritto questo testo nel 1938, bisogna tenere conto che possono esservi parole o grafie un poco diverse da quelle cui siamo abituati ma non per questo errate. Sono corrette infatti **B** e **C**: esemplato (dal verbo esemplare), significa "modellato"; in effetto è equivalente al singolare della ben nota locuzione in effetti. Anche la **A** e la **D** sono evidentemente corrette. La risposta esatta è la **E**.

Brano 7

36 Oltre che nel senso complessivo del brano (che tratta dei livelli impliciti della comunicazione), la risposta si rintraccia in particolare nei periodi **[2]** («*A* potrebbe ben chiedere a *B* che cosa stia implicando») e **[5]** («qualunque cosa *B* implichi»). Quindi, nel dialogo riportato il personaggio *B* stra esprimendo qualcosa che non coincide o comunque non si esaurisce nelle sue esplicite parole. La soluzione è quindi fornita dall'opzione **A**. Tutte le altre opzioni sono illazioni non confermate dal testo.

37 L'avverbio *persino* (lo stesso che *perfino*) è usato per indicare una situazione quasi al limite del possibile, in qualche modo eccezionale e/o tale da suscitare stupore. Tra le alternative proposte, la sola usata con la stessa valenza di significato è *addirittura* (**E** soluzione al quesito).

38 Il testo non lascia dubbi: «È chiaro che qualunque cosa *B* implichi […] si tratta di qualcosa di distinto da quel che *B* dice». L'autore sta spiegando che, nella semplice frase pronunciata da *B*, il significato sotteso è del tutto distinto da quello letterale, tanto che – come indicato dalla risposta **C** (soluzione del quesito) – non c'è coincidenza tra ciò che il parlato dice e ciò che implica.

39 Entro una cornice di senso condivisa, può non essere necessario esplicitare ogni implicazione, appunto perché è il contesto che fornisce gli elementi che rendono chiari, a tutti gli interlocutori, anche elementi non espressi, taciuti o sottintesi. La risposta corretta è quindi la **C**, come anche il periodo **[4]** consente di stabilire senza incertezze: «ad *A* potrebbe non essere affatto necessario fare a *B* una simile domanda, nel caso che la risposta a essa sia anticipatamente chiarita dal contesto».

40 Se *C* fosse persona incline a cedere alle tentazioni, quanto suggerito dalle opzioni A e B potrebbe essere vero, e quindi tali risposte sono da escludere; se i colleghi fossero sleali potrebbe essere vero quanto proposto da C e D, che sono da scartare. Non è invece coerente con il testo che *C* abbia evitato la prigione solo perché non è tipo da cedere alle tentazioni (potrebbe per esempio non essere stato scoperto): la soluzione al quesito è quindi fornita dalla risposta E.

41 Nei paragrafi citati (e in tutto il brano) l'autore non esprime valutazioni sulla profondità degli scambi linguistici (risposta A errata). Per quanto dice in **[6]**, possiamo poi escludere la B (se le conversazioni non hanno connessioni reciproche allora non sono razionali), mentre dal punto **[7]** è possibile ricavare che gli scambi linguistici razionali presuppongono almeno un orientamento comune (E errata) ma anche che non sono eventi rari (D da escludere), ed è anzi *tipico* che siano azioni cooperative, come proposto dalla risposta C, che è la soluzione al quesito.

42 Relativamente alle informazioni fornite dal periodo considerato **[8]**, si può affermare che il *principio generale* di cui si sta parlando riguarda le conversazioni, ma non sappiamo se riguardi ogni forma di comunicazione (A e B errate), o necessariamente i dialoghi a due (C da escludere). Non possiamo nemmeno estenderlo a tutti i dialoghi: la D è pertanto errata mentre la E è la risposta corretta.

43 Il *principio di cooperazione*: vale per le conversazioni, quindi l'opzione E è paradossale; implica spirito di collaborazione e orientamento condiviso, occorre cioè che i parlanti si esprimano entro una certa cornice comune, non in (assoluta) libertà, quindi la D è errata; è la premessa per una buona comunicazione, ma il testo non dice che sia una garanzia assoluta per la comprensione tra chi parla, quindi la A va esclusa; implica e richiede che i parlanti collaborino, ma non solo in caso di difficoltà, come espresso dall'alternativa B (errata); presuppone parlanti razionali con un orientamento comune, come proposto dalla risposta C (soluzione).

44 L'*eufemismo* è una figura retorica che sostituisce, per scrupolo o per riguardo, un'espressione dura o offensiva con un'altra di significato attenuato. In questo caso, anziché dire, per esempio, che C è un ladro, si dice che è esposto alle tentazione. La risposta esatta è A.

45 Il senso della frase è: è possibile che *A* non abbia bisogno di fare a *B* una certa domanda. La risposta corretta è D.

Brano 8

46 Un testo può essere definito rispetto a elementi diversi, per esempio secondo il *genere* – cioè in base allo scopo per cui è scritto: descrivere, informare, narrare, criticare ecc. – o anche secondo il *registro* della scrittura: alto, formale, informale, medio, specialistico ecc. Stando alle alternative proposte, è possibile definire il brano come *informativo*, poiché informa il lettore riguardo ad alcuni aspetti della vita di Marx e alla formazione del suo pensiero. Si può escludere però che sia *cronachistico* (B errata), caratteristica che richiederebbe la descrizione minuziosa e continuativa nel tempo di un evento. Anche quando il testo passa a definire le principali differenze tra teorie economiche, lo scopo non è *critico* o *polemico* (C e D errate), ma resta quello di fornire al lettore informazioni basilari per chiarire il pensiero di Marx. Dunque la risposta esatta è A.

47 L'autore del brano ripropone come una conclusione la considerazione già espressa nelle prime righe («Marx non divenne un dissidente e un rivoluzionario per reazioni a stenti e a privazioni patiti in gioventù»): infatti ha dedicato tutto il paragrafo a descrivere le condizioni di agiatezza della sua famiglia benestante, nonché le frequentazioni altolocate del futuro estensore del *Manifesto del partito comunista*. L'autore ha, insomma, così dimostrato la sua tesi, correttamente sintetizzata dalla risposta B, soluzione al quesito. Le altre opzioni propongono affermazioni relative ad aspetti non considerati dal testo (il carattere, gli sviluppi della storia famigliare) o che in ogni caso non vengono messi in alcun rapporto con il dissenso rivoluzionario che Marx esprimerà negli anni successivi (l'atteggiamento del padre, le origini ebraiche).

48 La risposta corretta è la **C**. A Berlino – scrive l'autore – Marx conosce e resta influenzato dal pensiero di Hegel da cui trae, attraverso un'interpretazione ardita e non ortodossa, un'idea di grande importanza, che già List aveva espresso ma in termini elementari. Si tratta dell'idea che anche le società, nel trasformarsi delle loro dimensioni economiche e politiche, subiscono un costante mutamento dialettico: Marx individua nel conflitto della "lotta di classe" il motore della storia dell'umanità.

49 Nella seconda parte del paragrafo **[2]**, l'autore spiega che – partendo dalla *superba astrazione* del pensiero hegeliano – Marx indicò come esempio evidente e concreto del conflitto sempre in atto nella storia la sfida lanciata dalla nuova borghesia industriale e capitalistica alla vecchia aristocrazia terriera. La risposta esatta non può essere perciò in **C** o **E** ma in **D**. La **A** è errata perché il brano non cita un pensiero economico hegeliano (che del resto non esiste); la **B** è assurda perché nuovi industriali erano una realtà e non l'astrazione di una teoria.

50 Il brano non contiene elementi che autorizzano a dedurre una specifica professione o qualifica dell'autore: se è pur vero che il brano accenna ad alcuni temi di economia e tratta di alcuni momenti della vita di Marx, non c'è ragione di concludere che l'autore sia economista o biografo di Marx. Sono ipotesi forse possibili, ma non certamente deducibili (**A**, **B** e **D** vanno escluse). Si può invece affermare che l'autore, per scrivere questo testo, conosca almeno in qualche aspetto il pensiero di Marx. La risposta esatta è così la **C**.

51 La risposta esatta è la **B**. Infatti: nel paragrafo **[2]** si legge come l'idea marxiana di un conflitto costante tra vecchie istituzioni e nuove istituzioni derivi dal pensiero hegeliano. Nel paragrafo **[5]** si definisce questa posizione, alternativa alla dottrina classica dell'equilibrio, come *istituzionalista*. Quanto alla **D**, è errata perché inverte le posizioni delle teorie economiche: sono gli istituzionalisti, e non i classicisti, a credere nel costante mutamento della vita economica. Le affermazioni **A** e **C**, infine, possono essere facilmente scartate sulla base del paragrafo **[1]**. La **E** è da escludere perché assembla alcune espressioni presenti nel testo in una frase priva di senso.

52 L'ultimo paragrafo del brano presenta in sintesi le due concezioni tra cui si dividono gli economisti del contesto statunitense: i classicisti postulano un mondo che, al di là delle turbolenze del momento, tende sempre a tornare all'equilibrio; equilibrio che pertanto può essere conosciuto e calcolato con sempre maggiore dettaglio. Gli istituzionalisti, invece, accettano un mondo in continua trasformazione, la cui conoscenza è quindi per sua natura probabilistica e approssimata. La risposta corretta al quesito è dunque la **C**. Da notare che l'affermazione **E** sarebbe esatta se non fosse attribuita ai classicisti.

53 L'affermazione **A** si rinviene in un inciso del paragrafo **[4]**; la **B** ripete quanto detto in apertura del brano al paragrafo **[1]**; la **D** si ricava dalle date di nascita e morte di Hegel riportate nel paragrafo **[2]**; la **E** è corretta in base a quanto dice la fine del paragrafo [3]: «[…] dopo aver opportunamente demolito il potere della vecchia aristocrazia e aver raggiunto una nuova sintesi, la nuova borghesia sarebbe stata a sua volta sfidata dagli operai che aveva chiamato a raccolta al proprio servizio».

La risposta da indicare perché non contenuta nel brano è **C**: il «periodo romanticamente spensierato» di Marx si svolse a Bonn, non a Berlino dove Marx si trasferì in seguito (paragrafo **[2]**).

54 In questo tipo di domande, nel caso non si conosca il significato delle parole in questione, il metodo migliore è verificare le alternative rispetto al contesto, per eliminare quelle palesemente insensate. Nel nostro caso, è utile ricordare che il brano sta descrivendo l'innovazione portata nella disciplina economica tradizionale dal pensiero di Marx; inoltre, la frase in oggetto dice: «Credere nell'equilibrio … significa condannarsi a un'ineluttabile obsolescenza». Risulta semplice escludere B, C e D, in quanto "dimenticanza" (obliterazione), "generosità" (oblatività) e "opposizione" (obiezione) sono concetti che non legano con l'argomentazione in corso. Più accettabile potrebbe sembrare la A: tuttavia il tono del brano non è tanto polemico da rasentare l'insulto, come risulterebbe accusando di "annebbiamento intellettuale" (obnubilamento) chi aderisse alla teoria economica dell'equilibrio. Risulta che nessuna opzione è adeguata e la risposta esatta è E: obsolescenza indica infatti un processo di invecchiamento e inadeguatezza, una perdita di efficienza, mentre ineluttabile si dice di qualcosa che non può essere evitato. L'espressione vale dunque "inevitabile arretratezza".

55 Si può escludere subito A, perché la congiunzione negativa si scrive come monosillabo accentato *né* [= e non]. Il monosillabo scritto senza accento *ne*, invece, può avere valore *avverbiale* quando indica uscita o allontanamento (Gianni era Roma, ma *ne* [= da lì] è ripartito ieri). Anche la B dunque è errata, perché non trova riscontro nelle frasi in esame. L'ultimo valore che può assumere *ne* è quello di pronome, personale o dimostrativo (Gianni è partito, ma non *ne* [= di lui] ho saputo più niente // Il lavoro è faticoso, ma *ne* [= da questo] ho tratto un guadagno). Talvolta *ne* si riferisce a un'espressione o a un'intera frase, e dunque vale "di ciò/da ciò". È proprio il caso proposto dal quesito: *che ne derivano*, infatti, significa "che derivano dal fatto che una struttura o istituzione sociale conquista autorità o preminenza e un'altra sorge a sfidarla" e dunque vale *che derivano da ciò*. Risposta esatta D.

Brano 9

56 Nelle prime righe del testo, l'autore elenca tutto ciò che lo zen *non* è (scienza, filosofia, religione, psicologia ecc.: risposte A e B errate); lo definisce come una "via di liberazione" assimilandolo in questo al vedanta, allo yoga e al taoismo (quindi la D è la risposta esatta, mentre la C è errata). La E si esclude in quanto non il testo non parla mai di tecnica.

57 Quelle che il testo definisce *vie di liberazione* (tra cui lo stesso zen: risposta B errata) sono, secondo l'autore, impossibili da definire con affermazioni dirette, cioè *positive*; di esse si può dare un'idea solo per via indiretta, negativa, indicando quello che non sono (risposta corretta E). Per rispondere correttamente, bisogna scegliere l'accezione giusta tra quelle che l'aggettivo *positivo* può avere ("certo, oggettivo, affermativo, buono" ecc.): C e D risultano errate nel contesto. La A va esclusa perché tutto il brano sostiene che lo zen non solo è definibile ma comprensibile.

58 Il paragrafo spiega che lo zen rappresenta il compimento di lunghe e antiche tradizioni cinesi e indiane, anche se la componente cinese è forse più rilevante («il suo profumo è così tipicamente cinese»). Non è possibile dunque concludere che lo zen sia nato in Cina (A errata), né che sia nato in India o si sia diffuso lì successivamente (B ed E errate). Il testo dice invece che lo zen si radicò in seguito in Giappone. La risposta esatta è così la D.

59 Pronomi e aggettivi possessivi da un lato determinano l'oggetto posseduto, dall'altro indicano il possessore (*mio, tuo, suo* ecc. = di *me*, di *te*, di *lui/lei/esso/essa* ecc.). In questo caso *sua* è un aggettivo concordato con *familiarità* e riferito a *studioso* (risposta corretta D).

60 La A è errata: nel testo Kant è citato, insieme a Descartes, solo per esemplificare due diversi sistemi di pensiero. La B riprende le parole del brano ma ne rovescia il senso (il testo dice che «il problema *non è* padroneggiare idee diverse»). Anche la D è da scartare, perché «la difficoltà risiede non tanto nel linguaggio». La E è a sua volta errata, in quanto nel testo si legge che le parole sono comunicative solo tra coloro che «dividono esperienze analoghe» e non tra coloro che studiano le stesse discipline. La risposta esatta è quindi la C, come del resto nel brano è detto due volte in modi diversi: «Il problema è di tenere in dovuto conto le differenze nelle premesse fondamentali del pensiero» e «La difficoltà risiede [...] nei modelli di pensiero».

61 Per intendere correttamente l'espressione data, bisogna partire dal contesto: «Gran parte della difficoltà [...] che lo zen presenta allo studioso occidentale è il risultato della sua scarsa familiarità con i modi di pensiero cinesi; modi che differiscono sostanzialmente dai nostri e che sono, proprio per questa ragione, di particolare valore per noi [...]». Si ricava che la *ragione* consiste nella differenza reciproca dei due modelli di pensiero: pertanto B e D sono errate mentre la risposta C, è la soluzione al quesito.

62 La B (una evidente tautologia) non rispetta il senso della frase in cui è inserita. La C fraintende il pensiero dell'autore: lo zen *non* è misterioso proprio in forza delle sue intuizioni universali. Anche la D ribalta un'affermazione del testo (secondo cui non è vero che mancano punti di contatto tra le due culture). La E riporta effettivamente una frase del testo, ma essa non è la ragione per cui lo spirito orientale può rimanere misterioso; non è quindi la risposta esatta. Per rispondere correttamente al quesito bisogna invece scegliere la A.

63 Leggendo con attenzione il paragrafo citato, si ricava che per un taoista esiste un sapere convenzionale, che consiste in una forma di conoscenza che può essere «rappresentata con parole, o con qualche sistema di segni convenzionali come le notazioni della matematica e della musica». Per gli occidentali questa è anche di solito la sola conoscenza possibile. La risposta esatta è B. Attenzione alla A: non tutte le notazioni grafiche sono convenzionali; per esserlo deve esserci un accordo comune per il quale tutti danno lo stesso significato allo stesso segno.

64 Il sostantivo *mistificazione* indica una distorsione dei fatti, che ha come effetto il formarsi di opinioni erronee. La risposta esatta è B.

65 La frase data esprime il carattere linguistico del modello di pensiero occidentale, per il quale il possesso di un concetto e della conoscenza in generale consiste nella capacità di riprodurlo mediante un codice linguistico. L'unica opzione che esprime questo è la D.

Brano 10

66 Procedendo per esclusione, si scarta facilmente la risposta A (la *produzione*, ossia la realizzazione di un film, precede la sua fruizione da parte del pubblico) e la C *(alla fine di* ***[2]*** *si cita la pubblicità tra gli altri: film, cinegiornali ecc.)*. Il senso della frase è che, nelle sale a orario continuato, gli spettacoli si susseguivano senza interruzioni: ma questi spettacoli non erano *recite*, giacché si sta parlando di sale cinematografiche e lo confermano le frasi immediatamente precedenti e seguenti (D errata); il brano non consente nemmeno di ricavare che si trattasse soltanto di *commedie* (E da scartare). La risposta corretta è dunque la B.

67 All'inizio di **[2]** si spiega che, quando le sale cinematografiche praticavamo gli spettacoli a flusso continuo, l'ingresso del pubblico poteva avvenire in ogni momento, non solo prima che cominciasse la programmazione. Pertanto era necessaria la presenza di un lavoratore (chiamato appunto *maschera*) incaricato «di accompagnare lo spettatore ai posti durante la proiezione, guidandolo nel buio della sala». La risposta al quesito è la D.

68 Nelle righe precedenti l'autore definisce le caratteristiche dello spettacolo *di flusso* «in cui il potenziale spettatore potesse inserirsi nel momento in cui gli era più comodo [...] un flusso costituito non da un singolo racconto, ma da un insieme composito di divertimenti differenti». Sono evidenti le analogie tra questo genere fruizione di un contenuto e la lettura di un giornale, che il lettore può cominciare, interrompere, riprendere in ogni momento, scegliendo tra una varietà di contenuti di diverso genere. La risposta corretta è quindi la D.

69 Anche se il concetto viene sviluppato e ripreso in più passi del brano, già le prime righe, e in particolare il riferimento al *nickelodeon*, consentono di individuare facilmente, tra le alternative proposte, la B come risposta esatta.

70 Nella descrizione fatta dall'autore, carattere distintivo degli spettacoli di flusso era la varietà. Tra le opzioni fornite dal quesito, e tenendo conto che si sta parlando di sale cinematografiche e non di spettacoli dal vivo, la sola alternativa coerente è la D (risposta corretta alla domanda).

71 La risposta corretta è la C. L'aggettivo *composito* deriva direttamente dal latino *compositus*, participio passato del verbo *componere*, "porre insieme". Significa quindi letteralmente "composto", cioè costituito da più parti, quindi "complesso", "molteplice" e anche "variegato", se indica il risultato dell'unione di elementi differenti. In questa accezione ha come sinonimo anche *eterogeneo*.

72 La risposta corretta è la A. Al principio di **[4]** il testo spiega chiaramente che la comparsa delle sale a orario continuo segna la nascita dei media di flusso e parimenti si collega a una «nuova esigenza da parte del pubblico: quella di adeguare i tempi e ritmi degli spettacoli al "tempo libero" di ciascuno spettatore».

73 Il testo dice: «quando gli spettacoli televisivi sono diventati il flusso di spettacolo dominante [...] la frequentazione dei cinema si è specializzata, e si è affermata, in Occidente, l'usanza di non entrare in sala dopo l'inizio del film». La *specializzazione* non riguarda perciò quale pubblico frequenta i cinema (A e C errate), né quali pellicole le sale decidono di proiettare (B errata): si tratta invece del *modo* in cui il pubblico si reca al cinema. La specializzazione riguarda cioè il comportamento: lo spettacolo continuo è quello fornito dalla televisione, mentre al cinema la visione torna ad avere un inizio da rispettare. La risposta esatta è la E.

74 L'errore è quello indicato in B. Infatti, benché l'uso della punteggiatura sia abbastanza flessibile e adattabile agli stili di scrittura, esistono alcune regole che vanno rispettate. Una di queste, prescrive di non separare mai con una virgola il soggetto dal suo predicato, salvo che con un inciso (cioè alcune parole comprese tra due virgole). Nella frase data, quest'abitudine è il soggetto del verbo passivo è dimenticata; la virgola in quella posizione dunque non è accettabile.

75 In italiano, tutte le parti del discorso possono essere sostantivate, cioè usate come se fossero sostantivi; tale uso è segnalato dalla presenza dall'articolo: l'utile, il poi, il giusto, un piccoletto ecc. Ciò vale anche per i verbi, di cui si può sostantivare la forma dell'infinito: per esempio, l'emergere che corrisponde al sostantivo emersione. La risposta esatta è C (e non A, perché comunque non si tratta di un sostantivo).

2 | Logica verbale

2.1 | Esercizi proposti

1 **Trovare l'alternativa che completa correttamente la seguente proporzione tra parole:**
quatto : appariscente = x : y
A x = atteso; y = previsto
B x = fallace; y = esatto
C x = lento; y = velocemente
D x = disguido; y = equivoco
E x = disdetto; y = annullato

2 **Trovare l'alternativa che completa correttamente la seguente proporzione tra parole:**
x : approdare = aeroplano : y
A x = nave; y = decollare
B x = ammarare; y = pilota
C x = approdo; y = aereo
D x = nave; y = atterrare
E x = salpare; y = nave

3 **Trovare l'alternativa che completa correttamente la seguente proporzione tra parole:**
falegname : pialla = x : y
A x = muratore; y = muro
B x = martello; y = cacciavite
C x = meccanico; y = chiave inglese
D x = bibliotecario; y = biblioteca
E x = concertista; y = concerto

4 **Trovare l'alternativa che completa correttamente la seguente proporzione tra parole:**
secondo : tempo = x : y
A x = cronometro; y = minuti
B x = ora; y = lunghezza
C x = litro; y = bottiglia
D x = spazio; y = chilometro
E x = metro; y = spazio

5 **Trovare l'alternativa che completa correttamente la seguente proporzione tra parole:**
vino : x = y : latte
A x = rosso; y = bianco
B x = uva; y = formaggio
C x = cantina; y = caseificio
D x = aceto; y = olio
E x = oste; y = mucca

6 **Trovare l'alternativa che completa correttamente la seguente proporzione tra parole:**

x : birra = grano : y

A x = bevanda; y = cibo
B x = pub; y = granaio
C x = luppolo; y = pasta
D x = schiuma; y = spiga
E x = bionda; y = biondo

7 **Pagina → Y**

X → squadra

A X = scrittore, Y = allenatore
B X = penna, Y = righello
C X = libraio, Y = presidente
D X = libro, Y = giocatore
E X = parole, Y = giocatori

8 **Trovare l'alternativa che completa correttamente la seguente proporzione tra parole:**

ottundere : acuminare = x : y

A x = arrotondare; y = smussare
B x = omettere; y = menzionare
C x = adempiere; y = assolvere
D x = soddisfare; y = regalare
E x = correre; y = rimbalzare

9 **Trovare l'alternativa che completa correttamente la seguente proporzione tra parole:**

«vocabolario sta a traduttore come x sta a y».

A x = francobollo; y = lettera
B x = elefanti; y = Annibale
C x = appetito; y = ristoratore
D x = francobollo; y = postino
E x = sestante; y = navigatore

10 **Trovare l'alternativa che completa correttamente la seguente proporzione tra parole:**

tiepido : caldo = x : y

A x = estasi; y = gioia
B x = bello; y = stupendo
C x = bollente; y = freddo
D x = estate; y = sole
E x = basilare; y = intermedio

11 **Individuare il termine mancante.**

epigono	epilogo
precursore	?

A chiusura
B prologo
C discendente
D erede
E proprio

12 **Individuare il termine mancante.**

ascrivibile	rintracciabile
?	reperibile

A disdicevole
B incompatibile
C imputabile
D espugnabile
E travisabile

13 **Individuare il termine mancante.**

induttivo	?
bolso	aprioristico

A spossato
B energico
C ragione
D bolscevico
E indotto

14 **Individuare il termine mancante.**

improbabile	?
avventato	certo

A incauto
B impavido
C prudente
D scapestrato
E tranquillo

15 **Individuare il termine mancante.**

effimero	sterile
stabile	?

A consumato
B logoro
C produttivo
D arido
E giocoso

16 Individuare il termine mancante.

fagiolo	guscio
gheriglio	?

- A seme
- B infiorescenza
- C baccello
- D corteccia
- E noce

17 Individuare il termine mancante.

?	alternativa
avvicendamento	alternanza

- A elezione
- B voto
- C scelta
- D opposizione
- E governo

18 Scegliere il termine che, per significato, è collegato a entrambi i termini dati: stanza – … – inutile

- A locale
- B sterile
- C vacuo
- D sala
- E vano

19 Scegliere la parola che può avere lo stesso significato delle due parole seguenti: esatta – rivolta

- A giusta
- B riscossa
- C sommossa
- D attesa
- E girata

20 Scegliere la parola che può avere lo stesso significato delle due parole seguenti: spaccio – traffico

A droga B negozio C incetta D transito E ingorgo

21 Scegliere la parola che può avere lo stesso significato delle due parole seguenti: lembo – utile

- A limbo
- B usato
- C prezioso
- D margine
- E frammento

22 **Scegliere la parola che può avere lo stesso significato delle due parole seguenti: cospirazione – argomento**

A complotto
B consenso
C trama
D scusa
E respiro

23 **Scegliere la parola che può avere lo stesso significato delle due parole seguenti: appezzamento – posatura**

A parte
B fondo
C stoffa
D immobile
E deposito

24 **Indicare la parola da scartare.**

A Balena
B Vipera
C Pipistrello
D Gnu
E Koala

25 **Indicare la parola da scartare.**

A Venezuela
B Perú
C Cile
D Guatemala
E Uruguay

26 **Indicare la parola da scartare.**

A Motoruota
B Ciclomotore
C Motocicletta
D Motociclo
E Monociclo

27 **Indicare la parola da scartare.**

A Pesca
B Mandarino
C Limone
D Pompelmo
E Bergamotto

28 **Indicare la parola da scartare.**

- A Feroce
- B Incastro
- C Labile
- D Divertito
- E Verticale

29 **Quale delle parole sotto elencate è etimologicamente anomala rispetto alle altre?**

- A Pediatra
- B Pedestre
- C Podologo
- D Peduncolo
- E Podista

30 **Individuare l'abbinamento improprio.**

- A Precisione – approssimazione
- B Sostanza – accidente
- C Reazionario – conservatore
- D Innato – acquisito
- E Faceto – tetro

31 **Quale delle seguenti coppie non contiene sinonimi?**

- A Rivangare – rievocare
- B Insinuare – inscenare
- C Scorticare – spellare
- D Svellere – sradicare
- E Conciliare – Comporre

32 **Indicare la parola da scartare.**

- A Sebbene
- B Sobrio
- C Sottile
- D Saccente
- E Siliceo

33 **Quale dei seguenti termini ha derivazione diversa da tutti gli altri?**

- A Acuminato
- B Acuto
- C Acume
- D Aculeo
- E Acustico

34 **Completare correttamente la frase seguente scegliendo l'aggettivo adeguato.**
«Un libero pensatore lui? È soltanto un giornalista ...».

- A piazzato
- B prezzato
- C prezzolato
- D pezzato
- E pizzicato

35 **Completetare la proposizione seguente con uno degli aggettivi proposti.**

«Nonostante avesse a disposizione tutti i dati sufficienti per prendere qualche decisione, Ruggero era ancora ...».

A esilarato
B risoluto
C rilassato
D titubante
E deciso

36 **Indicare la parola da scartare.**

A Esteta
B Anacoreta
C Stilita
D Solitario
E Asceta

37 **Indicare la parola da scartare.**

A Ma
B Tuttavia
C Però
D Mentre
E Invece

38 **Indicare la parola da scartare.**

A Politeismo
B Politecnico
C Politico
D Polimorfo
E Polisillabo

39 **Quale tra i seguenti è un contrario di *stizzoso*?**

A Irritabile
B Quieto
C Iracondo
D Indispettito
E Collerico

40 **Un sinonimo di *esentare* è:**

A esimere
B estorcere
C esigere
D esiliare
E esalare

41 **Individuare, tra le alternative proposte, un sinonimo del termine *ponderato*.**

A Pesante B Improvvisato C Meditato D Poderoso E Incline

42 **Quale tra i seguenti è un sinonimo di *flebile*?**
A Febbricitante B Fioco C Flessibile D Futile E Forte

43 **Quale tra i seguenti è un sinonimo di *protervo*?**
A Docile B Sprezzante C Chiuso D Umile E Sollecito

44 **Un contrario di *irrorare* è:**
A annaffiare B calmare C aspergere D condire E disseccare

45 **Un contrario di *inusitato* è:**
A insolito B inconsueto C ordinario D non frequente E inodore

46 **Quale tra i seguenti è un contrario di *insigne*?**
A Noto B Degno C Insignificante D Malfamato E Estraneo

Individuare il significato dei seguenti termini.

47 **Ratificare:**
A approvare
B controllare
C aderire
D falsificare
E rateizzare

48 **Defalcare:**
A rallentare
B derivare
C detrarre
D cacciare
E scavalcare

49 **Vaticinio:**
A predizione di avvenimenti futuri per ispirazione divina o preveggenza profetica
B comunicazione ufficiale del Vaticano, in genere indirizzata a vescovi e cardinali
C toga indossata dagli antichi sacerdoti romani (vati), durante le cerimonie ufficiali
D sostanza contenuta nel latte vaccino e presente nella maggior parte dei latticini in
E nessuna delle precedenti è corretta

50 **Maieutica:**
A la scienza che permette di interpretare testi e documenti
B un particolare rituale magico medioevale
C un metodo filosofico con cui si è portati a scoprire in sé la verità con l'aiuto di continue domande
D una corrente filosofica del Seicento
E la raccolta del mais

2.2 | Soluzioni e commenti

1 La relazione che lega i due termini dati è di *opposizione/contrarietà*. Si ricorda infatti che il significato letterale dell'aggettivo *quatto* è "nascosto", "rannicchiato", dal latino *coactus*. L'alternativa corretta, in quanto propone lo stesso nesso logico, è la B: *fallace* è infatti un opposto di *esatto*. Si presti attenzione all'alternativa C, che potrebbe sembrare a prima vista accettabile, ma che in realtà è da scartare: anche se l'ambito di significato dei due termini è opposto, *lento* è però un aggettivo, mentre *velocemente* è un avverbio. I due membri della proposizioni non sarebbero quindi equivalenti. Le alternative A, D ed E sono da escludere perché formate da vocaboli fra loro sinonimi, anziché contrari.

2 Per risolvere la proporzione bisogna verificare che le sostituzioni proposte dalle alternative consentano di creare lo stesso nesso logico tra i due termini a sinistra e i due termini a destra dell'uguale. L'alternativa A è da scartare in quanto la nave *approda* al termine di un viaggio, mentre un aereo *decolla* all'inizio del viaggio. Le alternative B, C, E se sostituite, non creano alcuna proporzione logica coerente. La risposta esatta è la D, infatti come una nave *approda,* così un aeroplano *atterra*.

3 La risposta esatta è la C. Il legame logico dei termini della relazione è quello tra lavoratore e strumento di lavoro. Come la *pialla* è uno degli strumenti utilizzati dal *falegname*, così la *chiave inglese* è uno strumento utilizzato dal *meccanico*. Da notare che *concerto* e *muro* non sono strumenti ma esiti del lavoro svolto o, per altro verso, ciò a cui si applica il lavoro del *concertista* e del *muratore*. La *biblioteca*, infine, è il luogo e non lo strumento di lavoro del *bibliotecario*.

4 La relazione logica che lega i due termini del primo membro (*secondo* e *tempo*) è in questo caso quella tra unità di misura e grandezza misurata: il *secondo* è, infatti, un'unità di misura del *tempo*. L'alternativa che rispetta tale relazione è la E: il *metro* misura uno *spazio*. L'alternativa D risulta errata perché i due termini sono invertiti.

5 Il *vino* è un prodotto dalla lavorazione dell'*uva*, come il formaggio può essere ricavato dal *latte*. La risposta corretta è dunque la B. Si presti attenzione all'alternativa A, che è errata: i termini proposti sarebbero adatti a istituire una relazione tra le bevande e il loro colore, essi sono però disposti nell'ordine errato. Lo stesso vale per la C.

6 Per risolvere l'esercizio, bisogna provare a sostituire alle incognite del testo le diverse coppie proposte dalle alternative. Così facendo, si osserva che l'unica alternativa in grado di costruire una proporzione logica coerente è la C: infatti, come il *luppolo* è il cereale base della *birra*, così il *grano* è il principale ingrediente della *pasta*.

7 Più *pagine* insieme possono formare un *libro* come più *giocatori* insieme possono formare una *squadra*. È questo il legame alla base dei termini della proporzione, per cui la soluzione all'esercizio è fornita dall'alternativa D.

8 La relazione tra *ottundere* (nel sendo primo di "rendere tondo") e *acuminare* (rendere aguzzo) è di *opposizione/contrarietà*. L'alternativa corretta è la B: *omettere* (tralasciare, dimenticare, sottacere) è infatti un opposto, un contrario, di *menzionare* (citare, ricordare). Le alternative A e C propongono termini tra loro sinonimi e sono dunque errate. La E riporta termini slegati tra loro.

9 In questo caso, la proporzione non viene proposta in forma simbolica ma espressa con una frase. La relazione che lega le prime due parole è quella che corre tra il *traduttore* e il *vocabolario* che utilizza per svolgere la sua attività. Allo stesso modo, un *navigatore* ha tra i suoi strumenti di navigazione il *sestante*. La risposta esatta è dunque la E.

10 La relazione tra i due termini dati è il possesso della stessa qualità con un *grado di intensità differente*. *Tiepido* e *caldo* sono due aggettivi che esprimono il possesso di calore in grado crescente, dove *caldo* è più intenso di *tiepido*. Poiché fa lo stesso, l'alternativa corretta è la B. Si osservi che, tra le alternative proposte, anche la A propone una relazione di *diverso grado di intensità*. Essa tuttavia presenta i due termini in ordine inverso, ossia prima il più intenso e poi il meno intenso.

11 Nonostante la diversa presentazione grafica, anche questo esercizio richiede di completare lo schema come in una proporzione di parole. La difficoltà aggiuntiva consiste nel capire se la parola mancante è in relazione con quella contigua in orizzontale o in verticale. Le parole *epigono* ed *epilogo* condividono il prefisso *epi-* (dal greco, indica sovrapposizione, aggiunta, ripetizione); nessuna delle alternative proposte, però, può analogamente essere abbinata a *precursore* in forza del prefisso *pre-*. Esplorando le altre opzioni, si nota che *discendente* o *erede* possono essere messi in rapporto di opposizione con *precursore*, questo rapporto non si attua nella coppia epigono/epilogo (risposte C e D errate). Ancora: *chiusura* può essere sinonimo di *epilogo*, ma lo stesso non accade nella coppia *epigono/precursore* (A da escludere). Al contrario, *epigono* (seguace, imitatore) è l'opposto di *precursore*, così come *epilogo* (aggiunta, finale) è l'opposto di *prologo* (antefatto, introduzione). L'alternativa B è la soluzione del quesito.

12 Osservando lo schema, si nota che la relazione orizzontale tra *ascrivibile* e *rintracciabile* non mostra nessi logici evidenti, né *per significato né per etimologia*. Il nesso morfologico (aggettivi derivati, con suffisso in *-bile*) non è significativo perché è lo stesso che si rileva anche nella relazione verticale tra *rintracciabile* (derivato da *tracciare* < *traccia*) e *reperibile* (derivato da *reperire*, dall'omologo latino "ritrovare"). Questi due sono però sinonimi. Tra le alternative proposte è la C (soluzione del quesito) a proporre un sinonimo di *ascrivibile* e cioè *imputabile*.

13 Si osservino le tre parole presenti nello schema: l'unico nesso logico riconoscibile è quello di opposizione tra i due termini, disposti in diagonale, *induttivo* (esperienziale) e *aprioristico* (predefinito). Bisogna dunque scegliere tra le alternative l'aggettivo che sia il contrario di *bolso* (fiacco, stanco), cioè *energico* (alternativa B soluzione del quesito).

14 Tra gli aggettivi *improbabile* e *certo* (disposti in diagonale) esiste un rapporto di opposizione (i due termini sono tra loro *antonimi*). Per riprodurre questo nesso logico sull'altra diagonale dello schema, basta perciò scegliere il contrario di *avventato*, cioè *prudente*: C è la soluzione del quesito.

15 Considerando i vocaboli già inseriti nello schema, emerge una sola relazione logica e cioè quella tra *gheriglio* e *guscio*: il primo è infatti l'interno commestibile (seme) contenuto nel guscio legnoso della noce (frutto). Per riprodurre sull'altra diagonale la stessa relazione seme/frutto, bisogna scegliere l'alternativa C: il *baccello* è infatti il frutto delle leguminose che contiene i semi carnosi e commestibili, in questo caso della pianta di *fagiolo*.

16 Il termine mancante da inserire nello schema è quello capace di riprodurre la relazione logica di antinomia esistente tra i due termini nella prima colonna: *effimero* significa infatti "fugace, caduco", mentre *stabile* vale "durevole, duraturo. La stessa relazione di opposizione si produce nella seconda colonna scegliendo l'aggettivo *sterile* che è appunto il contrario di *produttivo* C.

17 Le parole *alternativa* (opzione, scelta) e *alternanza* (avvicendamento, turno) non sono né sinonimi né contrari; mostrano invece un nesso di tipo etimologico (entrambe derivano dall'aggettivo *alterno*, dal latino *alternus* "uno dopo l'altro") che nessuna delle opzioni proposte può riprodurre sulla prima colonna. Si nota invece che, sulla seconda riga, *alternanza* e *avvicendamento* sono tra loro sinonimi: è possibile verificare se una delle opzioni proposte può essere un sinonimo di *alternativa*: *scelta* lo è, C è la soluzione del quesito.

18 Letteralmente, *stanza* indica il "luogo in cui si sta"; nel suo uso corrente più specifico, però, il vocabolo indica l'ambiente delimitato da pareti all'interno di un alloggio. Con questa accezione può essere sinonimo di *vano*. Questo aggettivo, infatti, ha come significato primo "cavo, vuoto", da cui – quando usato con valore sostantivato – l'accezione di "spazio vuoto delimitato da opera muraria" e quindi "stanza"; quando usato con valore aggettivale, acquista per estensione il senso di "inutile". La soluzione al quesito è la **E**.

19 L'uso più corrente di *esatto/a* è quello aggettivale, nel senso di "preciso, rigoroso, corretto". Morfologicamente, però, non si tratta di un aggettivo ma del participio passato del verbo *esigere*; tra le sue possibili accezioni, c'è anche quella di "riscuotere", nel senso di "richiedere denaro dovuto", di modo che possono essere sinonimi i participi passati femminili: *esatta / riscossa*. A sua volta, il participio *riscossa* – inteso il verbo nel significato di "ridestare, riportare in sé" – può essere usato con valore sostantivato di "sollevazione, riconquista ecc.". Per questo riscossa può valere anche come sinonimo di *rivolta*. La soluzione è, quindi, fornita dall'alternativa **B**.

20 La parola *spaccio* deriva dal verbo *spacciare*, che significa "inviare, spedire, distribuire" da cui anche "vendere [al dettaglio]". Il sostantivo ha non solo il senso specifico di "vendita al dettaglio" ma anche, per traslato, del luogo dove si vende, cioè di *negozio*. D'altra parte, *negozio* significa in ambito economico anche "attività, occupazione" e, più specificamente, "affare", inteso come scambio di beni tra persone; pertanto può essere inteso come un sinonimo di *traffico* (da *trafficare*, letteralmente "spostare da un luogo a un altro", da cui anche "scambiare beni, commerciare"). La soluzione al quesito è, quindi, fornita dall'alternativa **B**.

21 La parola *lembo* indica l'estremità, la parte terminale di qualcosa (lembo di una veste, lembo di terra ecc.), cioè un *margine*. D'altra parte, la parola *margine* può essere utilizzata, in un conto economico, per indicare la differenza tra spese sostenute e profitto realizzato, cioè l'*utile*. La soluzione al quesito è rappresentata dall'alternativa **D**.

22 Si definisce *cospirazione* un accordo segreto tra più persone, che agiscono secondo un disegno per ottenere un fine; in senso figurato, un tale disegno si può definire anche *trama* (un sistema ordinato di azioni per conseguire uno scopo). A sua volta, il vocabolo *trama* – in quanto in primo luogo denota l'intreccio orizzontale di fili che insieme all'*ordito* verticale costituisce un tessuto– può essere usato per indicare l'insieme di fatti e di azioni che costituiscono l'argomento di una narrazione. La soluzione del quesito è quindi l'alternativa **C**.

23 Il termine *appezzamento* (da *appezzare*, "dividere in pezzi") indica nello specifico una "porzione di terreno", in genere di uso agricolo: significato che condivide anche con il sostantivo *fondo*. In latino, infatti, *fundus* indicava la parte inferiore, la base di qualcosa e, in assoluto, il "suolo". È facile intuire, allora, che fondo può anche indicare la *posatura*, cioè il sedimento che in un liquido (per esempio nel vino, nell'olio, nel caffè, in una qualsiasi soluzione) precipita verso il fondo del contenitore. La soluzione è **B**.

24 La risposta esatta è la **B**: la serie presenta animali mammiferi di ordini diversi (rispettivamente *balena*/cetacei, *pipistrello*/chirotteri, *gnu*/artiodattili, *koala*/marsupiali), a eccezione della *vipera*, che è un rettile.

25 La risposta esatta è la **D**: la serie presenta infatti solo nazioni dell'America del Sud, a eccezione del *Guatemala* che è un Paese dell'America centrale.

26 La serie propone tutti mezzi di locomozione dotati di motore, a eccezione del *monociclo*, che è un velocipede, come la bicicletta ma dotato di una sola ruota (*mono*). Anche senza sapere distinguere le diverse tipologie di mezzi, è possibile individuare la risposta esatta: infatti la parola *monociclo* è l'unica della serie a non essere composta con l'elemento *moto-/motore*. La risposta corretta è dunque la **E**.

27 La logica dell'esercizio fa riferimento alla famiglia di appartenenza dei frutti: mandarino, limone, pompelmo sono tutti agrumi. La parola da scartare è quindi *pesca* (**A**), che non appartiene a questa famiglia.

28 La risposta esatta è la **D**: tutti i termini dati sono o possono essere aggettivi, a eccezione di *incastro* che può essere o un sostantivo o una voce verbale.

29 La serie propone parole con una comune etimologia dal sostantivo greco *pous, podòs*, anche mediata dal latino *pedes, pedis*. Ciò spiega l'alternanza *e/o* nel tema delle diverse parole: *podologo* è il medico specializzato nella cura del piede, *podista* è l'atleta che pratica le gare di fondo su piano; *peduncolo* è uno stelo, un picciolo, un elemento con funzione di sostegno o di collegamento alla base di un corpo; *pedestre* si dice di qualcosa di sciatto, mal fatto, terra terra. L'eccezione è dunque il termine *pediatria*, il cui etimo rimanda al greco *pàis, paidòs*, "fanciullo" e indica appunto il medico specialista nella cura dei bambini. La risposta esatta è la **A**.

30 In questo caso l'abbinamento improprio è rappresentato dall'alternativa **C**, l'unica che riporta due termini di significato tra loro contrario. *Reazionario* è vocabolo con una accezione segnatamente politica, che indica cose o persone che intendono *reagire* a processi o fenomeni di innovazione per restaurare la condizione precedente; in quanto difende strutture e valori tradizionali, *reazionario* è semmai un sinonimo e non un contrario di *conservatore*. In merito alle altre soluzioni proposte, è utile forse un chiarimento sulla **B**, laddove il termine *accidente* va inteso nell'accezione filosofica aristotelica, come caratteristica di un ente che è però estranea alla sua natura fondamentale (*sostanza*). In tal senso, dunque, *accidente* si contrappone come significato al termine *sostanza*.

31 Tranne in un caso, le alternative sono formate da coppie di verbi con lo stesso prefisso: *ri-* che indica ripetizione; *in-* che indica ingresso; *s-* che rovescia il significato; *con-* che indica unione. Per capire quali verbi non sono tra loro sinonimi, bisogna però guardare alla radice del verbo semplice. La risposta esatta è la **B**: *insinuare* (da *seno*, nel senso di "curva, piega") significa infatti "far penetrare, introdurre", mentre *inscenare* (da *scena*) significa "allestire, rappresentare". Da notare, però, che in **D** la *s-* è prefisso solo di *s-radicare*, mentre in *svellere* è parte integrante del verbo (dal latino *ex-vello*).

32 *Sobrio, sottile, saccente, siliceo* sono tutti aggettivi mentre *sebbene* è una congiunzione concessiva ed è la parola da scartare. La risposta corretta è quindi fornita dall'alternativa **A**.

33 Tra i termini proposti dall'esercizio, *acuminato, acuto, acume, aculeo* sono tutti derivati (più o meno direttamente) dal latino *acuere* (appuntire). Il termine a sé stante è dunque *acustico* (risposta **E**), che risulta invece derivato dal greco *akoúo*, "io sento".

34 Per rispondere al quesito bisogna tenere conto del contesto: è evidente che la frase intende istituire un'opposizione tra chi esprime con indipendenza la propria opinione e il suo contrario. Ne risulta che la risposta corretta è la **C**, in quanto *prezzolato* indica "chi è assoldato per fornire una certa prestazione", con valore spregiativo. *Prezzato*, cioè "a cui è stato attribuito un prezzo", può trarre in inganno ma nel contesto non ha senso.

35 *Nonostante* e *ancora* indicano che la frase deve esprimere due situazioni contrapposte nelle quali si trova Ruggero. *Esilarato, risoluto, rilassato* e *deciso* non possono esprimere questa contrapposizione, a differenza di *titubante*. La **C** è quindi la risposta esatta.

36 *Anacoreta* (dal verbo greco che significa "ritirarsi") è un *asceta* che si ritira in luogo impervio, in solitudine; *stilita* è un particolare tipo di eremita, che pratica la meditazione sopra a una colonna (in greco *stýlos*). È facile indicare allora *esteta* (persona di gusti raffinati, che conosce e apprezza il bello) come termine estraneo alla serie e **A** come soluzione.

37 Le alternative riportano tutte congiunzioni avversative a eccezione della E, che è dunque la risposta corretta: *invece* è infatti l'unico avverbio.

38 L'esclusione va fatta sulla base dell'etimologia. Mentre nelle alternative A, B, D ed E il prefisso *poli-* (dal greco *polýs*, "molto") si unisce a un altro termine a indicare un significato di pluralità, nell'alternativa C il vocabolo deriva dal sostantivo, sempre greco, *pólis* (città). La parola da scartare è dunque *politico* e la risposta corretta è la C.

39 *Stizzoso* deriva da *stizza* (a sua volta da *stizzo* > *tizzo* cioè un pezzo di legno che prende fuoco, perciò scoppiettante). Indica quindi ira momentanea ma acuta. Tra le alternative, *irritabile*, *iracondo*, *collerico* e *indispettito* sono tutti pressoché sinonimi. L'unico aggettivo del campo semantico opposto è *quieto* e la soluzione è fornita dall'alternativa D.

40 Il quesito è giocato sulla ripetizione dello stesso prefisso *es-* (da *ex-* latino) in verbi che non hanno nulla a che vedere con quello dato. A eccezione di *esimere* che, come *esentare*, significa "rendere o dichiarare libero da un obbligo". La risposta corretta è pertanto la A. Si osservi che le alternative B e C presentano termini che esprimono il contrario (e non il sinonimo) di *esentare*.

41 Il termine è il participio passato del verbo *ponderare* (dal latino *pondus*, "peso"), e significa "soppesato, considerato con rigore, vagliato". Tra le alternative, dunque, l'unico sinonimo è quello proposto in C. Qualche dubbio poteva derivare da *pesante* (che rimanda in modo ingannevole all'etimologia).

42 *Flebile* si dice in primo luogo di una voce resa tremula dalle lacrime, perciò vale "fievole, sommesso", proprio come *fioco* ("privo di vigore"). La risposta esatta è quindi B. Si nota che *flessibile* non indica qualcosa di debole, ma qualcosa di elastico che si può piegare.

43 *Protervo* significa "superbo, arrogante, insolente". La soluzione al quesito è rappresentata dall'alternativa B. *Docile* (alternativa A) è invece un contrario.

44 Il verbo *irrorare* significa "bagnare, spruzzare" e ha come sinonimi *annaffiare* e *aspergere* (alternative A e C errate). *Calmare* è, invece, il contrario di *irritare* (alternativa B errata). Un contrario di *irrorare* è, piuttosto, *disseccare*. La soluzione al quesito è quindi fornita dall'alternativa D.

45 La serie di parole è incentrata sul prefisso *in-* con valore negativo. La risposta corretta è la C: l'aggettivo *inusitato* significa "inconsueto, insolito, nuovo, straordinario". Il suo contrario è dunque espresso da termini come "abituale, consueto, frequente", cioè *ordinario*.

46 Secondo la sua etimologia, l'aggettivo *insigne* (dal latino *in* + *signum*, "segno") indica propriamente chi si distingue per un segno particolare; rimanda a una qualità intrinseca della persona (o cosa) indipendente dalla celebrità o notorietà che potrebbe derivarne (che potrebbe anche mancare). Il valore dell'aggettivo, perciò, si discosta dagli affini *noto, famoso, celebre* che alludono invece alla buona fama. Nell'indicare l'aggettivo contrario bisogna tenere conto di questo, escludendo perciò – oltre alle risposte che propongono il sinonimo *degno* e l'affine *noto* (B e A) – la proposta *malfamato* (che sarebbe il contrario di *illustre, celebre, famoso* ecc.). La risposta esatta è la C: *insignificante* equivale infatti a "privo di caratteristiche e pregi degni di rilievo" ed esprime quindi il concetto opposto a quello dato.

47 La risposta esatta è la A. *Ratificare* (dal latino "rendere certo") significa "confermare, convalidare", perciò anche *approvare*.

48 Il verbo *defalcare* (dal latino medioevale "tagliare con la falce"), indica l'atto di "sottrarre da un intero" quindi *detrarre*. La risposta esatta è pertanto la C.

49 La risposta esatta è la A. *Vaticinio* (dal latino, letteralmente "canto del vate") indica l'annuncio di eventi futuri di cui il sacerdote aveva conoscenza o tramite intervento divino, o per la lettura di segni naturali. Si noti che l'alternativa B inverte le derivazioni. Infatti il colle Vaticano deve il suo nome proprio al fatto che vi aveva sede un tempio di Apollo, dio profetico per eccellenza.

50 La risposta esatta è C. Con *maieutica* si definisce il metodo socratico di indagine filosofica: tramite la pratica del dialogo, il soggetto arriva – per successive approssimazioni e correzioni – a trovare in sé e portare alla luce la verità ricercata. La definizione di A è quella di *ermeneutica*.

parte seconda

RAGIONAMENTO LOGICO

Questa parte dell'Eserciziario consiste di due gruppi di quesiti. Il primo propone esercizi di **logica deduttiva**, sempre presenti in tutti i test di ammissione delle aree di Lingue e Mediazione linguistica.

In particolare, nelle prossime pagine sono presenti le tipologie di domande più frequenti e importanti presenti sia nelle prove CISIA **TOLC-SU** sia nelle **prove di ateneo**, preparate in autonomia dalle singole università. Le pagine seguenti includono principalmente le seguenti tipologie:

- deduzioni logiche;
- implicazioni logiche;
- problemi di ragionamento deduttivo;
- problemi con informazioni mancanti;
- equivalenze logiche.

Spesso, anche se in numero minore, sia il **TOLC-SU** sia le **prove di ateneo** propongono esercizi di logica **quantitativa** (che non richiedono però conoscenze o competenze particolari in ambito matematico, al di fuori appunto del ragionamento aritmetico-quantitativo elementare) ed esercizi su **successioni ordinate di numeri e lettere**. Si consiglia ai lettori di prendere visione anche di queste tipologie di esercizi, e di verificare sul bando di interesse le tipologie di esercizi previste per la sezione di ragionamento logico.

3 | Logica deduttiva

3.1 | Esercizi proposti

CONOSCENZE E COMPETENZE

1 **«Quando prende il treno, Carlo arriva sempre in ritardo a destinazione». Se l'affermazione precedente è vera, quale delle seguenti frasi è sicuramente corretta?**

A Carlo è arrivato in ritardo, quindi ha preso il treno

B Carlo è arrivato in orario, quindi ha preso il treno

C Carlo non ha preso il treno, quindi è arrivato in ritardo

D Carlo è arrivato in orario, quindi non ha preso il treno

E Carlo non ha preso il treno, quindi è arrivato in orario

2 **«Paolo è goloso; Chi è grasso è goloso; Federico è grasso».**

Se le tre affermazioni sono vere, quale delle seguenti è vera?

A Paolo è grasso

B Federico è goloso

C Chi è goloso è grasso

D Chi è goloso non è grasso

E Nessuna delle precedenti alternative è corretta

3 **«Recenti scoperte hanno respinto l'infondatezza della tesi secondo la quale non è vera l'impossibilità che lo stress sia alla base di alcune gravi malattie mentali».**

Il corretto significato della precedente affermazione è:

A lo stress fa diventare matti

B le malattie mentali sono causate dallo stress

C lo stress porta inevitabilmente alla malattia mentale

D stress e malattie mentali non sono collegati

E lo stress può essere la causa di alcune malattie mentali

4 **«Gli irlandesi sono persone disponibili; Alessandra è una persona disponibile; gli irlandesi sono persone tranquille».**

Se le precedenti affermazioni sono vere, allora è sicuramente vero che:

A Alessandra è irlandese

B tutte le persone disponibili sono irlandesi

C tutte le persone tranquille sono anche disponibili

D non è certo che Alessandra sia una persona tranquilla

E Alessandra non è irlandese

5 **«Quando il mio capo fa le parole crociate significa che è rilassato».**

Sulla base di questa sola affermazione, quale delle seguenti proposizioni è corretta?

A Il mio capo non è rilassato, quindi non fa le parole crociate

B Il mio capo non sta facendo le parole crociate, quindi non è rilassato

C Il mio capo non sta facendo le parole crociate, quindi è rilassato

D Il mio capo è rilassato, quindi sta facendo le parole crociate

E Nessuna delle altre risposte è corretta

6 **Stefania sostiene che tutti i vini in vendita nei supermercati provengono da produttori italiani. Quale delle seguenti affermazioni equivale a quanto sostiene Stefania?**

A Tutti i vini provenienti da produttori italiani sono venduti nei supermercati

B Tutti i vini venduti al di fuori dei supermercati non provengono da produttori italiani

C Esistono vini provenienti da produttori italiani che sono venduti fuori dai supermercati

D Se non sono venduti nei supermercati, non sono vini italiani

E Nessun vino che non provenga da produttori italiani viene venduto nei supermercati

7 **Laura dice a Danilo: «Se venerdì starò bene, giocherò la partita. Se starà bene anche Betty giocherà anche lei». È venerdì, Danilo va ad assistere alla partita e vede Laura in tribuna tra gli spettatori. Allora sicuramente:**

A Laura sta bene, ma Betty no

B né Laura né Betty stanno bene

C Laura sta bene, ma Betty non ha voluto giocare la partita con lei

D Laura non sta bene

E Betty non sta bene

8 **Ci sono due persone di sesso diverso, una francese e una inglese. La persona inglese dice: «Io sono un uomo», mentre la persona francese dice: «Io sono una donna». Se almeno una delle due mente, quale delle seguenti affermazioni risulta necessariamente vera?**

A La donna è francese e l'uomo è inglese

B La donna è inglese e l'uomo è francese

C Solo l'uomo mente

D Solo la donna mente

E Se la donna mente allora l'uomo dice il vero

9 **«Chi pratica sport vive bene».**

«Vivere bene è una caratteristica di chi non fuma».

Se le precedenti affermazioni sono vere, allora è necessariamente vero che:

A solo chi pratica sport vive bene

B chi vive bene pratica sport

C chi fuma pratica sport

D chi non fuma vive bene

E chi vive bene non fuma

10 **«Se faccio il pieno di benzina, arriverò fino a Roma in auto». In base a tale affermazione, il fatto di fare il pieno di benzina è una condizione:**

A sufficiente per arrivare fino a Roma in auto
B necessaria per arrivare fino a Roma in auto
C accessoria rispetto alla necessità di arrivare fino a Roma in auto
D necessaria e sufficiente per arrivare fino a Roma in auto
E eventuale ma non sufficiente per arrivare a Roma in auto

---

11 **«Tutti i condottieri sono coraggiosi; nessuno che sia coraggioso è dissimulatore; dunque ... è condottiero».**
S'individui il corretto completamento del sillogismo dato.

A nessun dissimulatore
B ogni dissimulatore
C nessuno che sia coraggioso
D qualche dissimulatore
E chi non è dissimulatore

CONOSCENZE E COMPETENZE

---

12 **Date le seguenti affermazioni:**
I) Chi è alto è bello, dunque chi non è alto non è bello
II) Nessuno che sia alto è brutto, dunque nessun brutto è alto

A è corretta solo I
B è corretta solo II
C sono corrette entrambe
D sono errate entrambe
E la II è vera solo se la I è vera

---

13 **Di un gruppo di persone si sa che «tutti i maschi sono minorenni». Se ne può dedurre che certamente in quel gruppo:**

A tutte le femmine sono maggiorenni
B tutte le persone minorenni sono maschi
C nessuna persona minorenne è femmina
D se una persona è minorenne allora è un maschio
E se una persona è maggiorenne allora è una femmina

---

14 **«Solo se lavorerò di sabato, riuscirò a completare l'articolo».**
In base alla precedente affermazione, è necessariamente vero che:

A nessuna delle altre alternative è corretta
B condizione sufficiente perché io riesca a completare l'articolo è che io lavori di sabato
C se non ho completato l'articolo, allora non ho lavorato di sabato
D se non lavorerò di sabato, non riuscirò a completare l'articolo
E purché io lavori di sabato, riuscirò a completare l'articolo

---

15 **Negare la proposizione: «Nessun cane ha tre zampe» equivale a dire che:**

A almeno un cane ha un numero di zampe diverso da tre
B tutti i cani hanno tre zampe
C almeno un cane ha tre zampe
D tutti i cani hanno quattro zampe
E almeno un cane non ha tre zampe

16 **«Non vi è motivo di pensare che in quell'aereo non vi sia nessuno».**
La precedente affermazione è logicamente equivalente a:

- A non vi è ragione di ritenere che in quell'aereo vi sia qualcuno
- B si può pensare che in quell'aereo vi sia qualcuno
- C è il caso di pensare che in quell'aereo non vi sia alcuna persona
- D è ragionevole che in quell'aereo non vi sia nessuno
- E è certo che sull'areo vi è qualcuno

17 **Se voi siete una donna e se la figlia di Viola è la madre di vostra figlia, chi siete voi per Viola?**

- A La mamma
- B La zia
- C Voi siete Viola
- D La figlia
- E La nipote

PARTE SECONDA

18 **«Chi dorme è riposato e tranquillo. Lavorare bene è proprio di tutte le persone che sono tranquille, mentre essere sereni è proprio di tutti coloro che sono riposati».**
Se le precedenti affermazioni sono vere, quale delle seguenti NON è deducibile con certezza?

- A Chi dorme lavora bene
- B Chi dorme è sereno
- C Chi è sereno lavora bene
- D Non tutte le persone serene sono necessariamente riposate
- E Se uno lavora bene, forse è riposato

19 **«Se gli studenti si applicano, conseguiranno la promozione».**
Se quanto affermato è vero, quale delle seguenti affermazioni è vera?

- A Se uno studente si applica, conseguirà il massimo risultato
- B Verranno promossi solo gli studenti che si sono applicati
- C Se uno studente non si applica, verrà bocciato
- D Se uno studente è stato promosso è possibile che si sia applicato
- E Nessuna delle altre risposte è corretta

20 **«Se lancio il sasso, il vetro si rompe».**
Se l'argomentazione precedente è corretta, quale delle seguenti è certamente vera?

- A Nessuna delle altre risposte è corretta
- B Se non lancio il sasso, il vetro non si rompe
- C Se il vetro è rotto, questo indica che ho sicuramente lanciato il sasso
- D Se il vetro è intatto, non vuol dire che non ho lanciato il sasso
- E Ogni vetro che si rompe è per un sasso che ho lanciato

21 **Andrea afferma che tutte le città toscane sono affascinanti. Quale delle seguenti condizioni è necessario che si verifichi affinché l'affermazione di Andrea risulti falsa?**

- A Deve esistere almeno una città non toscana non affascinante
- B Deve esistere almeno una città ligure affascinante
- C Nessuna città toscana deve essere affascinante
- D Deve esistere almeno una città affascinante non toscana
- E Deve esistere almeno una città toscana non affascinante

22 **«Se il rosso è spento, l'azzurro è acceso. Se il rosa è acceso, il verde brilla. Inoltre o il rosso è spento o il rosa è acceso».**

In base alle precedenti affermazioni è sicuramente vero che:

A l'azzurro è acceso o il verde brilla
B il verde brilla
C l'azzurro e il rosa sono accesi
D l'azzurro è acceso e il verde brilla
E il verde brilla e il rosso è spento

23 **«Giovanni è stato assunto da due anni in una casa editrice e lavora tutti i giorni al suo computer correggendo i testi degli autori in modo sempre più preciso e puntuale». Dalla precedente affermazione si deduce che:**

A i testi che arrivano a Giovanni sono sempre pieni di errori
B Giovanni è un informatico
C a Giovanni piace il proprio lavoro
D Giovanni con il tempo ha imparato meglio il suo lavoro
E Giovanni è uno scrittore

24 **Indicare quale alternativa nega l'affermazione: «Chi ama la propria città la tiene pulita».**

A Chi pulisce la propria città la ama
B C'è almeno un cittadino che pulisce la propria città ma non la ama
C C'è almeno un cittadino che ama la propria città ma non la tiene pulita
D Ci sono cittadini che amano la loro città e la puliscono
E Nessuna delle altre risposte è corretta

25 **«Soltanto se la mia automobile ha benzina nel serbatoio può funzionare».**

Se quanto affermato sopra è vero, allora quale o quali delle seguenti affermazioni è vera o sono vere?

a) Se la mia automobile ha benzina nel serbatoio, allora funziona

b) Se la mia automobile non funziona, allora non ha benzina nel serbatoio

c) Se la mia automobile funziona, allora ha benzina nel serbatoio

A a)
B b)
C c)
D a) e b)
E a) e c)

26 **Giovanni, Berto e Laura alloggiano in tre alberghi Beautiful, Majestic e Splendor. I numeri delle loro camere sono 204, 305 e 406. Noi sappiamo che il cliente dello Splendor lascia la sua camera 305 per fare una passeggiata e incontra Berto che alloggia al Beautiful. Nello stesso momento Laura guarda la televisione nella sua camera, la 406.**

Quale tra le seguenti conclusioni è corretta?

A Giovanni occupa la stanza 204
B Laura alloggia al Majestic
C Berto non occupa la stanza 204
D Giovanni non alloggia allo Splendor
E Non ci sono informazioni sufficienti per rispondere

27 **«Sandro è una persona atletica; le persone alte sono tutte atletiche; le persone alte sono magre».**

Se le precedenti affermazioni sono vere, quale delle seguenti è sicuramente vera?

A Sandro è una persona magra

B Sandro è una persona alta

C Tutte le persone atletiche sono alte

D Chi è alto è magro e atletico

E Tutte le persone magre sono atletiche

28 **Delle tre società Alpha, Beta e Gamma almeno due sono lussemburghesi. Sapendo che se Alpha è lussemburghese anche Beta lo è, che se Gamma è lussemburghese lo è anche Alpha, e che tra Beta e Gamma almeno una non è lussemburghese, si può dedurre che:**

A Alpha, Gamma e Beta sono lussemburghesi

B Alpha non è lussemburghese e Beta è lussemburghese

C Gamma non è lussemburghese e Beta è lussemburghese

D Alpha e Gamma sono lussemburghesi

E Gamma è lussemburghese e Beta non è lussemburghese

29 **«Tutti gli amici di Riccardo bevono sia birra sia vino».**

Se la precedente affermazione è falsa, allora si può dedurre con certezza che:

A almeno un amico di Riccardo non beve birra

B almeno un amico di Riccardo non beve birra o vino

C almeno un amico di Riccardo non beve vino

D almeno un amico di Riccardo non beve né birra né vino

E gli amici di Riccardo non bevono

30 **Il giorno in cui domani sarà ieri, l'oggi disterà tanti giorni da sabato quanti ne distava l'oggi il giorno in cui ieri era domani. Che giorno è oggi?**

A Domenica

B Sabato

C Lunedì

D Mercoledì

E Martedì

31 **«Ilaria ama il giardinaggio. Agli amanti del giardinaggio piace la musica. Tutti i giornalisti amano il giardinaggio».**

Se le precedenti affermazioni sono vere, quale delle seguenti è necessariamente vera?

A Ilaria è una giornalista

B Ilaria non è una giornalista

C Ad alcuni giornalisti non piace la musica

D Quelli a cui piace la musica amano il giardinaggio

E A Ilaria piace la musica

32 **Andrea è più alto di Lorenzo, Fausto è più basso di Lorenzo, Chiara è più bassa di Marcello ma è più alta di Andrea. Chi è la persona che occupa la posizione mediana in altezza?**

A Lorenzo

B Andrea

C Chiara

D Marcello

E Fausto

33 **«I cibi salati sono acidi; i cibi grassi sono acidi e pesanti; i cibi acidi sono pieni di fermenti».**

Se le precedenti affermazioni sono vere, allora è sicuramente vero che:

A tutti i cibi acidi sono anche pesanti

B i cibi salati sono pesanti

C i cibi acidi sono salati

D i cibi grassi sono pieni di fermenti

E i cibi pesanti sono pieni di fermenti

34 **Scrive Albert Einstein: «Ci si dovrebbe guardare dal predicare ai giovani, come scopo della vita, il successo nella sua accezione corrente. Infatti un uomo che ha avuto successo è colui che molto riceve dai suoi simili, incomparabilmente di più di quanto gli sarebbe dovuto per servigi da lui resi a costoro. Il valore di un uomo, tuttavia, si dovrebbe giudicare da ciò che egli dà e non da ciò che egli riceve. L'impulso più importante al lavoro nella scuola e nella vita è il piacere che si riceve dal lavoro, dai suoi risultati e la conoscenza del valore che questi risultati hanno per la comunità. Nel risvegliare e rafforzare queste forze psicologiche nei giovani io scorgo il compito più importante della scuola». Quale delle seguenti affermazioni NON consegue all'argomentazione di Einstein?**

A Il compito più importante della scuola consiste nello stimolare forze psicologiche alternative alla ricerca di quel che correntemente s'intende per successo

B Il successo, nella sua accezione corrente, remunera al di là del merito

C Il valore di un uomo non si dovrebbe giudicare da ciò che riceve dai suoi simili

D Un uomo di successo riceve dai suoi simili solo quanto gli è dovuto per i servigi da lui resi

E Il successo, come comunemente inteso, non dovrebbe essere additato quale scopo della vita

35 **Tommaso è in moto ed è fermo a un incrocio. Se svolta a sinistra o a destra non raggiungerà il prossimo distributore prima di finire la benzina. Stessa cosa gli accadrebbe tornando indietro. Guardando dritto davanti a sé non vede alcun distributore. Data questa situazione, quale delle seguenti deduzioni è valida?**

A Deve svoltare a destra per non rimanere senza benzina

B Deve svoltare a sinistra per non rimanere senza benzina

C Potrebbe rimanere senza benzina

D Rimarrà certamente senza benzina

E Se va dritto, non rimarrà senza benzina

36 **«Tra tutti i giocatori del campionato regionale di basket chi riesce a saltare più in alto dopo due ore di allenamento è il più bravo saltatore. Mattia, dopo due ore di allenamento, salta più in alto di Jacopo». Quale deduzione NON è certamente falsa?**

A Jacopo è il più bravo saltatore

B Certamente Mattia non è il più bravo saltatore

C Mattia è il più bravo saltatore

D Di nessun'altra risposta si può dire se sia vera o falsa

E Jacopo è migliore saltatore di Mattia

37 **Quattro capi di Stato (Italia, Francia, Germania, Austria) siedono a una tavola rettangolare, con 6 posti: due su un lato, due sull'altro e due ai capitavola. Tutti i presenti occupano uno e un solo posto.**

Si considerino come vere anche le seguenti affermazioni:

1. **a un capotavola siede il capo di Stato francese oppure non siede nessuno;**
2. **se a un capotavola siede il capo di Stato austriaco, allora alla sua destra siede quello italiano;**
3. **il capo di Stato austriaco siede a un capotavola.**

Quale conclusione segue necessariamente da tali premesse?

A I due capotavola sono occupati

B L'italiano siede a destra del francese

C Un capotavola deve essere vuoto

D L'italiano non siede alla destra dell'austriaco

E Il tedesco può sedere di fronte all'italiano

38 **Date le seguenti affermazioni:**

1) Se Mario è a Roma, allora Pietro è a Milano;

2) Pietro è a Milano.

Quale delle seguenti conclusioni è vera?

A Nessuna delle altre alternative è una conclusione logicamente valida

B Mario è a Roma

C Mario e Pietro sono a Milano

D Mario non è a Roma

E Mario non è a Milano

39 **Dati tre oggetti X, Y e Z si sa che almeno due sono gialli. Si sa inoltre che:**

1. **se X è giallo anche Y è giallo;**
2. **se Z è giallo anche X è giallo;**
3. **o Y o Z non è giallo.**

Allora possiamo dedurre che:

A X, Y e Z sono gialli

B X non è giallo mentre Y è giallo

C Z non è giallo mentre Y è giallo

D X e Z sono gialli

E Z è giallo e Y non è giallo

40 **Al cinema, Franca siede alle spalle di tre sue amiche sedute una di fianco all'altra. Tutte le amiche indossano maglioni con colori tra loro diversi. Sono vere le affermazioni seguenti:**

1. **Elena indossa il maglione verde o il maglione blu;**
2. **Elena non indossa il maglione verde oppure Luisa indossa il maglione indaco;**
3. **Bice indossa il maglione blu o Luisa non indossa il maglione indaco;**
4. **Elena non indossa il maglione blu.**

Ne deriva necessariamente che:

A Bice non indossa il maglione blu

B Elena non indossa il maglione verde

C Luisa indossa il maglione verde

D Elena indossa il maglione indaco

E nessuna delle altre risposte è corretta

41 **I cuochi Aldo, Bruno, Carla, Dario ed Esther devono giudicare i dolci preparati da Franca, Giulio, Isabella, Lucia, Marco: una meringa, una crostata, un babà, un gelato e una pastiera (non necessariamente in quest'ordine). Ogni giurato assaggia uno e un solo dolce, e ogni dolce è assaggiato da un solo giurato. Sappiamo che:**

1. **solo se Aldo assaggia la meringa, Bruno assaggia il dolce di Giulio;**
2. **Carla assaggia il babà che non è stato preparato da Franca;**
3. **Dario assaggia il dolce preparato da Lucia o la meringa;**
4. **o Marco ha preparato la pastiera o Aldo assaggia la pastiera;**
5. **Bruno assaggia il dolce di Giulio.**

In base alle informazioni note, cosa si può affermare con certezza?

A Dario assaggia la meringa

B Aldo non assaggia la meringa

C Franca ha preparato la pastiera

D Franca non ha preparato la pastiera

E Esther assaggia il babà

42 **Anna, Berto e Claudio sono tre colleghi in una scuola; insegnano materie diverse ma nelle stesse cinque classi 1ª, 2ª, 3ª, 4ª e 5ª. Il mercoledì alla prima ora ciascuno fa lezione da solo in una e una sola classe. Si considerino le seguenti affermazioni circa le classi in cui insegnano i tre colleghi:**

1. **se Anna si trova in 4ª, allora Berto ha lezione in 2ª oppure Claudio insegna in 3ª;**
2. **se Anna si trova in 4ª, allora Berto ha lezione in 1ª o Claudio insegna in 3ª;**
3. **se Anna NON si trova in 4ª, allora Berto ha lezione in 2ª o Claudio insegna in 3ª;**
4. **se Anna NON si trova in 4ª, allora Berto ha lezione in 1ª o Claudio insegna in 3ª.**

Quale conclusione segue necessariamente dalle premesse?

A Berto ha lezione in 2ª

B Anna non si trova in 4ª

C Anna si trova in 4ª

D Claudio insegna in 3ª

E Berto ha lezione in 1ª

CONOSCENZE E COMPETENZE

43 **Durante una cena tra amici per festeggiare la fine del campionato, Fausto dice: «Tutti noi amiamo il gioco del calcio, tranne Paola che ama stare sul divano a leggere». Enrica osserva che Fausto ha torto.**

Ne consegue necessariamente che:

A o nessuno dei presenti ama il calcio o Fausto odia il calcio o Paola non sa leggere

B o almeno un amico oltre a Paola non ama il calcio, o Paola ama il calcio o Paola non ama leggere sul divano

C Paola ama il calcio e Fausto lo odia

D Paola non possiede un divano

E o almeno due amici presenti amano stare a leggere sul divano o Paola ama il calcio o Fausto non sa leggere

44 **Alla stazione ferroviaria, per ragioni organizzative, i passeggeri devono essere smistati verso determinate banchine. Alle 17:30 dall'altoparlante viene diramato questo annuncio: «Tutti i viaggiatori con treni in partenza entro le 18:00 sono pregati di recarsi al binario 2; i passeggeri di treni in partenza tra le 18:00 e 18:30 devono recarsi al binario 3. Quanti si trovano al binario 1, però, restino dove sono».**

Quale delle seguenti situazioni NON è coerente con le precedenti indicazioni?

A È necessario trovarsi sul binario 1 per non doversi muovere

B È sufficiente trovarsi sul binario 1 per non doversi muovere

C Chi si reca al binario 3 dovrà attendere almeno mezz'ora prima di partire

D Se Alessandro – che parte con il treno delle 17:53 – sta cambiando di binario, non si trovava né al binario 1 né al binario 2

E Se Giulia – che parte con il treno delle 18:01 – non cambia di binario o si trova al binario 3 o si trova al binario 1

45 **Durante una festa alcuni amici decidono di fare un gioco. Mettono in una cesta cinque cappelli: tre rossi e due blu. Angelo, Bea e Corrado, bendati, pescano a caso un cappello e lo indossano. Vengono poi disposti in fila indiana e sbendati, in modo tale che Angelo possa vedere solo i cappelli di Bea e Corrado davanti a sé, Bea veda solo il cappello di Corrado e quest'ultimo nessun cappello. Infine, partendo da Angelo, a ognuno viene chiesto di indovinare il colore del proprio cappello. Angelo, che vede due cappelli, dice di non potere dedurre il colore del proprio; nemmeno Bea, che può vedere un altro cappello, riesce a rispondere. Corrado invece risponde.**

Quale delle seguenti affermazioni è certamente vera?

A Il colore del cappello di Bea è rosso

B Il colore del cappello di Corrado è rosso

C Il colore del cappello di Bea è blu

D Il colore del cappello di Corrado è blu

E Se Corrado indovina la risposta esatta è un caso, perché non vi è modo di dedurla

46 **Socrate e Senofonte sono chiamati a deporre come testimoni in una lite tra due vicini, Alcibiade e Nicia, su chi abbia manomesso il muretto di confine tra i terreni di loro proprietà. Purtroppo uno tra Socrate e Senofonte mente sempre, invece l'altro dice solo la verità. Socrate afferma che il muretto è crollato da solo, Senofonte che la colpa è o di Alcibiade o di Nicia.**

Quale delle seguenti situazioni NON consegue con certezza dalle premesse date?

A Se il muretto è crollato da sé, Alcibiade è innocente

B Se Socrate mente, Alcibiade può essere colpevole

C Se Socrate mente, Nicia può essere innocente

D Se Nicia è innocente, Alcibiade è colpevole

E O il muretto non è crollato da sé o Alcibiade è innocente

---

47 **Si considerino vere le due affermazioni:**

- **nessuna cosa laba è mada;**
- **qualche cosa mada non è zota.**

Si scelga fra le seguenti l'affermazione che segue necessariamente dalle premesse:

A ogni cosa laba è zota

B nessuna cosa laba è zota

C qualche cosa laba è zota

D qualche cosa laba non è zota

E nulla segue

---

48 **Si considerino vere le due affermazioni:**

- **qualche cosa furva è miga;**
- **ogni cosa furva è dissa.**

Si scelga fra le seguenti l'affermazione che segue necessariamente dalle premesse:

A ogni cosa miga è dissa

B qualche cosa miga non è dissa

C nessuna cosa miga è dissa

D nulla segue

E qualche cosa dissa è miga

---

49 **Si considerino vere le due affermazioni:**

- **ogni cosa suba è fuda;**
- **qualche cosa rona non è fuda.**

Si scelga fra le seguenti l'affermazione che segue necessariamente dalle premesse:

A qualche cosa rona non è suba

B nessuna cosa rona è suba

C ogni cosa rona è suba

D qualche cosa rona è suba

E nulla segue

50 **Si considerino vere le due affermazioni:**

- **ogni cosa marga è niga;**
- **qualche cosa niga è pora.**

Si scelga fra le seguenti l'affermazione che segue necessariamente dalle premesse:

A nessuna cosa marga è pora
B ogni cosa marga è pora
C qualche cosa marga è pora
D qualche cosa marga non è pora
E nulla segue

PARTE SECONDA

51 **Si considerino vere le due affermazioni:**

- **qualche cosa sdazza non è sotta;**
- **nessuna cosa sotta è foma.**

Si scelga fra le seguenti l'affermazione che segue necessariamente dalle premesse:

A nessuna cosa foma è sdazza
B ogni cosa foma è sdazza
C nulla segue
D qualche cosa foma è sdazza
E qualche cosa foma non è sdazza

Leggere il testo del seguente problema e rispondere alle relative domande.

Fabio, Silvia, Ettore, Monica e Filippo sono i redattori di una piccola casa editrice di Napoli. Ieri sono giunti in redazione cinque manoscritti da leggere: si tratta di un romanzo storico, un libro di divulgazione scientifica, una raccolta di racconti, un giallo e un saggio (non necessariamente in quest'ordine); sono stati scritti da cinque autori esordienti: Montoni, Luisetti, Calicini, Tozzelli e Nissani (non necessariamente in quest'ordine). Ognuno dei cinque redattori legge un solo libro.

Si sa, inoltre, che:

- Silvia legge il giallo;
- Fabio legge il libro di Tozzelli;
- Monica legge il saggio che non è stato scritto da Luisetti;
- Filippo legge il libro scritto da Montoni;
- Nissani ha scritto il libro di divulgazione scientifica.

52 **Luisetti ha scritto:**

A il giallo
B non si può stabilire con certezza
C il romanzo storico
D la raccolta di racconti
E il saggio

53 **Quale tra le seguenti affermazioni è sicuramente falsa?**

A Montoni ha scritto il romanzo storico
B Fabio ha letto la raccolta di racconti
C La raccolta di racconti non è stata scritta da Tozzelli
D Silvia ha letto il libro di Calicini
E Tozzelli ha scritto la raccolta di racconti

Leggere il testo del seguente problema e rispondere alle relative domande.

Marco ha quattro fratelli: Andrea, Cesare, Donato e Biagio. Ognuno è sposato con una delle quattro sorelle di Elena, la moglie di Marco, che sono: Nausica, Lucia, Alma e Maria. Si sa inoltre che:

- Marco è più grande di Biagio;
- Cesare è più piccolo solo di Andrea;
- Davide, il più piccolo dei cinque fratelli, ha sposato Nausica;
- Alma ha sposato il fratello immediatamente maggiore del più giovane dei cinque.

54 Quale delle seguenti affermazioni è certamente vera?

A Maria è la moglie di Andrea
B Alma non è la moglie di Cesare
C Andrea è il marito di Lucia
D Cesare è il marito di Maria
E Maria e Biagio sono sposati tra loro

55 Quale delle seguenti affermazioni è falsa?

A Biagio non è il più piccolo dei cinque fratelli
B Cesare è sposato con Maria o con Lucia
C Andrea ed Elena non sono marito e moglie
D Biagio ha sposato Marisa o Lucia
E Marco è il terzo fratello in ordine di età

Leggere il testo del seguente problema e rispondere alle relative domande.

Dodici scout (A, B, C, D, E, F, G, H, I, L, M, N) partono per un'escursione di più giorni in montagna. La prima sera i ragazzi devono sistemarsi in quattro tende. Ogni tenda è occupata da tre ragazzi e deve avere un capo tenda. I quattro ragazzi più anziani (A, B, C e F) sono i capi delle quattro tende e devono scegliere gli altri componenti della tenda. Per fare questo devono però tenere conto dei seguenti vincoli:

- H non vuole stare con A;
- B e N hanno litigato e non possono stare nella stessa tenda;
- E non vuole stare con F;
- G non vuole stare con C;
- N ha litigato con A e non può stare nella sua stessa tenda;
- G è il fratello di I e vuole stare in tenda con lui;
- H e N hanno litigato e non possono stare nella stessa tenda;
- E è amico inseparabile di D e vogliono stare nella stessa tenda;
- N e L non si parlano da giorni e non vogliono stare nella stessa tenda;
- G è diventato molto amico di F e vuole stare nella sua stessa tenda.

56 Quale delle seguenti coppie di persone è nella tenda con A?

A B, M
B G, I
C L, M
D E, D
E Non ci sono dati sufficienti per rispondere

CONOSCENZE E COMPETENZE

57 Quale dei seguenti gruppi di persone è nella tenda con B?

- **A** L, M
- **B** E, F
- **C** H, L
- **D** D, E
- **E** N, G

58 Quale dei seguenti gruppi di persone è nella tenda con I?

- **A** F, G
- **B** H, B
- **C** A, D
- **D** C, M
- **E** A, M

59 Se non fosse nota l'informazione fornita dall'ultima affermazione (G è diventato molto amico di F e vuole stare nella sua stessa tenda), cosa è possibile affermare con sicurezza?

- **A** A si deve trovare in tenda con G o con E
- **B** B si deve trovare in tenda con L
- **C** F si deve trovare in tenda con N o con L
- **D** C si deve trovare in tenda con H o con L
- **E** A può stare in tenda con L

Leggere il testo del seguente problema e rispondere alla relativa domanda.

Al convegno medico svoltosi a Milano lo scorso mese, sono intervenute cinque personalità della ricerca scientifica che hanno comunicato al pubblico presente i risultati dei loro esperimenti. Nella conferenza, che si è prolungata per tutta la giornata terminando in tarda serata, il dr. Caputi ha parlato prima della dr.ssa Alibrandi ma dopo il prof. Domini. Il dr. Epifani, arrivato da Genova, ha parlato dopo il dr. Caputi ma per un tempo più lungo di quest'ultimo, mentre il prof. Bassetti, parlando per primo, ha tenuto il discorso più breve di tutti. La dr.ssa Alibrandi, giunta in ritardo per un problema alla sua auto, ha parlato per ultima per un tempo inferiore a quello del prof. Domini, ma maggiore rispetto a quello del dr. Epifani.

60 In base al testo, quale delle seguenti affermazioni è vera?

- **A** Il dr. Caputi ha parlato prima e per un tempo maggiore della dr.ssa Alibrandi
- **B** Il dr. Epifani ha parlato dopo e per un tempo inferiore del prof. Bassetti
- **C** Il prof. Domini, pur parlando dopo il dr. Epifani, ha tenuto il discorso più lungo
- **D** Il professor Bassetti ha parlato per ultimo e più a lungo di tutti
- **E** La dr.ssa Alibrandi, pur essendo stata l'ultima a parlare, ha tenuto un discorso più corto solo del prof. Domini

3.2 | Soluzioni e commenti

1 Prendere il treno è una condizione sufficiente, ma non necessaria, affinché Carlo arrivi in ritardo a destinazione. Ogni volta che Carlo prende il treno, allora arriva in ritardo (alternativa B errata), ma non è detto che se arriva in ritardo è perché ha preso il treno (alternativa A errata). L'unica cosa che si può dedurre dalla condizione è che se Carlo non è arrivato in ritardo (quindi in orario), allora non ha preso il treno (l'alternativa D è la soluzione del quesito), perché era sufficiente prenderlo per arrivare in ritardo. Non sono, infine, deducibili neanche l'alternativa C né l'alternativa E, in quanto, se Carlo non ha preso il treno, non si può sapere se arrivi in orario o meno.

2 La risposta esatta è la B. Infatti, per la proprietà transitiva, se *Federico* è *grasso* e *chi è grasso è goloso*, allora *Federico è goloso*. Le alternative C e D sono errata in quanto il fatto che i grassi siano golosi non implica necessariamente che i golosi siano grassi; vi possono essere golosi che non sono grassi e golosi che lo sono. Per lo stesso ragionamento è errata anche l'alternativa A, che è possibile ma non certamente vera.

3 La frase di partenza può essere "semplificata" sostituendo alle doppie negazioni una affermazione. Per esempio così: «Recenti scoperte hanno suffragato la tesi secondo cui è possibile che lo stress sia alla base di alcune gravi malattie mentali». Di conseguenza la risposta corretta è la E.

4 Per risolvere il quesito conviene schematizzare le affermazioni presentate in modo da avere chiare le relazioni presenti nel testo utilizzando delle frecce nel modo seguente.

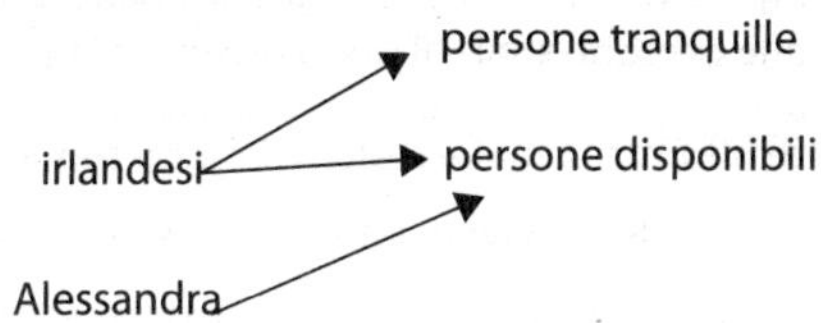

Si presti attenzione al verso delle frecce. Dire che gli irlandesi sono persone disponibili (freccia che parte dagli *irlandesi* e arriva alle *persone disponibili*) non significa dire anche il reciproco. Non è, cioè, per forza vero che tutte le persone disponibili siano irlandesi (alternativa B errata). Da questo schema si ricava, anche che non è possibile stabilire se Alessandra sia o ,meno irlandese (alternative A ed E errate) né che tutte le persone tranquille siano anche disponibili (alternativa C errata). Dalle relazioni dell'esercizio, l'unica cosa che può essere dedotta con certezza è che non è certo il fatto che Alessandra sia una persona tranquilla e dunque l'alternativa D è la soluzione del quesito.

5 Il testo dell'esercizio può essere parafrasato dicendo che *se* (=quando) il capo fa le parole crociate *allora* (= significa) il capo è rilassato; ciò significa che per il capo fare le parole crociate è condizione *sufficiente* per essere rilassato. Si può dunque dedurre che se il capo non è rilassato certamente non fa le parole crociate (se facesse le parole crociate, infatti, dovrebbe essere rilassato). La risposta corretta è dunque la A. Attenzione alla B, che sarebbe corretta solo se fare le parole crociate fosse una condizione *necessaria* perché il capo sia rilassato. Nel nostro caso, invece, il capo potrebbe essere rilassato anche senza farle.

6 Affermare che «tutti i vini in vendita nei supermercati provengono da produttori italiani» equivale a dire che se un vino è in vendita in un supermercato allora proviene da un produttore italiano. Si può dunque concludere che se un vino non proviene da un produttore italiano certamente quel vino non viene venduto in un supermercato. La risposta corretta è pertanto la E. Si noti il trabocchetto nella A: che tutti i vini dei supermercati siano italiani non implica che tutti i vini italiani si trovino nei supermercati!

7 L'esercizio è basato su due condizioni, entrambe sufficienti:

- se venerdì starà bene, Laura giocherà la partita;
- se Betty starà bene, giocherà anche lei la partita.

È dunque possibile trarre le seguenti conclusioni:

- se venerdì Laura non gioca la partita, significa che non sta bene;
- se venerdì Betty non gioca la partita, significa che non sta bene.

Osservando la prima conclusione appare evidente che, poiché Laura non sta giocando la partita (dato che è in tribuna a guardarla), sicuramente non sta bene. Ciò consente di escludere le alternative A e C. Si osservi inoltre che le due condizioni iniziali (e dunque anche le due conclusioni) sono slegate fra loro. Ciò significa in particolare che Laura potrebbe non aver giocato perché non stava bene, senza che per questo si possa concludere alcunché circa la salute di Betty. L'unica cosa certa che si può affermare è che Laura non sta bene, mentre nulla si può dire su Betty. La risposta al quesito è dunque la D: poiché infatti Laura non gioca, l'unica certezza è che non sta bene.

8 Per risolvere il quesito bisogna avere chiaro che le affermazioni delle due persone sono tra loro complementari: si tratta cioè di opposti del tipo vero / falso, per cui se non è vera una, è per forza vera l'altra (inoltre, se un'affermazione non è vera è per forza falsa). Assumendo che la persona inglese dica il vero (e quindi sia un uomo) e la persona francese dica il falso (e quindi non sia una donna), allora dovrebbero essere entrambi uomini: cosa impossibile perché l'esercizio pone che le due persone sono di sesso diverso. Lo stesso esito si ha assumendo che menta la persona inglese e dica la verità la persona francese (entrambe dovrebbero essere donne). L'unico modo per rispettare le premesse dell'esercizio (*almeno una mente*), è che entrambe le persone mentano (C, D, E errate). Infatti, se l'inglese mente è una donna e se anche la persona francese mente è un uomo: in questo modo le due persone sono di sesso diverso e la B è la soluzione del quesito.

9 Si possono schematizzare le informazioni del testo nel modo seguente:

praticare sport ⟶ vivere bene ⟵ non fumare

L'unica alternativa che può fornire la soluzione del quesito è la D; infatti, tutti coloro che non fumano vivono bene (essendo, quella di vivere bene, una caratteristica dei non fumatori). Attenzione però: il senso della freccia indica che non si può considerare necessariamente vero che vivere bene implichi praticare sport (risposta B errata) o non fumare (E errata).

10 La frase data corrisponde al modello formale *se A allora B*, in cui si stabilisce che *A* è una condizione in sé sufficiente perché si verifichi *B*. Nel caso in esame, il fatto di fare il pieno di benzina è condizione sufficiente per arrivare fino a Roma: ciò consente di stabilire che se non arrivo in auto fino a Roma, vuol dire che non ho fatto il pieno di benzina. La risposta esatta è dunque la A.

11 Il sillogismo è un ragionamento deduttivo formale in cui, date come vere due proposizioni (premesse), ne segue una terza (conclusione) necessariamente vera. Nel nostro caso abbiamo due premesse, di tipo *universale* perché riguardano tutti gli elementi di una data categoria (rispettivamente i *condottieri* e i *coraggiosi*). La prima affermazione è positiva (attribuisce il possesso di una qualità), la seconda negativa (esclude il possesso di una qualità). La conclusione deve essere a sua volta universale (alternativa D da scartare). In termini insiemistici, se tutti i *condottieri* sono compresi nell'insieme *coraggiosi*, che è disgiunto dall'insieme dei *dissimulatori*, consegue che quest'ultimo insieme è anche disgiunto dall'insieme dei *condottieri*. La risposta esatta è la A. Attenzione, non essere incluso nell'insieme dei *dissimulatori* non implica l'inclusione in quello dei *condottieri*: risposta E errata.

12 Per arrivare alla risposta è più semplice astrarre dal letterale degli aggettivi utilizzati e ragionare in termini simbolici e insiemistici (*Alto-A*, *Bello-B*, *Brutto-BR*). La prima affermazione dichiara che ogni elemento dell'insieme *A* è compreso nell'insieme *B* (cioè l'insieme *A* è sottoinsieme dell'insieme *B*); ma naturalmente l'insieme *B* può contenere elementi che non sono compresi nel suo sottoinsieme *A*. Pertanto le risposte **A** e **C** sono da escludere. La seconda affermazione significa che nessun elemento dell'insieme *A* è compreso nell'insieme *BR*: dunque i due insiemi sono distinti e non si intersecano mai. Pertanto è vero anche il reciproco: nessun elemento di *BR* è elemento di *A*. La risposta **D** è da escludere e quella corretta è la **B**. La **E** non è accettabile dato che le due affermazioni sono tra loro indipendenti.

---

13 L'esercizio afferma che tutti i maschi sono minorenni, quindi – da un punto di vista insiemistico – il sottoinsieme dei maschi è totalmente incluso in quello delle persone minorenni del gruppo. Ciò non implica però che tutte le persone minorenni del gruppo siano maschi: infatti, sulla base dell'informazione nota, non possiamo dire nulla sulle femmine del gruppo, che potrebbero essere sia maggiorenni sia minorenni. Ciò rende le alternative **B**, **C** e **D** (che dicono in forma diversa la stessa cosa) errate: non sappiamo se nel gruppo *solo* i maschi siano minorenni. Sicuramente, se tutti i maschi sono minorenni e ammesso che nel gruppo ci siano delle persone maggiorenni, queste ultime possono solo essere femmine. La soluzione al quesito è fornita, quindi, dall'alternativa **E**.

---

14 L'espressione *solo se* è la spia linguistica che introduce una condizione necessaria ma non sufficiente (l'alternativa **B** è errata). Una frase del tipo *solo se A, allora B*, consente di dedurre solo due conseguenze certamente vere e cioè: *se non A, allora non B* (se non lavorerò di sabato allora non riuscirò a completare la relazione) e *se B, allora A* (se ho completato la relazione è perché ho lavorato di sabato). La soluzione al quesito è fornita, quindi, dall'alternativa **D**. Si presti attenzione all'alternativa **C**, che sarebbe vera quando la condizione di partenza fosse sufficiente (se *A* allora *B*, da cui se *non B* allora *non A*) ma non come implicazione di una condizione necessaria. Infatti, che *non* si verifichi *B* può dipendere da ragioni diverse dal *non* verificarsi di *A*.

---

15 Per risolvere questo esercizio bisogna evitare di lasciarsi trascinare dal senso comune, che indurrebbe a scegliere l'alternativa **D**. Negare la proposizione di partenza invece significa dire «È falso che nessun cane ha tre zampe» ovvero «È falso che non esistono cani con tre zampe», che equivale a «Esiste almeno un cane con tre zampe». La risposta corretta è la **C**. Da notare che la **E** non nega la proposizione di partenza, ma anzi ne consegue (in logica, una proposizione particolare negativa implicata da una universale negativa è detta *subalterna*).

---

16 Il testo contiene una doppia negazione: «*Non* vi è motivo di pensare che … *non* vi sia nessuno». La doppia negazione equivale a un'affermazione, per cui la frase può essere svolta sotto forma di affermazione: «Si può ritenere che … ci sia qualcuno». Le due negazioni si annullano dando luogo a una frase positiva equivalente. La risposta esatta è quindi la **B**, perché esprime il medesimo concetto contenuto nel testo.

---

17 La madre di vostra figlia non potete essere che voi; pertanto, se la figlia di Viola è la madre di vostra figlia, allora la figlia di Viola siete proprio voi. La soluzione al quesito è l'alternativa **D**.

---

18 Si può utilizzare uno schema per avere chiare tutte le relazioni presentate dal testo dell'esercizio::

tutte le persone che dormono ↗ sono riposate ⟶ sono serene

tutte le persone che dormono ↘ sono tranquille ⟶ lavorano bene

Osservando direzione e verso delle frecce, è semplice riconoscere l'unica affermazione che non è deducibile con certezza tra quelle proposte: la **C**, è la soluzione del quesito. Infatti è possibile ma non certo risalire all'inverso il percorso delle frecce.

19 Il fatto che uno studente si applichi è condizione *sufficiente* per la promozione: possono tuttavia configurarsi anche altre condizioni sufficienti per essere promossi. È quindi solo possibile, ma *non necessario*, che uno studente promosso si sia applicato. Ciò dimostra che la risposta corretta è la D e che l'alternativa C è errata. L'alternativa A è sbagliata perché la promozione non corrisponde con il massimo risultato, mentre l'alternativa B è sbagliata perché pone l'impegno degli studenti quale condizione *necessaria* affinché essi siano promossi.

20 Questo esercizio si fonda sulla relazione causa-effetto che lega due eventi: l'atto di lanciare il sasso risulta essere una condizione *sufficiente* affinché il vetro si rompa, ma non *necessaria*. Infatti, il vetro potrebbe anche rompersi per altre cause. L'unica deduzione certa sarebbe: *se il vetro è intatto, ciò vuol dire che non ho lanciato il sasso* (risposta D errata). Le risposte B, C ed E sarebbero vere se lanciare il sasso fosse una condizione necessaria alla rottura del vetro. La risposta esatta è pertanto la A.

21 Per rendere falsa l'affermazione di Andrea occorre provare che *non tutte* le città toscane sono affascinanti, ossia che esiste *almeno una* città toscana *non affascinante*. La risposta corretta è quindi la E.

22 L'esercizio afferma che si verifica sempre o l'una o l'altra condizione: «*o* il rosso è spento *o* il rosa è acceso». Nel primo caso si sa anche che l'azzurro è acceso (infatti il *se* indica una condizione sufficiente: è sufficiente che il rosso sia spento, affinché l'azzurro sia acceso), mentre nel secondo il verde brilla (è sufficiente che il rosa sia acceso, affinché il verde brilli). Si può dunque affermare che *o l'azzurro è acceso o il verde brilla* (l'alternativa A è la soluzione del quesito).

23 L'espressione su cui si deve porre maggiore attenzione per risolvere l'esercizio è «in modo sempre più preciso e puntuale» che sta a significare che Giovanni ha affinato le sue competenze lavorative e lavora meglio. La soluzione al quesito è, quindi, fornita dall'alternativa D. Tutte le altre affermazioni sono indimostrabili.

24 L'affermazione data assume che tutti coloro che amano la propria città la tengono pulita. Per negarla, basta dire che esiste almeno una persona che ama la propria città ma non la tiene pulita (la risposta corretta è la C). Si noti che la B non nega l'affermazione di partenza ma introduce un'altra categoria di cittadini: quelli che, pur non amando la propria città, la puliscono.

25 La risposta corretta è la C. Questo esercizio presenta il tipico caso della condizione *necessaria* ma non sufficiente. In altre parole, senza benzina la mia auto non può funzionare, ma il fatto di avere la benzina potrebbe non bastare affinché funzioni. Dunque, le affermazioni a) e b) sono entrambe errate: la a) in quanto l'automobile (anche se fornita di benzina) potrebbe non funzionare per altri motivi; la b) in quanto l'automobile potrebbe non funzionare per motivi diversi dall'assenza di benzina. È possibile osservare che l'affermazione alla base di questo esercizio è del tipo: soltanto se è vera X, allora è vera Y (cioè: soltanto se nel serbatoio c'è benzina, allora l'auto può funzionare). Ne segue anche che se è vera Y, allora è vera X (cioè: se l'automobile funziona, allora ha benzina).

26 Se Berto alloggia al Beautiful non può occupare la camera 305 (dato che questa è occupata dal cliente dello Splendor) e nemmeno la 406, dove sappiamo che si trova Laura. Quindi la sua camera deve essere la 204 e si può escludere la risposta C. Per forza di cose, allora, Giovanni occupa la camera 305 (risposta A da escludere) e questo comporta che alloggi allo Splendor (risposta D errata). Resta che la camera 406 di Laura è al Majestic: la risposta B è corretta.

27 Per risolvere correttamente l'esercizio conviene schematizzare le relazioni presentate dal testo utilizzando il sistema delle frecce nel seguente modo:

PARTE SECONDA

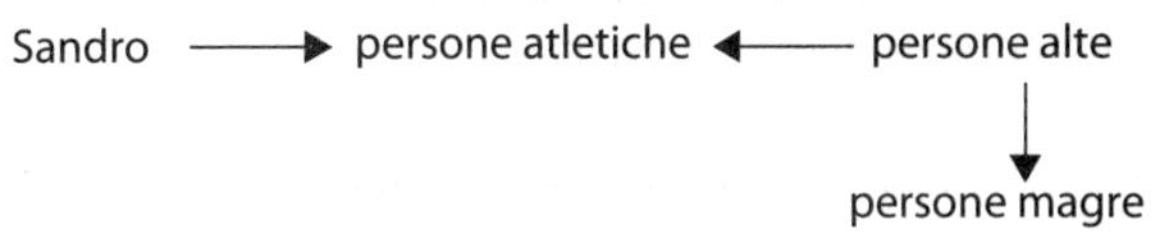

In base allo schema, non è affatto certo che Sandro sia una persona alta o magra (potrebbe esserlo essendo una persona atletica, ma non tutte le persone atletiche sono necessariamente alte – alternativa **C** errata – e quindi magre), pertanto le alternative **A** e **B** sono errate. È, invece, corretto quanto affermato dall'alternativa **D** (soluzione del quesito) in quanto tutte le persone alte sono insieme magre e atletiche.

---

28 Per risolvere il quesito conviene schematizzare le relazioni proposte:

- se $A \Rightarrow B$;
- se $G \Rightarrow A$;
- $B \not\Leftrightarrow G$;

dove la freccia indica che se una società è lussemburghese lo è anche l'altra, mentre la freccia barrata indica che se una lo è, l'altra non può esserlo.

Si possono scartare subito la **A** (Gamma e Beta non possono essere entrambe lussemburghesi) e la **D** (se Alpha è lussemburghese deve esserlo anche Beta). Anche la **E** è di certo impossibile, perché se Beta non è lussemburghese, allora non lo è neanche Alpha (altrimenti Beta lo sarebbe): resterebbe perciò una sola società lussemburghese (Gamma), in contraddizione con il fatto che almeno due società sono lussemburghesi. Infine è errata anche la **B**: se Alpha non è lussemburghese, dovrebbero esserlo Beta e Gamma, ma ciò contraddice il fatto che tra Beta e Gamma una non deve essere lussemburghese e il fatto che se Gamma lo è lo è anche Alpha. La soluzione al quesito è fornita pertanto dall'alternativa **C**: Alpha e Beta sono lussemburghesi, mentre Gamma non lo è.

---

29 Se è falso che tutti gli amici di Riccardo bevono sia birra sia vino, la condizione minima che si verifica necessariamente è che almeno uno di loro non beve o l'una o l'altro (non è necessario che non beva né l'una né l'altro: la risposta **D** è da scartare). Quindi l'alternativa **B** è la soluzione del quesito. Le altre alternative sono errate in quanto riportano fatti possibili ma non certi: se l'affermazione di partenza è falsa, può ugualmente darsi che tutti gli amici di Riccardo bevano birra, basta infatti che uno non beva vino (**C** da escludere); o che tutti bevano vino, basta infatti che uno non beva birra (**A** da escludere).

---

30 Il giorno in cui domani sarà ieri corrisponde a dopodomani, mentre quello in cui ieri era domani corrisponde all'altro ieri: in entrambi i casi ci sono due giorni di distanza da oggi, cioè la stessa distanza. Quindi sabato è proprio oggi. La soluzione al quesito è fornita dall'alternativa **B**.

---

31 Le tre affermazioni date, tra loro indipendenti, sono "collegate" dal termine medio *amore per il giardinaggio*. In quanto amanti del giardinaggio, sia Ilaria sia tutti i membri dell'insieme *giornalisti* sono anche membri dell'insieme delle *persone a cui piace la musica* (la risposta **D** è necessariamente vera e dunque è la soluzione). Attenzione infatti a tutte le deduzioni indebite: all'interno dell'insieme *amanti del giardinaggio*, Ilaria non necessariamente è membro del sottoinsieme *giornalisti*. Potrebbe esserlo o no, non abbiamo elementi per dirlo: per questo né la risposta **A** né la **B** possono essere necessariamente vere. La **C** è certamente falsa: poiché i giornalisti sono, per definizione, tutti amanti del giardinaggio, a loro volta interamente compresi nell'insieme di coloro che amano la musica, non può esistere alcun giornalista a cui non piaccia la musica. Nemmeno la **D** è necessariamente vera: sapere che agli amanti del giardinaggio piace la musica non autorizza di per sé ad affermare il reciproco, in quanto l'insieme delle persone a cui piace la musica può sia includere sia non includere persone che amano il giardinaggio.

32 Per risolvere l'esercizio, si possono schematizzare le informazioni contenute nel seguente modo (le lettere corrispondono all'iniziale del nome):

M > C > A > L > F

Infatti Chiara è più bassa di Marcello ma più alta di Andrea che è più alto di Lorenzo, a sua volta più alto di Fausto.

Poiché l'esercizio richiede chi, in termini di altezza, occupa la posizione mediana (Andrea) la soluzione al quesito è fornita dall'alternativa B.

33 Rappresentando graficamente le relazioni presentate nel testo si perviene al seguente schema:

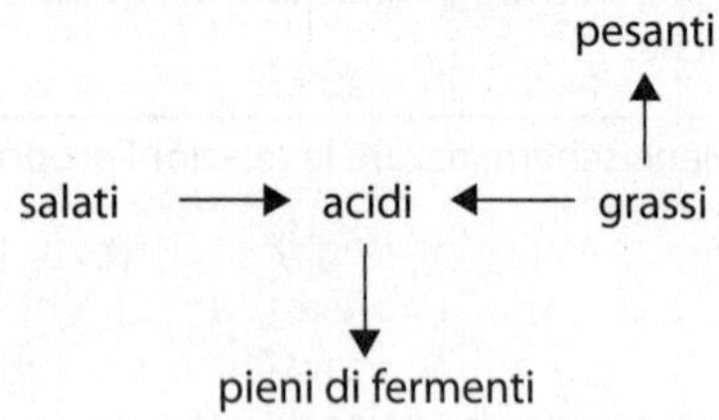

La soluzione al quesito è fornita dall'alternativa D. Infatti i cibi grassi sono acidi e quindi, come tutti i cibi acidi, sono pieni di fermenti. Osservando il verso delle frecce si nota come le alternative A, B, C e D risultino errate.

34 All'inizio del brano, Einstein scrive che l'uomo di successo riceve dai suoi simili "incomparabilmente di più di quanto gli sarebbe dovuto per servigi da lui resi a costoro", affermazione che è l'esatto opposto di quanto sostenuto dall'alternativa D, che è quindi la risposta esatta.

35 Condizione sufficiente affinché Tommaso rimanga senza benzina è che svolti a destra o a sinistra, gli basterà cioè fare o l'una o l'altra svolta e sicuramente rimarrà senza carburante (alternative A e B errate). Cosa accade se va dritto? L'esercizio non prevede alcun legame logico tra l'andare dritto e il rimanere o meno senza benzina: potrebbe cioè accadere che egli rimanga senza carburante, ma anche che trovi una stazione di servizio dove rifornirsi. Si può dedurre, quindi, che Tommaso potrebbe rimanere senza benzina, pertanto la soluzione è fornita dall'alternativa C.

36 Per trovare la soluzione al quesito, bisogna distinguere tra le deduzioni certamente false (che sono le risposte da scartare) e l'unica che sia certamente o potenzialmente vera. In particolare: dal momento che almeno Mattia salta più in alto di lui, Jacopo non può essere il più bravo saltatore e quindi la A è certamente falsa. Ne consegue che è certamente falsa anche la D, perché abbiamo potuto stabilire con certezza che la A è falsa. Verifichiamo ora quanto affermano le restanti alternative a proposito di Mattia, ricordando che salta più in alto di Jacopo. Se, tolto Mattia, Jacopo saltasse più in alto di tutti gli altri giocatori, Mattia sarebbe allora il più bravo saltatore e dunque è certamente falso dire che Mattia certamente non è il più bravo saltatore. La risposta B è pertanto da scartare. Per quanto affermato dall'alternativa C, invece, non siamo in grado di stabilire con certezza se sia vera o falsa: se Jacopo saltasse più in alto di tutti i restanti giocatori, allora Mattia che salta più in alto di lui sarebbe il più bravo saltatore; in caso contrario no. La risposta non è certamente falsa, quindi la C è la soluzione del quesito.

37 Questo tipo di domande richiede di applicare la deduzione logica alle proposizioni date, cioè di ricavarne conclusioni certe, non solo probabili o possibili. Per rispondere, bisogna pertanto verificare una per una le opzioni di risposta, confrontandole con le premesse del testo. In particolare:

- la A non è necessariamente vera ma solo possibile, in quanto dalle tre affermazioni si può ricavare solo che l'austriaco siede a un capotavola, ma resta incerto se il francese sieda o meno all'altro capotavola (che in alternativa resta per forza vuoto). Per la stessa ragione la C è falsa: le nostre informazioni consentono solo di dire che il secondo capotavola può essere vuoto, non che debba esserlo;

- la B e la D sono sicuramente false: in base alla 2, che l'austriaco sieda a capotavola è condizione sufficiente perché l'italiano si trovi seduto alla sua destra e dunque è impossibile che sieda a destra del francese.

La risposta esatta è la E: il tedesco può sedere in uno qualsiasi dei tre posti non a capotavola (a prescindere che il secondo capotavola sia occupato dal francese o resti vuoto), dunque è certo che *possa* sedere di fronte l'italiano.

---

38 Il fatto che Mario sia a Roma è condizione sufficiente (ma non necessaria) affinché Pietro sia a Milano. In una frase del tipo *se A, allora B*, l'unica conseguenza logica che si può trarre è che *se non B, allora non A*. Se Pietro è a Milano (cioè *se B*) non è detto che Mario sia a Roma (potrebbe esserci, ma anche non esserci), né si può sapere se si trovi in un'altra città, compresa Milano. La soluzione al quesito è, quindi, quella proposta dall'alternativa A, non essendo alcuna delle altre tre conclusioni logicamente valida.

---

39 Per trovare la soluzione di questo esercizio bisogna collegare tutte le informazioni, operare le legittime deduzioni logiche ed escludere via via le risposte che entrano in contraddizione con i dati forniti dal testo. In particolare, si può subito ricavare che se «almeno due [oggetti] sono gialli» e «o Y o Z non è giallo», allora *esattamente* due oggetti sono gialli; quindi la A è certamente falsa e con essa la D (se X è giallo, per la 1 lo sarebbe anche Y, e si avrebbero di nuovo tre oggetti gialli). Anche la B si esclude perché inconciliabile con le altre condizioni: dal momento che due oggetti sono gialli, se X non è giallo allora Y e Z dovrebbero essere entrambi gialli e ciò contraddice sia la 3 sia la 2 (per la quale anche X sarebbe giallo). La C è invece la risposta esatta: se Z non è giallo ma Y lo è, la 3 è rispettata; ciò implica che sia giallo anche X, fatto che non contraddice nessuna delle altre condizioni (la 2 non esclude che X possa essere giallo anche se Z non lo è). Per completezza, è facile verificare che la E è inconsistente: se Z è giallo, lo sarebbe anche X e di conseguenza Y.

---

40 Per arrivare alla soluzione dell'esercizio è necessario paragonare ciascuna delle alternative di risposta con le premesse fornite dal testo, verificando se l'alternativa stessa è coerente con le premesse e con tutte le deduzioni che logicamente è possibile trarne. Attenzione inoltre a distinguere, eventualmente, tra ciò che è possibile (che cioè non entra in contraddizione con le premesse ma non ne è direttamente implicato) e quanto invece è certamente vero. In particolare, dalla lettura delle premesse possiamo ricavare che:

- Elena indossa il maglione verde (infatti 4 dice che non indossa il blu, quindi da 1 discende che indossa il verde);
- poiché Elena indossa il verde, in base alla 2 deduciamo che Luisa indossa l'indaco;
- in base alla 3 Bice indossa il blu.

A questo punto è semplice verificare quale alternativa è coerente con quanto abbiamo dedotto: Bice = blu; Luisa = indaco; Elena = verde. La riposta corretta è la E.

---

41 Per individuare la soluzione del problema, bisogna avere chiari quali sono i dati certi forniti dalle numerose informazioni del testo o che si possono direttamente ricavare, e poi metterli a confronto con le opzioni di risposta. Possiamo stabilire che:

- in base alla 2, Carla assaggia il babà e dunque la E è errata;
- in base alla 5, Bruno assaggia il dolce di Giulio; poiché l'informazione 1 stabilisce che questo può accadere solo se (condizione necessaria) Aldo assaggia la meringa, allora Aldo assaggia la meringa (B errata) e dunque non la può assaggiare Dario (A errata);
- se Dario non assaggia la meringa, per la 3 sappiamo che Dario assaggia il dolce preparato da Lucia;
- avendo già stabilito che la meringa è assaggiata da Aldo, in base alla 4 possiamo dire che Marco ha preparato la pastiera; questo permette di riconoscere la C come errata e la D come risposta esatta: Franca non ha preparato la pastiera.

42 L'esercizio appare più complesso di quanto sia in realtà. Valutiamo le informazioni fornite dal testo, tenendo presente che tutti e quattro i casi configurano "condizioni sufficienti" a partire dalla presenza o meno di Anna nella classe 4ª. Come è facile vedere, che Anna si trovi o meno in quella classe, è sempre implicato che Claudio stia insegnando in 3ª. Pertanto è esattamente questa l'unica conclusione che si può trarre con certezza. La risposta esatta è la **D**.

43 Una proposizione complessa è falsa se una o più delle proposizioni semplici che la compongono sono false. Avendo stabilito che Fausto ha torto, almeno uno dei seguenti elementi deve essere falso:

- tutti i presenti tranne Paola amano il gioco del calcio; ne consegue che almeno uno dei presenti oltre a Paola non ama il gioco del calcio;
- Paola non ama il gioco del calcio; ne consegue che Paola ama il gioco del calcio;
- Paola ama stare sul divano a leggere; ne consegue che Paola non ama stare sul divano a leggere.

Noi non sappiamo quali e quanti di questi fatti siano falsi, ma almeno uno di essi deve esserlo. Perciò, tra le opzioni di risposta l'unica che consegue necessariamente dal fatto che Fausto ha torto è quella che nega contemporaneamente o l'uno o l'altro o l'altro ancora, cioè la **B**.

Attenzione ai distrattori che non possono essere dedotti con certezza. Per esempio, se Fausto ha torto, Paola *potrebbe* non saper leggere e nessuno dei presenti amare il calcio, ma non è certo (**A**); se Fausto ha torto, è *possibile* che sia lui a non amare il calcio e Paola ad amarlo, ma non è certo (**C**) ecc.

44 In base all'annuncio dell'altoparlante, i passeggeri in stazione possono trovarsi in una delle seguenti situazioni:

- casualmente si trovano già sul binario "giusto" per l'orario del proprio treno, quindi non devono spostarsi;
- si trovano su un binario diverso da quello indicato per l'orario del proprio treno, quindi devono spostarsi;
- si trovano al binario 1, quindi non devono spostarsi.

Verifichiamo se le alternative proposte corrispondono. La **E** è coerente: Giulia, partendo dopo le 18, dovrebbe recarsi al binario 3; se non si muove o si trova già lì o si trova al binario 1. Lo stesso vale per la **D**: Alessandro, partendo prima delle 18, dovrebbe spostarsi al binario 2; se non si muove o si trova già lì o si trova al binario 1. Quanti devono recarsi al binario 3 partono tra le 18 e le 18:30, quindi al momento dell'annuncio hanno tra mezz'ora e un'ora di attesa: la **C** è coerente. Abbiamo visto che trovarsi al binario 1 è sufficiente per restare fermi, ma non è necessario: infatti ci sono altri casi in cui i passeggeri non cambiano di binario. La **B** dunque è coerente ma la **A** è in contraddizione, pertanto è la risposta esatta.

45 Sebbene sembri forse controintuitivo, il giocatore con meno dati per rispondere è proprio Angelo, anche se vede più cappelli. Infatti, Bea e poi Corrado possono tenere conto delle informazioni deducibili dalle scelte di chi li ha preceduti, potendo via via escludere le possibilità incompatibili.

Angelo vede davanti a sé due cappelli e dice di non potere rispondere. Poiché i cappelli della cesta erano tre rossi e due blu, la sua rinuncia ci dice che i cappelli che vede NON possono essere entrambi blu; diversamente, potrebbe rispondere che il suo cappello è rosso. Quando è il suo turno, Bea sa dunque che Angelo può avere vista solo una delle seguenti combinazioni: RR, RB o BR. A queste informazioni Bea aggiunge il colore del cappello di Corrado che vede e che può essere o rosso o blu. Nemmeno lei però riesce a rispondere. Tenendo conto delle tre combinazioni possibili, la rinuncia di Bea ci dice che NON può avere visto su Corrado un cappello blu, se no avrebbe potuto dedurre che il proprio cappello è rosso. Corrado, invece, a questo punto può rispondere: infatti sa che, se Bea non ha potuto rispondere, è perché ha visto su di lui un cappello rosso. La soluzione dell'esercizio è la **B**.

46 Per rispondere a questo genere di domande, bisogna ricordare che le affermazioni a confronto sono tra loro complementari: cioè non possono essere entrambe vere né entrambe false, ma se non è vera una lo è per forza l'altra. In questo particolare esercizio, inoltre, va tenuto in considerazione che l'affermazione di Senofonte è una disgiunzione: perciò, quando è vera è vera o l'una o l'altra componente (non si sa quale) mentre quando è falsa sono false entrambe le componenti.

Possiamo schematizzare le implicazioni sicuramente deducibili:

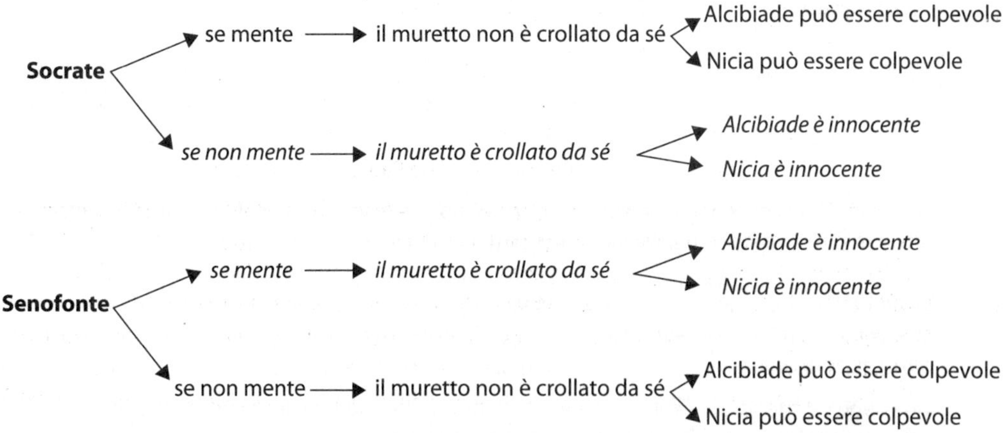

Si nota come le implicazioni della condizione "Socrate mente" sono le medesime di "Senofonte non mente" e viceversa. Pertanto è molto rapido verificare le alternative di risposta:

- la A consegue necessariamente dalla situazione "Socrate non mente/Senofonte mente";
- la B e la C riportano la corretta implicazione della situazione "Socrate mente";
- la E ripropone l'assunto di partenza (o Socrate mente o Senofonte mente) attraverso le rispettive implicazioni (rispettivamente o "il muretto non è crollato da sé" o "Nicia è innocente").

La soluzione del quesito è allora la D, l'unica conclusione che non consegue dalle premesse: infatti, l'innocenza di Nicia non è una condizione sufficiente per la colpevolezza di Alcibiade. Al contrario, nella situazione "Socrate non mente/Senofonte mente" sia Nicia sia Alcibiade sono innocenti.

47 Date le due affermazioni vere, occorre stabilire se vi sia e quale sia tra le alternative proposte quella che indica – per tutte le possibili configurazioni dei rapporti tra le tre categorie date – una relazione sempre vera tra le cose *laba* e le cose *zota*.

Stando al testo dell'esercizio, gli insiemi L (*laba*), M (*mada*) devono essere insiemi distinti («nessuna *laba* è *mada*»), mentre M e Z possono solo intersecarsi (se qualche *mada* non è *zota*, allora qualche *mada* è *zota*). Però non è possibile stabilire niente di sicuro circa la relazione tra L e Z. Come mostrano le figure seguenti, sono possibili ma non necessariamente vere tutte le situazioni proposte dalle alternative:

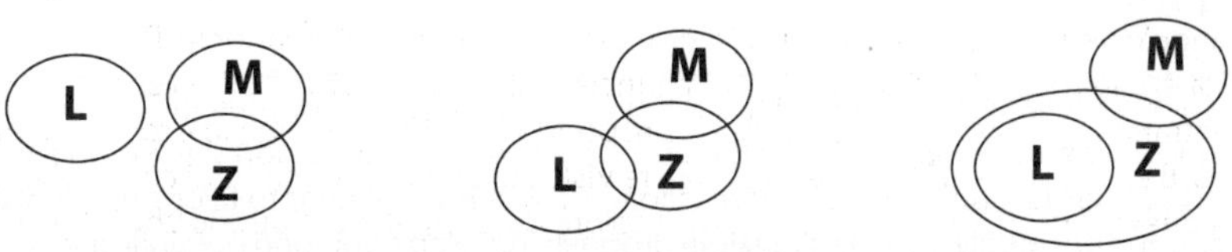

Si osserva che nulla si può affermare con certezza circa *laba* e *zota*. La soluzione è la E.

48 La soluzione a quesiti di questo genere può essere opportunamente individuata ricorrendo alle rappresentazioni con i diagrammi di Venn.

Siano allora F, M e D i tre insiemi di cose, rispettivamente, *furva*, *miga* e *dissa*. Se «ogni cosa *furva* è *dissa*», tutti gli elementi di F appartengono anche a D; se «*qualche cosa furva è miga*», M e F hanno alcuni elementi in comune. Queste condizioni risultano rispettate sia se l'insieme M è a sua volta sottoinsieme di D, sia se gli elementi in comune di M con D sono solo quelli dell'intersezione con F o anche elementi solo di D, come raffigurato di seguito:

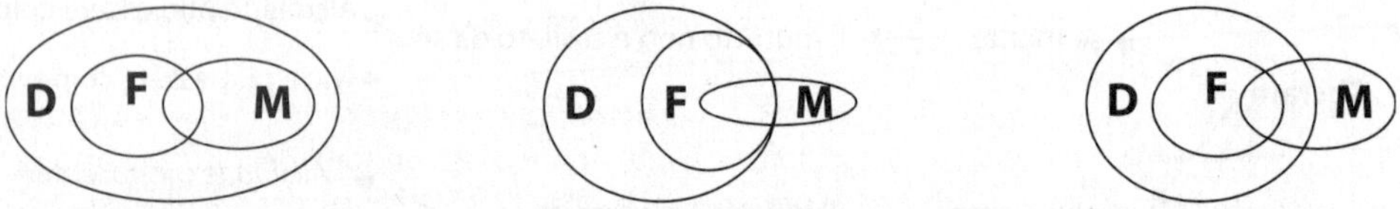

Si verifica allora che le affermazioni **A** e **B** possono essere vere ma anche false, la **C** è sempre errata, e la **E** è invece sempre vera, ed è perciò la soluzione.

---

49 La prima affermazione ci informa che tutte le cose *suba* sono anche *fuda*. La seconda che vi sono cose *rona* che non sono *fuda*. Le alternative di risposta sono focalizzate sulla relazione tra le cose *rona* e le cose *suba*.

Una buona strategia per risolvere il quesito è affrontarlo in termini insiemistici: se ogni cosa *suba* è *fuda*, allora l'insieme S (*suba*) è sottoinsieme di F (*fuda*) o, al limite, i due insiemi possono coincidere; se qualche cosa *rona* non è *fuda*, significa anche che qualche altra cosa *rona* è *fuda*, ovvero R (*rona*) e F (*fuda*) hanno un'intersezione di alcuni elementi. Date queste condizioni, i tre insiemi possono configurarsi in più modi, come di seguito:

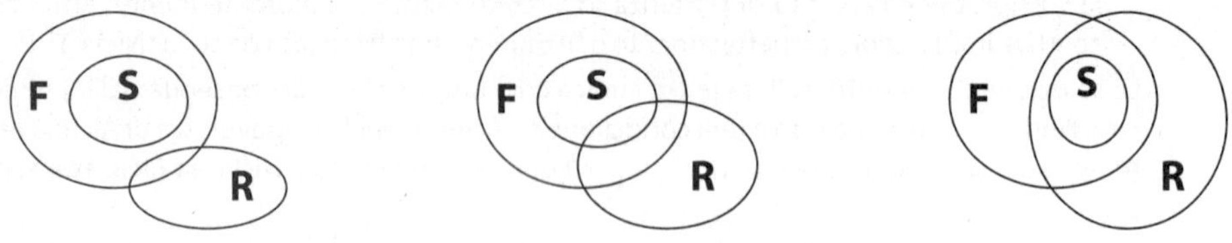

Si nota che R, in tutti i casi, ha elementi in comune con F; invece può essere del tutto distinto da S, o intersecarlo, oppure comprenderlo. A questo punto, è semplice verificare che la **A** è vera per ogni configurazione ed è la soluzione (è certo che vi sono *rona* che non sono *suba*), mentre la **B** e la **D** sono possibili ma non necessariamente vere e la **C** è sicuramente falsa.

In alternativa, si può considerare l'esercizio come un sillogismo a cui manca la conclusione. Dalle premesse universale positiva (ogni S è F) e particolare negativa (qualche R non è F), si può dedurre una conclusione particolare negativa: qualche R non è S (per esempio: tutti mammiferi sono animali; qualche vivente non è animale; qualche vivente non è mammifero). La risposta esatta è sempre la **A**.

---

50 Ragionando in termini insiemistici, si deve pensare che tutti gli elementi di M *marga*) appartengono anche a N (*niga*) e che N e P (*pora*) si intersecano. Da ciò non si ricavano però informazioni certe riguardo a un'eventuale intersezione tra M e P, che è quanto le opzioni di risposta considerano. In altre parole, tutte le situazioni proposte dalle opzioni sono possibili, ma nessuna è sempre necessariamente vera. Dunque la soluzione è la **E**.

Come si può verificare osservando le figure seguenti, infatti, nel rispetto delle condizioni date è possibile che M e P non abbiano elementi in comune (**B** e **C** errate), ne abbiano alcuni (**A** errata), o tutti (**D** errata).

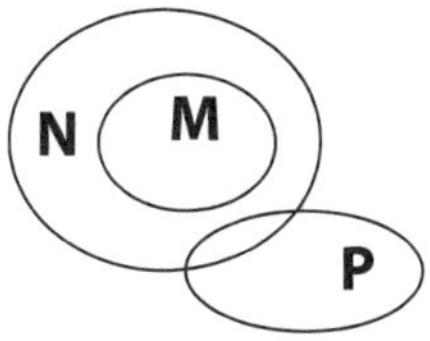

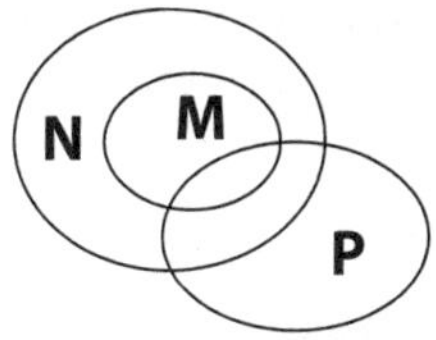

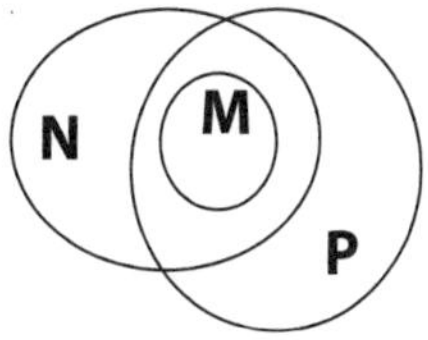

51 Si può risolvere l'esercizio anche senza ricorrere, come di consueto è più comodo con questa tipologia di domande, ai diagrammi insiemistici.

In generale, una proposizione universale negativa come «*nessun X è Y*» implica solo che tra i due termini proposti (nel nostro caso *sotta* e *foma*) non è possibile stabilire alcuna relazione. Resta dunque da valutare se la seconda premessa consente di inferire qualcosa relativamente alla relazione tra *foma* e *sdazza*, su cui si centrano le opzioni di risposta. Nemmenosapere che «qualche cosa *sdazza* non è *sotta*», però, ci dice nulla sulla relazione tra *foma* e *sdazza*. Dal punto di vista sillogistico, non siamo in grado di dedurre una connessione tra tali termini e la sola opzione che possiamo scegliere è *nulla segue* (C soluzione).

52 Per risolvere l'esercizio conviene inserire le informazioni già presenti nell'esercizio in una tabella a tre colonne:

Redattore	**Tipo di volume**	**Autore**
Silvia	giallo	
Fabio		Tozzelli
Monica	saggio	(no Luisetti)
Filippo		Montoni
	divulgazione scientifica	Nissani

A questo punto si osserva facilmente che a Ettore (il redattore mancante) è toccato in lettura il libro di divulgazione scientifica di Nissani e che Luisetti, non avendo scritto il saggio, per esclusione deve avere scritto il giallo (ne consegue che il saggio necessariamente è stato scritto da Calicini).

Si può, quindi, completare la tabella nel seguente modo:

Redattore	**Tipo di volume**	**Autore**
Silvia	giallo	Luisetti
Fabio		Tozzelli
Monica	saggio	Calicini
Filippo		Montoni
Ettore	divulgazione scientifica	Nissani

individuando la soluzione al quesito nell'alternativa A.

53 Osservando la tabella costruita per rispondere alla precedente domanda, ci si accorge facilmente che le alternative A, B, C ed E possono essere vere o false, mentre la D è certamente falsa (ed è quindi la soluzione del quesito), avendo Silvia letto il libro di Luisetti.

54 Per risolvere il quesito è necessario, innanzi tutto, capire quale sia l'ordine d'età (dal più grande al più piccolo) dei fratelli.

In tal senso la seconda informazione risulta molto utile. Dire che Cesare è più piccolo del solo Andrea, significa dire che Andrea è il più grande dei cinque fratelli e Cesare è il secondo. Si sa, inoltre, che Davide è l'ultimo e che Marco è più grande di Biagio.

L'ordine sarà, allora, il seguente: Andrea ⇒ Cesare ⇒ Marco ⇒ Biagio ⇒ Davide.

Si possono mettere queste informazioni in una tabella a due colonne, inserendo nella seconda le informazioni relative alle mogli: Alma, sposando il penultimo dei fratelli, è la moglie di Biagio, Marco è sposato con Elena e Davide con Nausica.

Marito	Moglie
Andrea	
Cesare	
Marco	Elena
Biagio	Alma
Davide	Nausica

Avendo presente questa tabella si osserva che l'unica affermazione certamente vera è quella riportata dall'alternativa **B** (soluzione del quesito), e cioè che Alma non è la moglie di Cesare.

55 Dalla tabella utilizzata per risolvere il quesito precedente si vede facilmente che la soluzione all'esercizio è fornita dall'alternativa **D**, l'unica falsa tra quelle proposte. Avendo infatti ricostruito che Biagio è il penultimo fratello, si sa con certezza che ha sposato Alma.

56 Per risolvere l'esercizio è opportuno riportare in uno schema tutte le informazioni fornite dal testo che vincolano la distribuzione dei ragazzi nelle quattro tende. Si sa innanzitutto che i quattro capotenda sono A, B, C e F, ognuno dei quali deve scegliere altri due compagni.

Si può inoltre affermare che:

1) $A \not\Rightarrow H$
2) $B \not\Rightarrow N$
3) $F \not\Rightarrow E$
4) $C \not\Rightarrow G$
5) $N \not\Rightarrow A$
6) $G \Rightarrow I$
7) $H \not\Rightarrow N$
8) $E \Rightarrow D$
9) $N \not\Rightarrow L$
10) $G \Rightarrow F$

Dalle relazioni sopra illustrate si possono formare le diverse coppie da affiancare a ciascun capotenda. Infatti, la relazione 8 specifica che E sta con D mentre la 6 specifica che G sta con I. A questo punto, devono essere formate le coppie tra i quattro scout restanti: H, L, N e M. Le relazioni 7 e 9 specificano che N non può stare né con H né con L; le coppie rimanenti sono dunque H, L e N, M.

Le quattro coppie da associare ai capitenda sono quindi:

- H, L
- N, M
- G, I
- E, D

Si sa inoltre che A non può stare né con la prima né con la seconda coppia di questo elenco (non può infatti stare con H né con N, come indicato dalle relazioni 1 e 5), B non può stare con la seconda coppia (incompatibile con N per la relazione 2), C con la terza (incompatibile con G per la relazione 4) mentre F, dovendo stare con G in base alla relazione 10, è il capotenda della terza coppia. Ne segue che A è il capo della tenda della quarta coppia, B della prima e C della seconda.

Le tende hanno dunque i seguenti componenti:

- B, H, L
- C, N, M
- F, G, I
- A, E, D

Risulta ora facile rispondere al quesito e individuare la soluzione nell'alternativa **D**.

57 B ha come compagni di tenda H e L, quindi la soluzione corretta è la **C**.

58 Nella stessa tenda di I vi sono F e G, e dunque la risposta corretta è la **A**.

59 Se viene meno l'informazione che obbliga a mettere nella stessa tenda F e G, l'esercizio deve essere nuovamente impostato. I capitenda sono A, B, C e F, mentre le coppie da associare ai capitenda sono:

- H, L
- N, M
- G, I
- E, D

Ancora si può dire che: A non può stare né con la prima né con la seconda coppia di questo elenco; B non può stare con la seconda coppia; C non può stare con la terza e F con la quarta. L'unica cosa che si può affermare con certezza è, quindi, che A si deve trovare nella tenda o con G (terza coppia) o con E (quarta coppia). La soluzione al quesito è dunque fornita dall'alternativa **A**.

60 Il testo dell'esercizio, per confondere le idee, fornisce un certo numero di informazioni inutili alla risoluzione del quesito: il lettore deve focalizzare l'attenzione solo sui dati relativi all'ordine degli interventi dei relatori e alla loro durata.

Per semplificare, è utile schematizzare i dati noti rappresentando graficamente ciò che si sa su ordine e durata degli interventi.

In base al testo, il prof. Bassetti ha parlato per primo e la dr.ssa Alibrandi per ultima. Inoltre il dr. Epifani ha parlato dopo il dr. Caputi che a sua volta ha parlato dopo il dr. Domini. La sequenza degli interventi risulta, quindi:

$B \Rightarrow D \Rightarrow C \Rightarrow E \Rightarrow A$.

Dall'esercizio si ricava anche che il prof. Domini ha parlato più a lungo della dr.ssa Alibrandi che, a sua volta, ha parlato più a lungo del dr. Epifani. Quest'ultimo ha parlato più di Caputi, mentre il prof. Bassetti ha tenuto il discorso più corto di tutti.

La durata degli interventi, quindi, dal più lungo al più breve è:

$D > A > E > C > B$.

L'unica alternativa coerente con queste due sequenze è la **E**, che rappresenta dunque la soluzione al quesito.

4 | Logica quantitativa e serie numeriche

4.1 | Esercizi proposti

1 **A una festa partecipano 8 studenti, i quali complessivamente possiedono 17 smartphone. Determinare quale delle seguenti affermazioni è sicuramente vera.**

A C'è un unico ragazzo che possiede almeno 3 smartphone
B Almeno un ragazzo possiede esattamente 3 smartphone
C C'è un unico ragazzo che possiede esattamente 3 smartphone
D Almeno un ragazzo possiede almeno 3 smartphone
E Nessun ragazzo possiede più di 3 smartphone

2 **Se è vero che tutti i fiori che ho comprato sono rose eccetto tre; tutti i fiori che ho comprato sono gladioli eccetto tre; tutti i fiori che ho comprato sono orchidee eccetto tre; tutti i fiori che ho comprato sono primule eccetto tre, quanti fiori ho?**

A Quattro
B Uno
C Due
D Tre
E Cinque

3 **Relativamente ai siti di interesse artistico in Italia, alcuni anni fa l'Associazione Amici dell'Arte (AAA) aveva censito circa 8.400 punti di interesse e poco meno di 400 musei; oggi i punti di interesse censiti sono circa 8.600 mentre i musei sono poco più di 200. Quale delle seguenti affermazioni è coerente con i dati citati?**

A Tra un censimento e l'altro i punti di interesse sono diminuiti
B Il turismo verso le città d'arte in Italia è diminuito negli ultimi anni
C Il numero di punti di interesse censiti dall'AAA ha registrato una contrazione negli ultimi anni
D Nell'intervallo di tempo considerato, al contrario dei punti di interesse, il numero di musei è diminuito
E Il numero dei musei si è ridotto a un terzo nel corso dell'intervallo di tempo considerato mentre quello dei punti di interesse è cresciuto altrettanto in termini assoluti

4 **Nella città di Girotondo i 30 ragazzi che vanno a scuola studiano l'inglese, il francese o lo spagnolo. Di questi 30 ragazzi 18 studiano il francese, 12 lo spagnolo e 23 l'inglese. Sapendo che 5 ragazzi studiano sia l'inglese sia lo spagnolo e che nessuno studia sia il francese sia lo spagnolo, quale delle seguenti affermazioni è vera?**

A Alcuni ragazzi studiano tutte e tre le lingue
B Nessuno dei ragazzi che studia l'inglese studia anche il francese
C Tutti i ragazzi che studiano l'inglese studiano anche il francese
D Tutti i ragazzi che studiano il francese studiano anche l'inglese
E Non ci sono dati sufficienti per rispondere

5 **Sul comodino di Paolo ci sono tre libri. È dunque vero che sul comodino di Paolo:**

A c'è un libro

B ci sono solo tre libri

C non ci sono quattro libri

D ci sono solo libri

E non ci sono solo libri

6 **Tutti e dodici i concorrenti di una gara di corsa ritengono che arriveranno fra i primi tre. Qual è la negazione di tale affermazione?**

A Nessuno dei concorrenti ritiene di arrivare tra i primi tre

B Nessuno dei concorrenti arriverà tra i primi tre

C Almeno un concorrente ritiene che arriverà tra gli ultimi nove

D Almeno un concorrente ritiene che arriverà tra gli ultimi tre

E Nessuno dei concorrenti ritiene che arriverà tra gli ultimi tre

Leggere il testo del seguente problema e rispondere alle relative domande.

Le lettere A, B, C, D, E, F e G, non necessariamente in questo ordine, rappresentano sette numeri interi consecutivi. Si ha che:

- D è di 3 unità inferiore ad A;
- B rappresenta il numero di mezzo;
- A è di due unità superiore a B;
- F è inferiore a B dello stesso valore di cui C è maggiore di D;
- G è maggiore di F.

7 **Il quinto numero in ordine crescente è:**

A A

B C

C D

D E

E B

8 **Sulla base delle informazioni fornite, A è maggiore di F tanto quanto minore di G è:**

A A

B B

C C

D D

E E

9 **Sulla base delle informazioni fornite, se A = 7, la somma di E e G è pari a:**

A 8 B 10 C 12 D 14 E 1

10 **Sulla base delle informazioni fornite, quanto fa A – F?**

A 1 B 2 C 3 D 4 E 5

11 **Data una coppia di genitori, ogni figlio (maschio o femmina) può dire di avere almeno 3 fratelli e 3 sorelle. Quanti sono come minimo i figli di questa coppia?**

A 6

B 7

C 8

D 9

E 10

12 **Se un ciclista si è contemporaneamente classificato quarto e quart'ultimo in una gara, quanti erano i partecipanti alla gara?**

A 5

B 6

C 7

D 8

E 9

13 **A una riunione partecipano 100 donne. Prendendone due a caso, non si troveranno mai due signore entrambe senza orecchini. Quante delle donne presenti portano sicuramente gli orecchini?**

A 50

B 51

C 49

D 99

E 98

14 **Nella classe di Alessia, lo scorso anno, il numero dei maschi era doppio rispetto a quello delle femmine. Il numero totale degli studenti della classe era 24. Al termine dell'anno nella classe di Alessia sono stati bocciati solo maschi, in numero tale che il numero di femmine è diventato doppio rispetto a quello dei maschi. Quanti maschi, quindi, sono stati bocciati?**

A 6

B 8

C 16

D 12

E 4

15 **In una stessa giornata, in un gruppo di sei persone ci si inviano delle e-mail. Ciascuno invia una mail a ciascuno degli altri del gruppo. Quante sono le mail inviate in totale?**

A 36

B 24

C 30

D 28

E 42

16 **A un ricevimento la padrona di casa vuole sistemare i 56 invitati in tavoli da 7. Purtroppo si rende conto che, comunque voglia distribuire gli invitati, c'è sempre almeno un tavolo a cui siedono sole donne. Quante sono almeno le donne invitate?**

A 24
B 52
C 55
D 49
E 46

17 **Due professori si incontrano e uno chiede all'altro: «Quanti studenti hai nel tuo corso?». Questi risponde: «La metà sono studenti che avevo anche lo scorso anno; un altro quarto ha appena iniziato a seguire le lezioni; un settimo è ormai pronto a dare l'esame; e poi ci sono altre tre ragazze che sono le migliori». Quanti sono in tutto gli studenti del corso?**

A 13
B 28
C 25
D 15
E 11

18 **Una gatta ha partorito alcuni gattini. Francesca afferma: «Sono nati tre gattini e sono maschi». Marianna afferma: «Sono nati due gattini maschi e due femmine». Simona afferma: «Sono nati solo gattini maschi». Quanti gattini sono nati, sapendo che una e una sola delle precedenti affermazioni è falsa?**

A 2
B 6
C 3
D 4
E 5

19 **Tre fratelli possiedono una canoa a due posti e vogliono prepararsi per una gara. Potendosi allenare solo in due per ogni sessione, qual è il numero minimo di allenamenti da predisporre in una settimana, se ognuno dei tre fratelli vuole partecipare ad almeno due sessioni?**

A Due
B Cinque
C Quattro
D Tre
E Sei

20 **Rita dice a Silvia: «Se mi dai una penna, ne avrò il doppio di quante ne avrai tu». Silvia risponde: «Se me ne dai una tu, ne avremo lo stesso numero». Quante penne hanno rispettivamente Rita e Silvia?**

A 3 e 2
B 9 e 7
C 7 e 5
D 6 e 4
E 6 e 6

Indicare, per ciascuna delle successioni riportate di seguito, il numero e/o la lettera mancante.

21 **Completare la seguente successione di numeri:**

5, ..., 19, 26, 33, ...

A 15; 43
B 17; 47
C 12; 40
D 10; 45
E 14; 39

22 **Completare la serie seguente con il numero mancante:**

8, 13, 14, 15, 20, 17, 26, ...?

A 32 B 21 C 36 D 18 E 19

23 **Qual è il numero mancante nella serie seguente?**

864, 842, 820, 798, 776, ?

A 754
B 726
C 764
D 748
E 746

24 **Individuare il numero che completa correttamente la seguente successione di numeri:**

2, 3, 10, 12, 18, 48, 26, 192, ...

A 52
B 38
C 34
D 200
E 40

25 **Completare la serie seguente con il numero mancante:**

1, 1, 2, 3, 5, 8, 13, 21, ...

A 34 B 41 C 43 D 29 E 37

26 **Si individui il numero che completa correttamente la serie:**

15, 10, 20, 15, 45, 40, 160, 155, ...

A 150 B 775 C 665 D 770 E 666

27 **Completare la serie seguente con il numero mancante:**

3, 15, 12, 60, 57, ...?

A 104
B 258
C 285
D 171
E 54

28 **Completare la serie seguente con il numero mancante:**
3, 8, 14, 21, ...?

A 28 B 29 C 42 D 22 E 33

29 **Qual è il numero mancante nella serie seguente?**
24, 35, 47, 60, 74, 89, ?

A 102
B 105
C 99
D 115
E 123

30 **Completare la serie seguente con il numero mancante:**
41, 33, 25, 17, ...?

A 11
B 9
C 16
D 25
E 10

31 **Completare la serie seguente con il numero mancante:**
4, 5, 10, 7, 16, 9, 22, ...

A 35
B 3
C 42
D 12
E 11

32 **Individuare il numero mancante.**

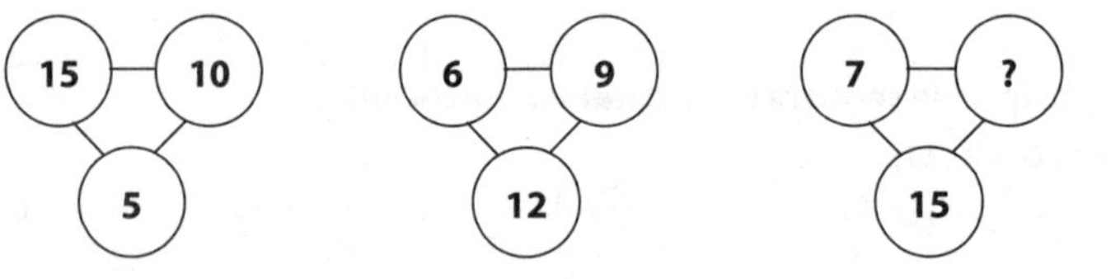

A 12 B 22 C 13 D 11 E 8

33 **Individuare il numero mancante.**

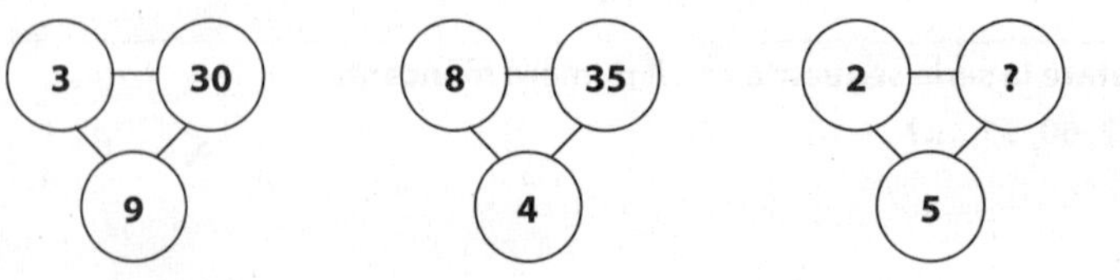

A 12 B 10 C 13 D 8 E 15

34 **Individuare il numero mancante.**

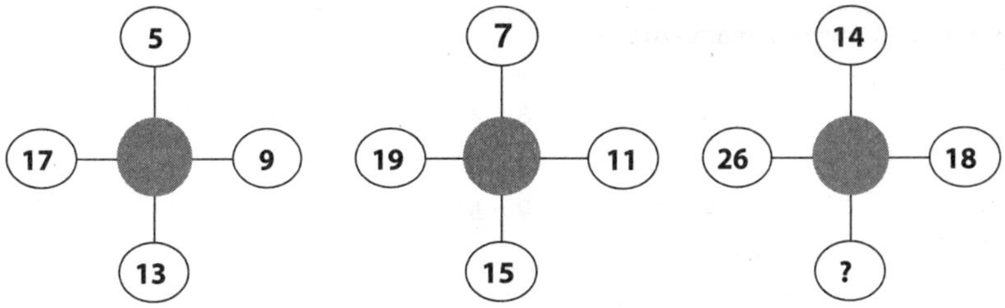

A 24

B 20

C 18

D 22

E 16

---

35 **Individuare il numero mancante.**

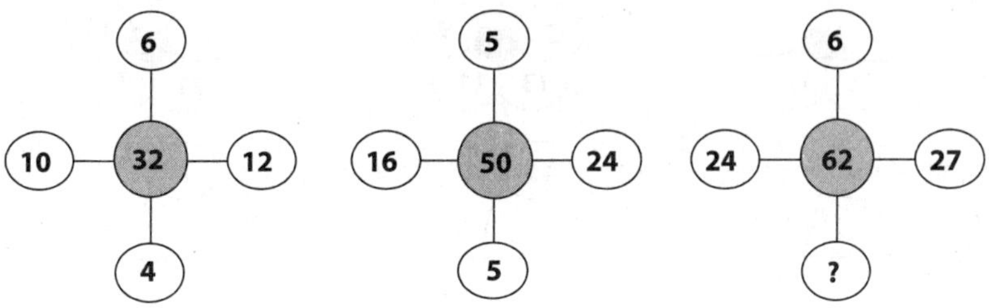

A 2

B 6

C 8

D 4

E 5

---

36 **Individuare il numero mancante.**

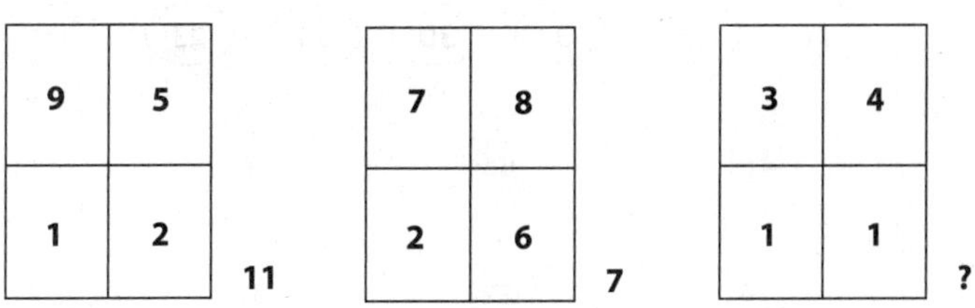

A 10

B 9

C 7

D 6

E 5

37 **Individuare il numero mancante:**

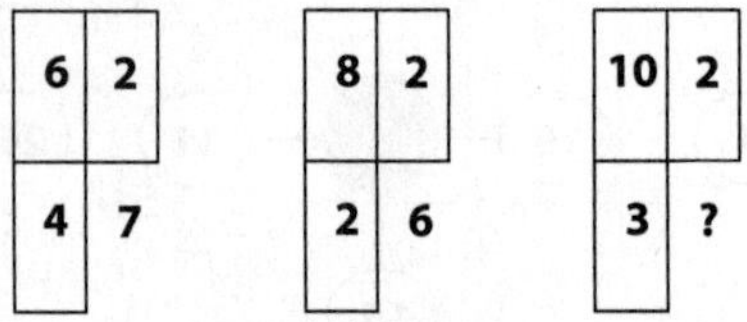

A 6
B 4
C 10
D 8
E 5

38 **Individuare il numero mancante.**

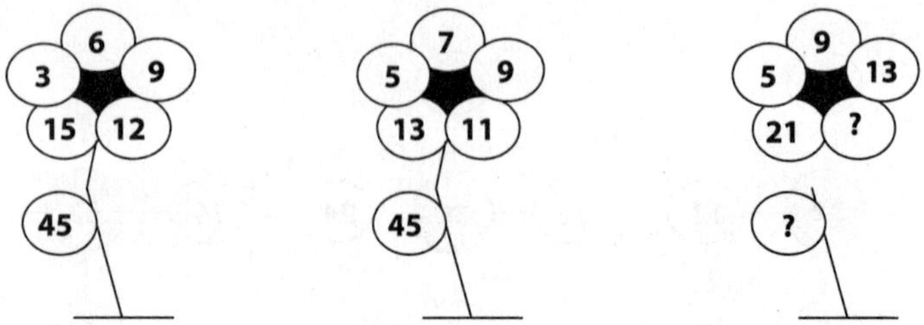

A 19; 45
B 65; 19
C 17; 65
D 59; 17
E 19; 57

39 **Individuare il numero mancante.**

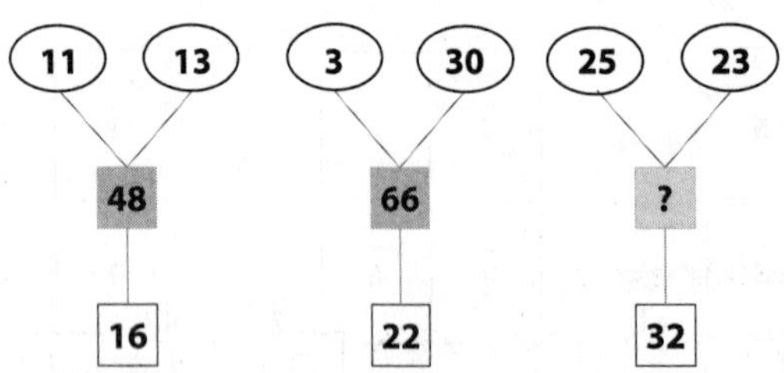

A 98
B 84
C 90
D 96
E 92

40 **Inserire il numero mancante dalla figura seguendo il verso indicato dalla freccia.**

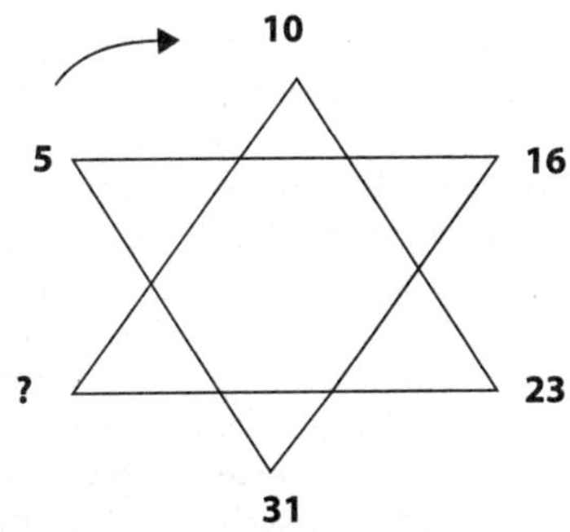

A 38 B 68 C 73 D 40 E 62

41 **4, VIII, 10, XX, 22, XLIV, 46, ?, ?**

A XMII, 94
B XCII, 94
C 94, XCII
D 94, XMII
E XCII, 92

42 **D, F, H, J, L, …?**

A K
B W
C M
D N
E O

43 **L, 7, O, 10, R, 13, …?**

A U
B 16
C V
D N
E 17

44 **A, 17, C, 14, E, 11, G, …?**

A 9 B 18 C 14 D 22 E 8

45 **Individuare l'elemento mancante.**

Z 2 V 3 T 5 Q 8 M 13 ? ?

A F; 18
B G; 21
C G; 18
D F; 21
E E; 15

4.2 | Soluzioni e commenti

1 Alla festa partecipano 8 studenti, che in totale possiedono 17 smartphone. Partiamo dal caso limite di un unico ragazzo che possieda da solo tutti e 17 i smartphone mentre gli altri 7 non ne hanno nemmeno uno: risultano vere le risposte A e D, infatti *un unico ragazzo/almeno un ragazzo possiede almeno 3* smartphone. Distribuendo mano a mano i smartphone anche agli altri ragazzi, la risposta D resta sempre sicuramente vera (c'è sempre almeno un ragazzo che ha almeno 3 smartphone), mentre la A non lo è più necessariamente, dato che possono esserci più ragazzi con esattamente più di 3 smartphone. La D è vera anche quando si arriva al caso limite opposto, quando tutti e 8 i ragazzi possiedono lo stesso numero di smartphone, cioè 2 a testa per un totale di 16 telefoni, tranne 1 ragazzo che ne ha 3, per arrivare a 17. In questo caso estremo, risultano vere anche le altre alternative A, B, C ed E: esse però non sono la risposta corretta perché descrivono una situazione che si può verificare ma che non è sempre verificata, come invece abbiamo dimostrato essere la D, che è pertanto la risposta esatta.

2 L'unica alternativa che rispetta tutte le condizioni dell'esercizio è la A (soluzione del quesito) che prevede quattro fiori. Solo in questo caso, infatti, e solo se i quattro fiori sono una rosa, un gladiolo, un'orchidea e una primula, viene rispettato l'enunciato dell'esercizio.

3 Nell'intervallo di tempo considerato, il numero di punti di interesse è passato da circa 8400 a 8600, con un incremento di circa 200 unità; quindi le alternative A e C sono evidentemente errate. Nello stesso intervallo di tempo il numero di musei è passato da circa 400 a circa 200, con un decremento di circa 200 unità, ossia circa della metà e non di un terzo; pertanto anche l'alternativa E è errata. Infine anche l'alternativa B non è corretta in quanto dal testo dell'esercizio non è possibile dedurre nulla riguardo il turismo verso le città d'arte. La risposta esatta è dunque la D: oggi, il numero di musei censiti dall'AAA è diminuito, mentre quello dei punti di interesse è aumentato.

4 Per risolvere l'esercizio si ragioni nel seguente modo: se ognuno dei ragazzi studiasse una sola lingua, allora si avrebbero $18 + 12 + 23 = 53$ studenti in totale. Ciò contrasterebbe con l'informazione che 30 è il numero totale di ragazzi. In realtà 23 di loro (la differenza tra 53 e 30) sono stati conteggiati due volte (studiano cioè più lingue) e vanno, quindi, sottratti nel computo totale. In particolare, sapendo che 5 ragazzi studiano l'inglese e lo spagnolo e che nessuno studia lo spagnolo e il francese (quindi nessuno studia le tre lingue: alternativa A errata), si può dedurre che a studiare l'inglese e il francese sono 18 ragazzi ($53 - 5 - 18 = 30$). Ciò significa che i 18 ragazzi che studiano il francese (quindi tutti) studiano anche l'inglese. La soluzione al quesito è fornita dall'alternativa D.

5 Il prerequisito per rispondere correttamente ai quesiti di logica è considerare le proposizioni di partenza esattamente per quello che dicono, senza attribuire loro significati indebiti. Se, infatti, nei modi della comunicazione ordinaria le frasi possono essere ellittiche, tralasciando quanto sembra facilmente intuibile o ricavabile dal contesto, in logica non è così e se una parola manca è perché non deve esserci.

Il testo dell'esercizio, per esempio, dice che sul comodino «ci sono tre libri» e non che «ci sono esattamente tre libri» (risposta B e C errate); nemmeno dice che «ci sono tre libri e altri oggetti» o «tre libri e nessun altro oggetto» (risposte D ed E errate). L'unica interpretazione lecita è che sul comodino ci sono *almeno* tre libri, quindi ce n'è sicuramente uno: la risposta esatta è la A.

6 La situazione descritta nell'esercizio corrisponde a una proposizione logica "universale", come indicato dalla presenza del quantificatore *tutti*. La negazione di *tutti* è *non tutti*, che equivale a *qualcuno/almeno uno*. Infatti, per negare che un'intera categoria abbia una certa caratteristica o faccia una data cosa, bisogna affermare che almeno un suo elemento non abbia quella caratteristica o non faccia quella cosa. Possiamo cominciare a escludere perciò le alternative A, B ed E.

La negazione di "ritengo di arrivare tra i primi tre" non è "ritengo di arrivare tra gli ultimi tre", ma "ritengo di non arrivare tra i primi tre". Nel nostro esercizio, essendo dodici i concorrenti, questo equivale ad arrivare tra gli ultimi nove. La risposta esatta è la C.

---

7 Per rispondere alle domande di questo esercizio è opportuno cominciare ad analizzare l'informazione secondo la quale la lettera B *rappresenta il numero di mezzo*, ossia il quarto numero sia in ordine crescente sia in ordine decrescente. Si utilizza poi l'informazione secondo la quale *A è di due unità superiore a B*. Da cui:

?	?	?	B	?	A	?

A questo punto è possibile utilizzare la prima informazione, che consente di dare a D un valore immediatamente minore a B, da cui:

?	?	D	B	?	A	?

Restano solo le ultime due informazioni. L'ultima (*G è maggiore di F*) non può essere utilizzata immediatamente, dal momento che non riporta informazioni circa la posizione esatta di nessuno dei due numeri menzionati. È invece possibile utilizzare proficuamente l'informazione: *F è inferiore a B dello stesso valore di cui C è maggiore di D*. Sulla base dei dati finora a disposizione è possibile infatti osservare come F possa essere inferiore a B di due o di tre unità. Viceversa, C può essere maggiore di D di due o di quattro unità. Ne segue che le differenze fra le due coppie di numeri– dovendo essere uguali fra loro – possono solo essere di due unità. Dunque F è inferiore a B di due unità e C è maggiore di D di due unità. Da cui:

?	F	D	B	C	A	?

A questo punto, sapendo che G è maggiore di F, è possibile completare lo schema di riferimento: G è infatti il numero maggiore ed E quello minore. Da cui:

E	F	D	B	C	A	G

Con questo schema a disposizione è possibile rispondere velocemente ai quesiti.

Consultando lo schema è possibile osservare come il quinto numero sia rappresentato dalla lettera C. La risposta esatta è dunque la B.

---

8 A è maggiore di F di quattro unità. Ne segue che il numero inferiore a G di quattro unità è quello rappresentato dalla lettera D. La risposta esatta è dunque la D.

---

9 Se A è pari a 7, significa che G è pari a 8 ed E è pari a 2. Ne segue che la somma di E e G è pari a 10. La risposta esatta è dunque la B.

---

10 Essendo la distanza fra A e F pari a quattro unità, indipendentemente dal valore assunto dai due numeri rappresentati dalle due lettere, la loro differenza è sempre pari a 4. La risposta esatta è dunque la D.

---

11 Si prenda in considerazione il caso di un figlio maschio della coppia: per avere almeno 3 fratelli e 3 sorelle, occorre che in tutto i maschi siano almeno 4 (cioè lui stesso più altri 3) e le femmine 3. Considerando invece il caso di una figlia femmina, per avere almeno 3 fratelli e 3 sorelle è necessario che i maschi siano almeno 3 e le femmine almeno 4. Unendo i due casi, si può ricavare che la coppia deve avere come minimo 4 maschi e 4 femmine: in totale almeno 8 figli. La C è la soluzione del quesito.

12 Se il ciclista è arrivato quarto significa che tre persone sono arrivate prima di lui. Poiché è anche e contemporaneamente il quart'ultimo, significa che altre tre persone sono arrivate dopo di lui. In pratica, la sua posizione è quella mediana della serie: ciò significa che alla gara hanno partecipato sette persone. La soluzione al quesito è fornita dall'alternativa **C**.

13 Se – qualunque coppia si sorteggi – è impossibile trovare due donne entrambe senza orecchini, significa o che tutte e 100 portano gli orecchini o che una sola donna non li porta. Infatti, anche se una sola non li portasse e proprio lei fosse sorteggiata, sarebbe comunque vero che nella coppia non entrambe le donne sono senza orecchini, perché l'altra li avrebbe. Se invece, alla riunione, ci fossero anche solo due donne a non portarli, allora per almeno una volta potrebbe formarsi una coppia di donne senza orecchini. Di conseguenza si può dire con certezza che 99 donne portano gli orecchini. La soluzione è la **D**.

PARTE SECONDA

14 Chiamiamo A il numero di femmine nella classe, si può dire che lo scorso anno:

A + 2A = 24 e cioè A = 24 : 3 = 8

Il numero di femmine della classe era, cioè, pari a 8 e quello dei maschi a 16. Le bocciature hanno lasciato il numero delle femmine invariato, ma hanno ridotto il numero dei maschi tanto da renderlo la metà di 8, cioè 4. Risulta dunque che, se dei 16 maschi iniziali ne restano 4, i bocciati sono stati 12. La **D** è la soluzione del quesito.

15 Se ogni persona invia una mail a tutti gli altri significa che, essendo 6 le persone in tutto, ognuno invierà 5 mail (non la invierà infatti a sé stesso). In totale, quindi, se 6 persone inviano ognuna 5 mail si avranno 30 mail (la **C** è la soluzione del quesito).

16 Se ai tavoli siedono 7 persone, significa che si hanno in tutto 8 tavoli ($7 \times 8 = 56$). Se ci fossero almeno 8 uomini si potrebbero fare sedere almeno uno per tavolo e quindi nessun tavolo dovrebbe essere occupato da sole donne. Se invece, comunque si sistemino, c'è sempre un tavolo formato da sole donne, significa che gli uomini sono meno di 8 (dunque 7 o meno) e quindi le donne sono almeno 49 (la **D** è la soluzione del quesito).

17 Il numero complessivo degli studenti del corso è dato dalle 3 ragazze più i vari gruppi, la cui entità è espressa nella forma di frazione dell'intero. Per risolvere il quesito bisogna allora ricavare il valore in termini di frazione del sottogruppo delle ragazze e poi, sostituendo, risalire al valore complessivo del gruppo. Se 1/2 + 1/4 + 1/7 = 25/28, allora le 3 ragazze valgono 3/28. Vale a dire che ogni studente vale 1/28 e dunque tutto il gruppo 28. La risposta esatta è la **B**.

18 Per risolvere il quesito si tengano a mente le tre affermazioni:

- Francesca: 3 gattini maschi;
- Marianna: 2 gattini maschi e 2 femmine;
- Simona: solo gattini maschi.

Si sa, inoltre, che solo una delle tre affermazioni è falsa. Se fosse falso quanto affermato da Francesca, sarebbe però falso anche quanto affermato da Simona e viceversa (tutte e due affermano che i gatti sono solo maschi). Entrambe dicono, quindi, la verità (se una mente, mente anche l'altra e ciò contrasta con la condizione dell'esercizio che ci sia una sola affermazione falsa) e a mentire è Marianna. I gattini sono allora 3 e la soluzione è fornita dall'alternativa **C**.

19 Siano A, B e C i tre fratelli. Per riuscire tutti e tre a partecipare ad almeno due allenamenti in coppia, devono organizzare un minimo di tre sessioni (alternativa **D**). Possono incontrarsi nel seguente modo: AB, BC e AC.

20 Per risolvere l'esercizio conviene partire dalle alternative e provare a verificare se queste soddisfano le condizioni poste dal testo. Ci si accorge, così, che la soluzione al quesito è fornita dall'alternativa **C**. Il passaggio di 1 penna da Silvia a Rita porta Rita a 8 penne e Silvia a 4; al contrario, il passaggio di 1 penna da Rita a Silvia, porterebbe entrambe a 6 penne.

Serie numeriche e letterali

21 In questa successione ogni numero è ottenuto sommando un valore costante al numero precedente. La costante è pari a 7, come si può facilmente ricavare dai tre numeri consecutivi noti; quindi le incognite si ottengono sommando 7 a 5 e a 33, da cui risultano 12 e 40 (l'alternativa **C** è quella corretta).

22 In questo caso, *si alternano due serie di numeri,* che occupano una le posizioni dispari e l'altra quelle pari della successione data. Rispondono entrambe a un criterio additivo: la prima è composta dai numeri 8, 14, 20, 26 (si aggiunge 6 al precedente); la seconda è 13, 15, 17... (in questo caso si aggiunge 2 al precedente). L'elemento incognito appartiene alla seconda delle due serie. Il suo valore è perciò dato da: $17 + 2 = 19$ (risposta **E**).

23 La successione data è composta da numeri decrescenti, con una differenza costante tra un numero e il seguente, pari a 22. L'elemento mancante è dunque facilmente determinabile sottraendo 22 a 776; effettuando tale operazione, si ottiene 754 (risposta **A**) che è dunque la soluzione del quesito.

24 Nell'esercizio sono presenti due distinte serie di numeri che rispondono a *due logiche indipendenti*: la prima serie aggiunge 8 mentre la seconda moltiplica per 4. I numeri delle due serie sono alternati tra loro, occorre quindi prestare attenzione a quale delle due deve essere completata. Il numero mancante è quello della prima serie, per cui è 34 ($26 + 8$). La risposta esatta è la **C**.

25 Ogni elemento della successione è ottenuto sommando i due numeri che lo precedono ($1 + 1 = 2$; $2 + 1 = 3$; $3 + 2 = 5$; $5 + 3 = 8$ e così via). Il numero mancante è dunque 34, che si ottiene sommando 13 e 21 (l'alternativa corretta è la **A**).

26 La logica della serie è: $- 5, \times 2, - 5, \times 3, - 5, \times 4, - 5$ ... Il numero mancante sarà quindi il risultato di 155×5, cioè 775 (la soluzione del quesito è la **B**).

27 Passando da un numero al successivo, si osserva che si susseguono le seguenti operazioni $\times 5$; $- 3$; $\times 5$; $- 3$ ..., quindi il numero mancante sarà pari a $57 \times 5 = 285$. La soluzione al quesito è rappresentata dall'alternativa **C**.

28 La risposta esatta è la **B**: passando da un numero al successivo, si somma dapprima 5, poi 6, poi 7 e dunque il numero mancante si ottiene sommando 8 a 21.

29 La serie data è una successione crescente in cui ogni numero è determinato sommando al precedente una quantità via via maggiore: 35 è ottenuto sommando 11 all'elemento precedente (24), 47 è ottenuto sommando 12 all'elemento che lo precede (35), 60 è ottenuto sommando 13 a 47 e così via. In particolare si osserva che i numeri sommati costituiscono a loro volta una successione crescente con passo 1: 11, 12, 13, 14, ...

Il termine mancante si ottiene dunque sommando 16 al termine precedente (89) e si ottiene pertanto 105 (la risposta corretta è la **B**).

30 Considerando la successione, si osserva che essa è *decrescente* e che tra due numeri consecutivi c'è una differenza costante pari a 8. Rispettando tale logica, il numero mancante (9) si ottiene sottraendo 8 a 17; l'alternativa corretta è la **B**.

CONOSCENZE E COMPETENZE

31 In questo caso, si alternano *due serie* di numeri, che occupano la prima le posizioni dispari e la seconda quelle pari della successione data. Rispondono entrambe a un criterio additivo: la prima è composta dai numeri 4, 10, 16, 22 (si aggiunge 6 passando da un elemento al successivo); la seconda da 5, 7, 9 (si aggiunge 2 passando da un elemento al successivo). L'elemento incognito occupa una posizione pari e quindi appartiene alla seconda delle due serie che si alternano. Il suo valore è perciò dato da: 9 + 2 = 11 (la risposta esatta è la **E**).

32 In questa forma, la serie è data tre gruppi di numeri, ciascuno dei quali è disposto a triangolo: le terne devono essere governate da una stessa logica, che rappresenta la chiave per risolvere l'esercizio. In questo caso, il numero in alto a destra si ottiene dimezzando la somma degli altri due numeri. L'alternativa **D** soddisfa tale logica ed è dunque quella corretta.

33 All'interno di ciascuna successione, il numero in alto a destra è ottenuto aggiungendo 3 al prodotto degli altri due numeri: nelle prime due successioni si ha infatti (3 × 9) + 3 = 30 e (8 × 4) + 3 = 35. Allo stesso modo, nella terza successione il numero mancante deve essere uguale a (2 × 5) + 3 = 13 (l'alternativa corretta è la **C**).

34 All'interno di ogni figura i numeri, muovendosi in senso orario a partire dall'alto, sono ottenuti sommando 4 al precedente. La risposta corretta è 22 come indicato nell'alternativa **D**.

35 In ognuno dei tre gruppi di numeri l'elemento centrale è pari alla somma dei quattro numeri che lo circondano. Nella prima figura si ha: 6 + 12 + 4 + 10 = 32, mentre nella seconda si ha 5 + 24 + 5 + 16 = 50. Il numero mancante deve dunque essere 5 (infatti 6 + 27 + 24 + 5 = 62). La risposta corretta è pertanto la **E**.

36 Per trovare il numero mancante si deve cercare di capire come sono ricavati quelli corrispondenti negli altri due gruppi. L'11 posto esternamente a lato del primo rettangolo è ottenuto sommando i due numeri nei riquadri superiori del rettangolo (9 + 5 = 14) e sottraendo poi i numeri dei riquadri inferiori (14 – 1 – 2 = 11). Lo stesso procedimento è verificato per il secondo gruppo di numeri e può quindi essere esteso al terzo per trovare il numero mancante. La soluzione è fornita dall'alternativa **E**, infatti 3 + 4 – 1 – 1 = 5.

37 Ogni gruppo di numeri segue la stessa logica: il numero in basso a destra, fuori dai riquadri, è il risultato della divisione dei primi due termini in alto a cui si aggiunge il termine in basso a sinistra. Così 7 = (6 : 2) + 4 e 6 = (8 : 2) + 2. Il termine mancante viene allora ricavato da (10 : 2) + 3 = 8. La soluzione al quesito è fornita dall'alternativa **D**.

38 L'esercizio presenta tre gruppi di numeri: i primi due sono completi mentre nell'ultimo è presente un'incognita, che deve essere determinata. Occorre pertanto esaminare i primi due gruppi di numeri, comprenderne la logica e determinare il numero mancante sulla base della stessa logica. Esaminando la prima figura si osserva che i numeri presenti nella "corolla" sono correlati tra loro da una semplice relazione: partendo dal numero più a sinistra (3) e procedendo in senso orario, ogni numero si ottiene aggiungendo 3 al precedente. Lo stesso tipo di logica è presente anche nelle altre due figure:

- nella seconda, partendo dal numero più a sinistra (5) e procedendo in senso orario, ogni numero si ottiene aggiungendo 2 al precedente;
- nella terza, partendo dal numero più a sinistra (5) e procedendo in senso orario, ogni numero si ottiene aggiungendo 4 al precedente. Si verifica facilmente che il numero mancante tra 13 e 21 (che hanno un intervallo di 8) è appunto 17.

Rimane da determinare il valore del numero che compare nella foglia. Nel caso della prima figura, si osserva che 45 è la somma dei 5 numeri presenti nei petali: $3 + 6 + 9 + 12 + 15$. Poiché la medesima logica è verificata anche per il secondo gruppo di numeri (infatti $45 = 5 + 7 + 9 + 11 + 13$), essa può essere utilizzata per determinare il secondo numero mancante: $5 + 9 + 13 + 17 + 21 = 65$. La risposta esatta è pertanto la **C**.

---

39 Bisogna individuare la logica con cui si ricava il numero nel riquadro grigio.
Nel primo gruppo, sommando i due numeri in alto ($11 + 13$) si ottiene 24, che, moltiplicato per 2, dà come risultato 48 (il numero al centro); diviso a sua volta per 3 dà come risultato 16 (il numero in basso). La stessa logica si riscontra nel secondo gruppo. Per essere ripetuta nel terzo è necessario che il numero mancante sia 96 ($25 + 23 = 48$; $48 \times 2 = 96$), che diviso per 3 ha proprio come risultato 32. La **D** è, quindi, la soluzione del quesito.

---

40 La ragione di questa serie è estremamente semplice. La proponiamo (oltre che perché si tratta di un esempio ufficiale delle prove TOLC-SU) per la particolarità della presentazione grafica, appariscente ma irrilevante. Seguendo il senso della freccia, si nota che i numeri della serie incrementano il proprio valore in modo crescente: +5; +6; +7 ecc. L'ultimo passaggio aggiunge +9 e il numero incognito risulta 40 (risposta esatta **D**).

---

41 In questo esercizio, alternando i numeri arabi e quelli romani, si ripetono le seguenti operazioni: $\times 2$, $+ 2$. I numeri che completano la serie devono essere il 92 scritto con il sistema romano (e quindi XCII) e il 94 scritto con il sistema arabo (la **B** è la soluzione del quesito).

---

42 Si tratta di una successione letterale: la presenza della J indica che bisogna ragionare sulla base dell'alfabeto inglese (comprensivo cioè di J, K, Y, W, X). Ogni lettera si ottiene spostandosi di due posizioni in avanti rispetto alla precedente (dalla A alla Z). La lettera mancante è dunque corrispondente a $L + 2 = N$, come riportato nell'alternativa **D**.

---

43 L'esercizio propone una successione mista di numeri e lettere, due serie che vanno considerate separatamente. In questo quesito l'elemento da individuare appartiene alla sequenza di lettere e quindi la soluzione non può evidentemente essere né la **B** né la **E**. In particolare, le lettere presenti nella successione data distano tra loro 3 posizioni. L'alternativa corretta è dunque la **A**.

---

44 In questa successione mista di numeri e lettere è facile osservare che l'elemento incognito appartiene alla successione dei numeri ed è pari a 8. I numeri decrescono infatti di 3 unità. È quindi esatta l'alternativa **E**.

---

45 La serie di lettere parte da Z e torna indietro lungo l'alfabeto seguendo questa ragione: –1; –2; –3; –4. La lettera mancante è quindi la F (che si trova a –5 rispetto alla M). Per la serie di numeri invece si osserva che ogni valore è la somma dei due che lo precedono, per cui il numero mancante è 21 ($8 + 13$). La soluzione al quesito è fornita, quindi, dall'alternativa **D**.

parte terza

CULTURA GENERALE / CONOSCENZE E COMPETENZE ACQUISITE NEGLI STUDI

Questa sezione dell'eserciziario propone batterie di quesiti relativi alle materie che tradizionalmente, nei **test di ateneo** vengono riassunte nell'espressione **cultura generale**. Le stesse discipline sono anche sottese ai quesiti della sezione **conoscenze e competenze acquisite negli studi** nelle prove **TOLC-SU.**

Ai candidati che si stanno preparando proprio per la prova **TOLC-SU**, si segnala le domande di questa sezione possono richiedere la comprensione e l'uso di materiali e documenti allegati (immagini, cartine, grafici, tabelle, diagrammi, figure, testi da completare ecc.). Per rispondere alla domanda sarà necessario coniugare le proprie conoscenze con le informazioni ricavabili dal materiale fornito.

Questo tipo di esercizi **è presente in tutti i test a cui il volume si rivolge**.

Per sapere esattamente su quali discipline esercitarsi, il lettore dovrà consultare il **bando di concorso** pubblicato dalla propria università.

5 | Storia

5.1 | Esercizi proposti

1 Qual è la situazione rappresentata sulla carta?

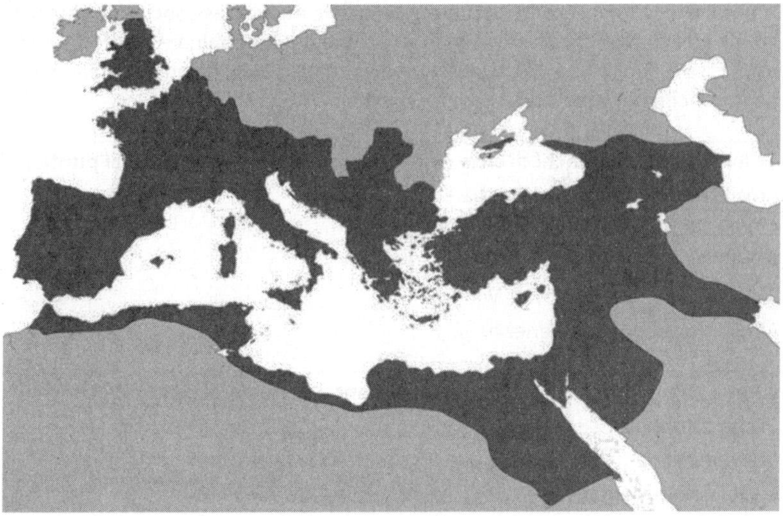

A Il teatro di guerra della prima guerra mondiale, al momento della massima espansione dei vari fronti

B La massima estensione dell'Impero ottomano (1683)

C La massima estensione dell'Impero romano (117 d.C.)

D La massima estensione, nell'area considerata, dei territori occupati dalle potenze dell'Asse durante la seconda guerra mondiale, raggiunta nel 1942

E I territori colpiti dall'epidemia di peste del XV secolo, passata alla storia come Peste nera

2 Leggi il brano e indica quale alternativa completa correttamente le lacune del testo.

In molti, dopo la caduta del …, hanno sostenuto che … fosse un autore sul quale era già stato detto tutto. Questo volume, di grande rigore scientifico e piacevole leggibilità, introduce al pubblico molteplici tematiche lasciate ai margini dagli studiosi di … , presentandone, invece, un profilo originale, con sfumature fino a oggi sconosciute. Marcello Musto mostra come … analizzò accuratamente le società extraeuropee, nutrì un notevole interesse per le forme di proprietà collettiva non controllate dallo Stato e ritenne che l'associazione dei lavoratori, nella società … , non avrebbe dovuto limitare la libertà dei singoli individui. Un libro profondamente innovativo che rivela un pensatore e un rivoluzionario molto diverso da quello raffigurato, per lungo tempo, da tanti critici e presunti seguaci.

CONOSCENZE E COMPETENZE

A nazismo; Hitler (3 volte); nazionalsocialista
B Comunismo; Bakunin (3 volte); anarchica
C muro di Berlino; Marx (3 volte); comunista
D regime stalinista; Lenin (3 volte); rivoluzionaria
E fascismo; Marx (2 volte); il comunismo; occidentale

Leggi il testo e rispondi alle due domande che seguono.

Il termine Repubbliche marinare indica alcune città costiere che tra il X e il XIII secolo fiorirono grazie alle proprie attività navali. Generalmente ci si riferisce in particolare alle quattro più importanti: …… **[1]**. Le ricchezze portate dai commerci permisero loro di dominare con le proprie flotte l'intero mare Mediterraneo. Altre realtà simili, ma assai meno potenti, furono Ravenna, Comacchio, Noli, Gaeta, Palermo, Brindisi e Ragusa (l'attuale Dubrovnik, in Croazia). Le Repubbliche marinare sono considerate una variante della …… **[2]** dell'epoca, che vide i mercanti rappresentare quelle nuove classi sociali portatrici di innovazioni politiche, culturali ed economiche che avrebbero contribuito a determinare i profondi cambiamenti dei secoli successivi. Esse erano indipendenti, autonome e dotate di navi da guerra usate non solo per la difesa della città ma anche per spedizioni come le Crociate.

3 Quale tra i seguenti elenchi di città completa correttamente il testo al punto [1]?

A Amalfi, Napoli, Genova e Venezia
B Amalfi, Riomaggiore, Pisa e Venezia
C Amalfi, Bari, Pisa e Venezia
D Riomaggiore, Pisa, Genova e Venezia
E Amalfi, Pisa, Genova e Venezia

4 Quale tra i seguenti è il corretto completamento del testo al punto [2]?

A Civiltà comunale
B Lega anseatica
C Civiltà rinascimentale
D Lega di Cambrai
E Rinascita carolingia

Osserva le carte e rispondi alle due domande che seguono.

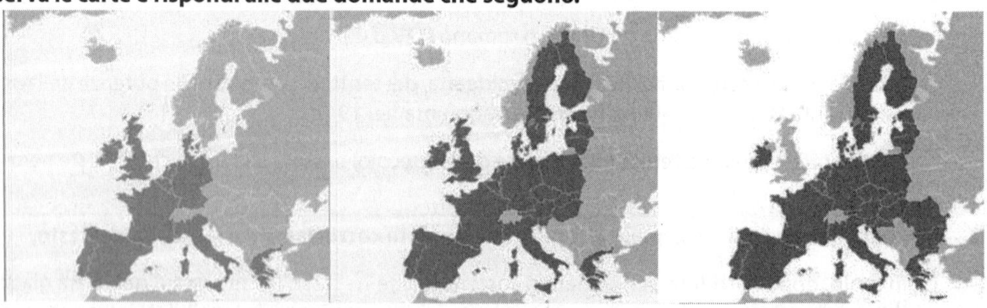

5 Le carte rappresentano, rispettivamente:

A la zona euro, l'area Schengen e i Paesi dell'Ue nel 2020
B l'area Schengen, la zona euro e i Paesi dell'Ue nel 2020
C i Paesi fondatori dell'Ue nel 1990, i membri nel 2004 e nel 2020
D i membri della CEE e dell'Ue rispettivamente nel 1990, 2004, 2020
E i Paesi dell'area Schengen rispettivamente nel 1990, 2004, 2020

6 **Quale tra le seguenti affermazioni è corretta?**

A L'impero carolingio può essere considerato un lontano precursore dell'integrazione europea condotta dall'Ue, anche relativamente alle regioni su cui si estendeva

B L'attuale estensione dell'Ue corrisponde a quella che aveva l'Impero romano d'Occidente sul territorio europeo

C Dopo la dissoluzione dell'Unione Sovietica, tutti gli Stati che ne erano parte, o erano compresi nel Patto di Varsavia, sono entrati nell'Ue (tranne la Russia)

D Dopo la dissoluzione dell'Unione Sovietica, tutti gli Stati che ne erano parte, sono entrati nell'Ue (tranne la Russia), ma nessuno di quelli compresi nel Patto di Varsavia

E Nessuna delle precedenti affermazioni è corretta

Osserva la carta e rispondi alle due domande seguenti.

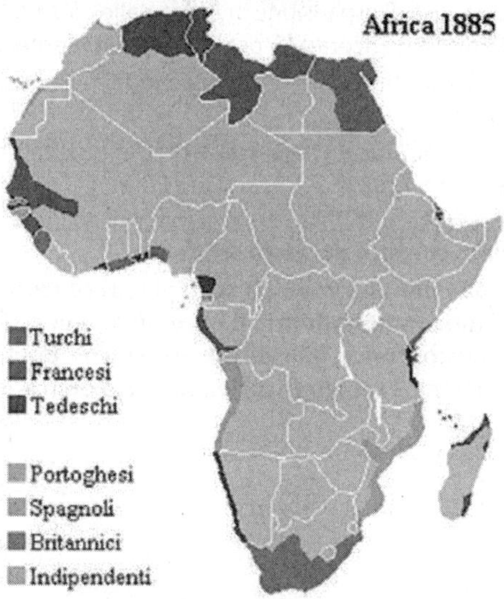

7 **La carta mostra i territori occupati in Africa da alcuni Stati stranieri nel 1885, quando si concluse la Conferenza di Berlino convocata per:**

A fermare gli scontri tra le potenze europee nel continente africano

B stabilire le reciproche sfere di influenza nel continente africano

C organizzare e coordinare le esplorazioni verso il cuore del continente

D ristabilire il principio di autodeterminazione dei popoli, violato dalle occupazioni

E regolare i commerci e le relazioni tra i protettorati che erano stati istituiti dai Paesi occupanti

8 **Leggi il testo e rispondi alla domanda che segue, consultando se necessario anche la carta sopra proposta.**

«Il colonialismo italiano fu "povero" e "straccione", come lo hanno descritto gli storici, oltre che altrettanto e a volte persino più brutale di quello portato avanti dalle altre potenze europee. Le conquiste coloniali e la repressione dei ribelli locali, inoltre, contribuirono ad abituare alla violenza e alla sopraffazione generazioni di giovani italiani che furono impegnati nelle operazioni di conquista o mantenimento dell'impero. Secondo gli storici fu uno degli elementi più importanti nel suscitare nel Paese quelle ambizioni di conquista che lo avrebbero trascinato nel disastro della Seconda guerra mondiale.

Al momento della sua massima estensione, subito prima dell'inizio della seconda guerra mondiale, l'impero italiano aveva circa 12 milioni di abitanti, occupava le odierne Albania, Libia, Eritrea, Etiopia e Somalia, per una superficie totale di 4 milioni di chilometri quadrati, più di dieci volte quella della sola Italia. Era un impero costruito nell'arco di pochi decenni, sotto la pressione di politici nazionalisti, imprenditori in cerca di appalti pubblici e militari desiderosi di avventure gloriose. La prima colonia a essere occupata fu l'Eritrea, seguita dalla Somalia e quindi da un maldestro tentativo di occupare l'Etiopia, uno dei pochissimi Stati africani che all'epoca non erano dominati da potenze europee. L'impresa finì disastrosamente con la battaglia di Adua del 1896, la più grave sconfitta mai subita da una potenza coloniale europea per mano di una popolazione africana.» (da *ilpost.it*)

In base ai documenti forniti, quale tra le seguenti affermazioni è corretta?

- A La colonizzazione italiana dell'Etiopia è successiva a quella delle altre colonie del Corno d'Africa
- B L'Italia fu tra i primi Paesi protagonisti dell'espansione coloniale europea in Africa
- C L'Italia avviò la sua politica di espansione in Africa dalle coste settentrionali del continente, più prossime alla Penisola e ancora non occupate da altre potenze
- D Per inserirsi nella "corsa all'Africa", l'Italia occupò i molti territori ancora non colonizzati dalle altre potenze europee
- E Per inserirsi nella "corsa all'Africa", l'Italia scelse di strappare territori al Portogallo, sfruttandone la debolezza

---

9 **Indica il completamento corretto del testo seguente.**

«A ... fra il 1791 e il 1804 per una volta gli schiavi neri rovesciarono un regime coloniale dando vita a una nazione indipendente. Il libro offre una nitida ricostruzione di quegli eventi nonché del contesto storico, giuridico, economico e politico del sistema schiavistico che scatenò una rivoluzione, i cui effetti arrivano fino a oggi.»

- A Rio de Janeiro
- B Buenos Aires
- C Città del Messico
- D Haiti
- E Cuba

---

10 **Date le due notizie: «Il nuovo accordo GATT su tariffe e commercio viene firmato a Ginevra da 117 nazioni» e «Rabin e Arafat stipulano a Washington un accordo di principio sulla pace israelo-palestinese», dovendo contestualizzare i due eventi indicandone un terzo avvenuto nello stesso anno, quale alternativa scegli?**

- A Nasce ufficialmente la Repubblica italiana
- B Si svolgono le prime elezioni per il Parlamento europeo
- C Nasce ufficialmente l'Unione europea
- D Inizia la costruzione del muro di Berlino
- E Si tiene la Conferenza di Jalta

---

11 **Scegli l'alternativa che completa correttamente la proporzione, indicando anche il periodo in cui i due personaggi citati furono contemporaneamente al potere.**

Salazar : X = Tito : Y

- A X= Brasile; Y =Jugoslavia; guerra fredda
- B X = Portogallo; Y = Serbia; seconda guerra mondiale
- C X = Spagna; Y = Jugoslavia; seconda guerra mondiale
- D X = Portogallo; Y = Jugoslavia; guerra fredda
- E X = Portogallo; Y = Romania; guerra fredda

PARTE TERZA

Osserva l'immagine e rispondi alle due domande che seguono.

ASSEMBLEA COSTITUENTE
ROMANA

DECRETO FONDAMENTALE

Art. 1.

Il Papato è decaduto di fatto e di diritto dal governo temporale dello Stato Romano.

Art. 2.

Il Pontefice romano avrà tutte le guarentigie necessarie per la indipendenza nell' esercizio della sua potestà spirituale.

Art. 3.

La forma del governo dello Stato Romano sarà la democrazia pura, e prenderà il glorioso nome di Repubblica Romana.

Art. 4.

La Repubblica Romana avrà col resto d' Italia le relazioni che esigge la nazionalità comune.

9. Febrajo 1849.
1. ora del mattino

IL PRESIDENTE
G. GALLETTI

I Segretari
Giovanni Pennacchi
Ariodante Fabretti
Antonio Zambianchi
Quirico Filopanti Barilli

IN ROMA ed in PERUGIA 1849. Nella Tipografia Santucci

12 Quale istituzione ha emesso il decreto riprodotto nell'immagine?

- **A** L'assemblea costituente della Repubblica romana progettata durante i moti carbonari e insediatasi dopo la Spedizione dei Mille
- **B** L'assemblea costituente della Repubblica romana formatasi in seguito all'occupazione dello Stato pontificio da parte delle truppe napoleoniche
- **C** L'assemblea costituente della Repubblica romana che nominerà il triumvirato Mazzini, Armellini, Saffi
- **D** L'assemblea costituente della Repubblica romana instaurata provvisoriamente dopo la breccia di Porta Pia, poi annessa al Regno d'Italia con plebiscito
- **E** L'assemblea costituente della Repubblica romana instaurata da Giuseppe Garibaldi durante la prima guerra d'Indipendenza e poi sciolta dall'esercito francese del generale Oudinot

13 **L'articolo 2 del "decreto fondamentale" recita: «Il Pontefice romano avrà tutte le guarentigie necessarie per la indipendenza nell'esercizio della Sua Potestà Spirituale». Quale tra le seguenti affermazioni è vera?**

A) Lo spirito dell'articolo si ritrova nella Legge delle guarentigie del 1871 con cui la Santa Sede propose di regolare i suoi rapporti con lo Stato italiano dopo l'occupazione di Roma nel 1870

B) Lo spirito dell'articolo si ritrova nella Legge delle guarentigie del 1871 proposta dallo Stato italiano alla Santa Sede dopo l'occupazione di Roma nel 1870

C) Lo spirito dell'articolo si ritrova nella Legge delle guarentigie, parte dei Patti lateranensi firmati da Regno d'Italia e Santa Sede nel 1929

D) Lo spirito dell'articolo si ritrova nella Legge delle guarentigie, parte dei Patti lateranensi con cui la neonata Repubblica italiana ha regolato i rapporti con la Santa Sede nel 1946

E) Lo spirito dell'articolo si ritrova nelle Legge delle guarentigie, emanata dal Regno d'Italia nel 1871 e richiamata dall'articolo 7 della Costituzione della Repubblica italiana

14 **La vignetta, pubblicata all'epoca dei fatti, propone un'interpretazione del cosiddetto *Affaire Dreyfus*. Quale tra le seguenti ne è la migliore spiegazione?**

A) La macchina a vapore rappresenta la tesi dell'innocenza del capitano Dreyfus, ed è alimentata dalle figure sulla sinistra, mentre gli accusatori, tra cui Émile Zola, seduti sopra la macchina, cercano di impedire che la verità si manifesti e sia ristabilita la giustizia

B) La macchina a vapore rappresenta la tesi dell'innocenza del capitano Dreyfus, ed è alimentata dalle figure sulla sinistra, tra cui Émile Zola, mentre gli accusatori, seduti sopra la macchina, cercano di impedire che la verità si manifesti e sia ristabilita la giustizia

C) La macchina a vapore rappresenta la tesi dell'innocenza di Émile Zola ed è alimentata dalle figure sulla sinistra, mentre gli accusatori, tra cui il capitano Dreyfus, seduti sopra la macchina, cercano di impedire che la verità si manifesti e sia ristabilita la giustizia

D) Le figure sulla sinistra sono Émile Zola e gli altri intellettuali che con argomenti fumosi difesero il capitano Dreyfus, convincendo della sua innocenza l'opinione pubblica, rappresentata dalle figure sedute sopra la macchina che cercano inutilmente di scorgere la verità nascosta dalla nube

E) Mentre il capitano Dreyfus, sulla desta, è distratto, le altre figure ordiscono la congiura ai suoi danni: chi, come Émile Zola e gli altri intellettuali (sulla sinistra), alimentando le maldicenze, chi, come i vertici militari e le oligarchie economiche (seduti sopra la macchina), fingendo di non vedere la verità, cioè le prove dell'innocenza

15 **Completa il diagramma che schematizza alcuni dei principali eventi nello sviluppo della seconda guerra mondiale, scegliendo l'alternativa che lo integra correttamente nei punti numerati.**

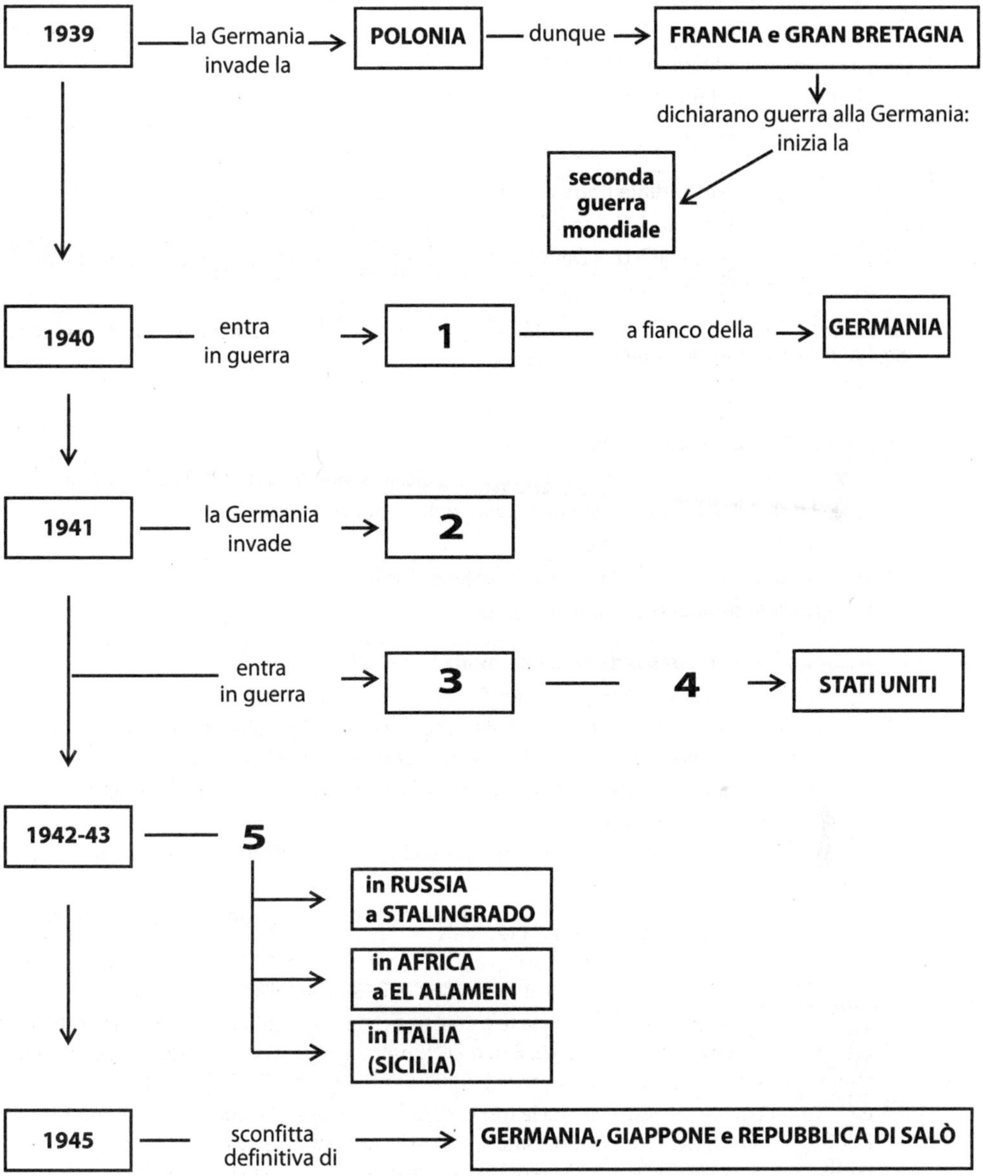

A **1** - Italia; **2** - Russia; **3** - Giappone; **4** - attacco di Pearl Harbor; **5** - sconfitte dell'Asse

B **1** -Italia; **2** -Francia; **3** - Giappone; **4** - attacco di Pearl Harbor; **5** -sconfitte dell'Asse

C **1** -Russia; **2** -Francia; **3** - Giappone; **4** - bombardamento di Nagasaki; **5** -sconfitte degli Alleati

D **1** -Giappone; **2** -Russia; **3** - Italia; **4** - sbarco alleato in Sicilia; **5** -sconfitte degli Alleati

E **1** -Giappone; **2** -Italia; **3** - Cina; **4** - attacco di Pearl Harbor; **5** -avanzata sovietica

16 **Quale avvenimento si colloca cronologicamente tra la nascita della Repubblica popolare cinese di Mao e la rivolta studentesca di Pechino, che chiedeva l'avvio di un processo di democratizzazione interna?**

- **A** La caduta della Repubblica di Salò
- **B** L'annessione tedesca dell'Austria
- **C** La costruzione del muro di Berlino
- **D** L'era delle grandi purghe staliniane
- **E** La guerra in Kosovo

17 **La seconda guerra mondiale ebbe inizio quando:**

- **A** le truppe tedesche attaccarono la Polonia senza averle dichiarato guerra
- **B** Hitler occupò senza difficoltà Danimarca e Norvegia, allo scopo di realizzare il suo piano di accerchiamento della Gran Bretagna
- **C** fu assassinato a Sarajevo Francesco Ferdinando, erede al trono d'Austria
- **D** fu firmato il Patto Briand-Kellog
- **E** l'Italia attaccò la Grecia

18 **La guerra civile spagnola (1936-39):**

- **A** vide l'intervento dell'Italia, monarchica e liberale, a favore della repubblica spagnola
- **B** vide l'intervento dell'Italia fascista a favore della repubblica spagnola
- **C** non vide l'intervento dell'Italia
- **D** vide l'intervento dell'Italia fascista a favore dei ribelli
- **E** fu fomentata da agenti comunisti sovietici

19 **Cosa furono i governi di solidarietà nazionale in Italia?**

- **A** I governi guidati da Monti dopo la caduta del governo Berlusconi nel 2011
- **B** Governi realizzati subito dopo la fine della seconda guerra mondiale a causa della situazione drammatica del Paese, che imponeva la cooperazione di tutte le forze politiche
- **C** Governi realizzati nei primi anni Novanta dalle forze politiche maggiormente colpite dalle inchieste della magistratura
- **D** I primi governi della storia dell'Italia unita, così chiamati perché fondati sulla cooperazione della Destra e della Sinistra
- **E** Governi monocolori democristiani o a guida democristiana degli anni Settanta, realizzati con l'appoggio esterno dei comunisti

20 **Gandhi morì nel:**

- **A** 1908
- **B** 1918
- **C** 1928
- **D** 1938
- **E** 1948

21 **In cosa consisteva l'iniziativa del fascismo chiamata *quota novanta*?**

- **A** Nella politica demografica intesa a portare il numero degli Italiani a 90 milioni
- **B** Nella politica militare consistente nella costruzione di 90 portaerei
- **C** Nella politica monetaria diretta a portare il cambio tra la sterlina e la lira al rapporto di uno a novanta
- **D** Nella politica coloniale rivolta alla conquista di novanta importanti città africane
- **E** Nella politica urbanistica volta alla costruzione di novanta nuove città

22 Il generale che nel 1981 realizzò un colpo di Stato in Polonia si chiamava:

- A Dubček
- B Jaruzelski
- C Mazowiecki
- D Wałęsa
- E Gorbačëv

23 L'Italia della "Strategia della tensione" a quale periodo del Novecento rimanda?

- A Agli anni Cinquanta
- B Agli anni Novanta
- C Agli anni Settanta
- D Agli anni Ottanta
- E Agli anni Quaranta

24 Come venne chiamata la guerra civile tra Nord e Sud, combattuta in America dal 1861 al 1865?

- A Guerra dei dazi
- B Guerra delle Due rose
- C Guerra di divisione
- D Guerra di indipendenza
- E Guerra di secessione

25 Quale dei seguenti eventi NON ebbe luogo nel 1980?

- A Il terremoto in Irpinia
- B La strage di Bologna
- C L'abbattimento del DC-9 Itavia a Ustica
- D L'assassinio di Carlo Alberto Dalla Chiesa
- E Le XXII Olimpiadi a Mosca

26 Cos'è il *Codice di Hammurabi*?

- A Una raccolta di annali relativi al regno del faraone Hammurabi
- B Un componimento poetico scritto da un dignitario persiano
- C Un editto religioso
- D Un'opera storiografica di Erodoto
- E Una raccolta di leggi scritte babilonesi

27 L'impero di Alessandro Magno, alla sua morte:

- A fu diviso in quattro regni principali
- B si dissolse in una miriade di piccoli Stati
- C fu retto da Arpalo, il suo tesoriere
- D fu inglobato dall'Egitto
- E si dissolse e i vari territori tornarono alla condizione precedente alla conquista

28 **In quale secolo si colloca l'età di Pericle, quando Atene diventò di fatto la capitale culturale dell'intero mondo greco?**

- A Nel III secolo a.C.
- B Nel IV secolo a.C.
- C Nel VI secolo a.C.
- D Nel V secolo a.C.
- E Nel I secolo d.C.

29 **Ottaviano sconfisse definitivamente il rivale Antonio, ad Azio, nel:**

- A 31 a.C.
- B 44 a.C.
- C 14 d.C.
- D 68 d.C
- E 476 d.C.

30 **L'arco cronologico delle Crociate è:**

- A XI-XIV secolo
- B IX-XII secolo
- C XI-XIII secolo
- D XII-XIV secolo
- E XI-XII secolo

PARTE TERZA

5.2 | Soluzioni e commenti

1 La carta mostra la massima estensione raggiunta dall'Impero romano, nel 117 d.C., dopo le campagne orientali condotte dall'imperatore Traiano; la risposta corretta è dunque la C. Anche senza riconoscere subito il tema rappresentato dalla carta, è possibile individuare la soluzione procedendo per esclusione. La A può infatti essere scartata: anche nel momento di massima espansione dei fronti di guerra, i combattimenti durante il primo conflitto mondiale non hanno mai toccato l'Inghilterra o la Spagna. La B riporta correttamente la data della massima espansione dell'Impero ottomano nel 1683, e nella parte più orientale e meridionale i territori evidenziati coincidono con quelli ottomani, ma in Europa l'espansione turca alla fine del XVII secolo si fermò "alle porte di Vienna" (e in Africa non giunse sino allo stretto di Gibilterra). Per escludere la D è invece sufficiente ricordare almeno una tra le seguenti informazioni: che la Gran Bretagna non fu mai occupata dalle potenze dell'Asse (Germania, Italia, Giappone e altri Paesi loro satelliti); che Spagna, Turchia e Portogallo furono Paesi neutrali; che non tutta la costa mediterranea nordafricana fu occupata dall'Asse; che in Europa settentrionale e centro-orientale l'avanzata tedesca fu maggiore di quanto rappresentato nella carta. La E, infine, si esclude anche solo per la data indicata: *Peste nera* è il nome attribuito all'epidemia generatasi in Asia centro-settentrionale durante gli anni Trenta del XIV secolo e giunta in Europa dal 1346 (quindi non nel XV secolo come proposto dal quesito).

2 La risposta esatta è la C. Karl Marx – filosofo, storico e teorico del comunismo – è infatti il soggetto della biografia intellettuale di Marcello Musto, dedicata al periodo della sua maturità e dell'elaborazione, tra il 1857 e il 1883, del *Capitale*: l'opera più importante del pensatore tedesco e testo fondamentale del marxismo. L'evento citato all'inizio del brano è invece la caduta del muro di Berlino nell'autunno 1989, che segnò la fine dell'Unione Sovietica.

3 L'espressione *Repubbliche marinare* fu coniata dalla storiografia dell'Ottocento per designare alcune città italiane le cui identità e vicende storiche – tra X e XIII secolo – corrispondono a quanto sinteticamente ricostruito dal testo. Le più importanti furono Amalfi, Pisa, Genova e Venezia, come proposto dall'opzione E (soluzione). Schematicamente, si può ricordare che Amalfi fu la prima a fiorire, già nell'XI secolo, ma anche a declinare, soppiantata dall'avvento dei Normanni e dalla rivale Pisa, nel 1135. Quest'ultima contese a lungo le coste tirreniche alle navi saracene, nel corso dell'XI secolo, e fu scalzata dalla ex alleata Genova nella battaglia della Meloria (1284). Genova, da parte sua, fu libero Comune dalla fine dell'XI secolo e, sconfitta Pisa, ebbe nel Duecento la supremazia nel Tirreno e nel Mediterraneo occidentale. Venezia, infine, resasi indipendente dall'Impero bizantino all'inizio del XII secolo, fu poi la più longeva delle Repubbliche marinare, a lungo dominatrice incontrastata dell'Adriatico e protagonista di un'espansione anche sulla terraferma, indipendente fino alla conquista da parte di Napoleone nel 1797.

4 La risposta corretta è la A: le Repubbliche marinare sono un esito particolare della cosiddetta Civiltà comunale. Intorno all'anno Mille, in Italia si registra una ripresa della vita sociale, economica, politica e culturale con un particolare sviluppo delle comunità cittadine. Esse si dotano di nuove istituzioni, analoghe alle città-Stato, rendendosi autonome dai due grandi poteri universali dell'epoca, la Chiesa e l'Impero. La Lega anseatica fu invece un'alleanza di città che dal tardo Medioevo all'inizio dell'era moderna mantenne il monopolio dei commerci su gran parte dell'Europa settentrionale e del mar Baltico, rimanendo però sempre sottoposta all'autorità del Sacro romano Impero e degli altri sovrani delle regioni in cui le città si trovavano (B errata). La Lega di Cambrai fu l'alleanza stabilita nel 1508 fra l'imperatore Massimiliano I d'Asburgo, Luigi XII di Francia, papa Giulio II e Ferdinando il Cattolico re d'Aragona per contrastare le mire espansionistiche di Venezia (D errata). Rinascita carolingia è il nome dato dagli storici al risveglio culturale portato nell'occidente europeo da Carlo Magno, dal 768, quando divenne re dei Franchi, alla sua morte nell'814 (dopo che Papa Leone III lo aveva incoronato Imperatore dei Romani nell'800, evento tradizionalmente considerato la nascita dell'Impero carolingio). L'alternativa C, infine, si scarta facilmente in quanto palesemente errata (il Rinascimento ebbe inizio a partire dalla metà del XIV secolo).

5 La risposta esatta è la D. Le tre carte mostrano rispettivamente i Paesi membri:

- della Comunità economica europea (CEE) nel 1990, risultante dalla riunificazione della Germania e dalle adesioni di Danimarca e Irlanda (1973), Grecia (1981), Portogallo e Spagna (1986), oltre ai fondatori del 1958 (Belgio, Francia, Germania Ovest, Italia, Lussemburgo, Paesi Bassi;
- dell'Unione europea nel 2004, dopo gli ingressi nel 1995 di Austria, Finlandia e Svezia, e dopo l'epocale "allargamento a Est" (i cosiddetti paesi PECO: Estonia, Lettonia, Lituania, Polonia Repubblica Ceca, Slovacchia, Slovenia, Ungheria; oltre a Cipro e Malta; tutti nel 2004);
- nel 2020, con Bulgaria e Romania (dal 2007), Croazia (dal 2013) e senza il Regno Unito (uscito il 31 gennaio 2020).

Zona euro (o eurozona) e area Schengen non trovano riscontro nelle cartine (A, B ed E da escludere). La prima è infatti l'insieme degli Stati membri dell'Unione europea che adottano l'euro come valuta ufficiale (nel 2020: Austria, Belgio, Cipro, Estonia, Finlandia, Francia, Germania, Grecia, Irlanda, Italia, Lettonia, Lituania, Lussemburgo, Malta, Paesi Bassi, Portogallo, Slovacchia, Slovenia, Spagna); la seconda è un'area comprendente 26 Stati europei che, in base all'accordo di Schengen, hanno abolito i controlli sulle persone (oltre che sulle merci) alle frontiere comuni, sostituite da un'unica frontiera esterna (al 2022: vi aderiscono oltre a 22 Stati su 27 dell'Ue – tra i membri non ne fanno parte, Irlanda, Cipro, Croazia, Romania e Bulgaria –, anche Islanda, Norvegia, Svizzera e Liechtenstein che hanno firmato la Convenzione pur non essendo membri Ue).

6 La risposta al quesito è la A. L'impero carolingio viene talvolta indicato come precursore del processo di integrazione europea in quanto le regioni europee che lo costituirono condivisero una cultura, un modello civico e istituzioni sociali coerenti tra loro, un'autorità centrale comune, leggi scritte valide per tutti, valori condivisi (religiosi), presidio per la sicurezza di tutti (dagli arabi e da altri invasori). La massima estensione dell'impero di Carlo Magno, alla sua morte (814), giunse a comprendere la regione complessivamente occupata dai Paesi che nel 1958 hanno costituito la CEE, primo nucleo della futura Ue: Belgio, Francia, Germania, Italia (fino alle Marche, al Lazio ed escluse Sicilia e Sardegna), Lussemburgo e Paesi Bassi. L'alternativa B si può scartare anche solo ricordando che la Gran Bretagna non è più compresa nell'Ue dopo la Brexit del 2020. La C e la D si possono escludere anche solo ricordando che né le Repubbliche dell'ex URSS né i Paesi del Patto di Varsavia hanno aderito non aderito in massa all'Ue o alla NATO.

7 La risposta esatta è la B. Organizzata dal Cancelliere tedesco Bismarck e svoltasi tra il novembre 1884 e il febbraio 1885, la Conferenza di Berlino ebbe lo scopo di stabilire le sfere di influenza nel continente africano delle potenze occidentali (ufficialmente per regolare i commerci nell'area). Si stabilì il principio-guida secondo cui, dopo aver occupato un territorio costiero, informandone gli stessi Stati riuniti i quel momento a Berlino, una potenza poteva spingersi nel relativo entroterra fino al confine della sfera di influenza di un'altra potenza. Bismarck invitò Gran Bretagna, Francia, Germania, Portogallo, Paesi Bassi, Belgio, Spagna e Stati Uniti, quali Stati che avevano interessi nel continente, e come osservatori, e Austria-Ungheria, Svezia-Norvegia, Danimarca, Italia, Impero ottomano e Russia come osservatori.

8 Alcune alternative possono essere escluse sulla scorta del testo, prima fra tutte la D visto che nelle ultime righe dell'articolo si legge che l'Etiopia era «uno dei pochissimi Stati africani che all'epoca non erano dominati da potenze europee». Questo stesso argomento consente di scartare anche l'opzione B, come peraltro si può fare anche constatando l'assenza di possedimenti italiani sulla carta. La lettura congiunta dei due documenti conferma inoltre l'esclusione dell'opzione C (le coste settentrionali dell'Africa erano già occupate nel 1885, mentre Eritrea, Etiopia e Somalia si trovano in Africa orientale). La lettura della carta porta all'esclusione della E (visto che il Portogallo non aveva possedimenti prossimi alle regioni che l'Italia occupò). Per individuare la risposta corretta, cioè la A, ci si deve basare sul testo, dove si dice che l'impero coloniale italiano comprendeva sì l'Etiopia, ma si aggiunge che, dopo la conquista di Eritrea e Somalia, ci fu un «maldestro tentativo di occupare l'Etiopia [ma] l'impresa finì disastrosamente con la battaglia di Adua del

1896, la più grave sconfitta mai subita da una potenza coloniale europea per mano di una popolazione africana». Ne consegue che l'Etiopia fu occupata in un momento successivo: precisamente nel 1936 sotto il regime fascista.

---

9 Il testo riportato riguarda un saggio storico dedicato alla rivolta degli schiavi nella colonia francese di Saint-Domingue (oggi Haiti) nel 1791, con la progressiva affermazione del suo importante leader, Toussaint Louverture. Egli fu poi la guida della lotta per l'indipendenza di Haiti, ottenuta nel 1804, dopo la sua morte nel 1802. La risposta corretta è dunque la **D**. Le altre opzioni possono essere escluse ricordando che, nel periodo citato dal testo, l'Argentina, il Messico e Cuba erano e rimasero colonie spagnole (che si resero indipendenti rispettivamente nel 1816, nel 1821 e, nel caso di Cuba, formalmente nel 1902 dopo gli anni del Protettorato americano e prima della dittatura di Batista rovesciata dalla rivoluzione castrista nel 1959), mentre il Brasile faceva parte dell'impero portoghese (divenne indipendente nel 1822).

---

10 La risposta esatta è la **C**. Gli eventi citati nel testo si sono verificati nel 1993, così come il primo gennaio di quell'anno, con l'entrata in vigore del Trattato di Maastricht, è nata ufficialmente l'Unione europea. Le prime elezioni del Parlamento europeo risalgono invece al 1979, la costruzione del muro di Berlino al 1961, la nascita della Repubblica italiana al 1948 e la Conferenza di Jalta al 1945 (nei pressi di Jalta, in Crimea, al termine della seconda guerra mondiale, Roosevelt, Churchill e Stalin si riunirono per prendere decisioni circa il proseguimento del conflitto, il futuro della Polonia e l'istituzione dell'ONU).

---

11 Per completare la proporzione occorre ricordare che António de Oliveira Salazar è stato a capo di un regime autoritario fascistoide in Portogallo dal 1932 al 1968; mentre il maresciallo Josip Broz Tito è stato il dittatore socialista della Repubblica federale di Jugoslavia dal 1945 al 1980. Tito conquistò il potere durante la seconda guerra mondiale, mentre Salazar lo deteneva già dal decennio precedente. Il periodo comune è quindi quello della guerra fredda (risposta esatta **D**).

---

12 Soltanto due opzioni si riferiscono a circostanze storicamente verificatesi: la Repubblica Romana nata nel 1798, dopo le occupazioni dei territori dello Stato pontificio da parte dell'esercito napoleonico, e la Repubblica Romana del 1849, che fu retta dal triumvirato Mazzini, Armellini, Saffi. La prima non ebbe un'assemblea costituente, come fu invece per la seconda, ma soprattutto la data riportata dal documento (1849) non lascia dubbi nell'identificare la **C** come soluzione, scartando invece la **B** (errata). Si noti che la **E** cita, anche se in modo erroeno, due figure effettivamente protagoniste delle vicende della Repubblica Romana del 1849: Garibaldi, che era accorso in sua difesa, e Oudinot, il generale al comando delle truppe francesi per restituire Roma al pontefice.

---

13 L'articolo 2 del "decreto fondamentale" afferma che la Repubblica Romana avrebbe assicurato al Papa tutte le garanzie e le tutele relative al suo ruolo spirituale. La Legge delle guarentigie, citata in tutte le opzioni fornite dal quesito, è l'atto unilaterale con cui, vent'anni più tardi, il Regno d'Italia intese definire le relazioni con la Santa Sede dopo l'occupazione di Roma nel 1870. Emanata il 13 maggio 1871, la legge intendeva garantire al papa il libero esercizio del potere spirituale (inviolabilità, immunità della residenza, diritto di intrattenere relazione diplomatiche) ma fu respinta dalla Santa Sede (opzione **A** errata). La risposta corretta è dunque la **B**. I Patti lateranensi richiamati dalle opzioni **C** e **D** (errate) sono invece gli accordi firmati nel 1929 tra il Regno d'Italia e la Santa Sede che, sottoposti a revisione nel 1984, regolano tuttora i rapporti fra la Repubblica Italiana e il Vaticano, come da articolo 7 della Costituzione (**E** da escludere).

---

14 La risposta esatta è la **B**. Il capitano Alfred Dreyfus era il solo ufficiale di origine ebraica membro dello Stato Maggiore francese. Accusato di spionaggio a favore dei tedeschi sulla base di indizi traballanti e contraddittori (rivelatisi poi completamente falsi) fu condannato nel 1895, degradato pubblicamente e deportato sull'isola del Diavolo. Fu riconosciuto innocente e riabilitato solo nel 1906. In questo lasso di tempo, il suo caso fu uno scandalo politico di risonanza mondiale che mise in luce lo strisciante antisemitismo della Francia e dell'Europa di fine Ottocento e il crescente peso delle correnti nazionaliste legate al militarismo. Il giornalista e scrittore francese Émile Zola si impegnò con fervore e pubblicò, il 13 gennaio 1898 sul giornale socialista «L'Aurore», il celebre editoriale intitolato *J'Accuse…!* In forma di lettera aperta al presidente della Repubblica Félix Faure, lo scritto denunciava pubblicamente i persecutori di Dreyfus e le irregolarità commesse nel corso del processo che lo condannò per alto tradimento. La locuzione *J'accuse* è entrata nell'uso della lingua italiana per indicare la denuncia pubblica di un'ingiustizia.

Anche senza conoscere tutti i particolari, per arrivare alla soluzione era sufficiente ricordare che Dreyfus era l'imputato ed ea innocente (scartando D) e che Zola lo difese (A, C ed E errate).

---

15 La serie che completa correttamente il diagramma è quella proposta dall'alternativa A. Nel 1940 è l'*Italia* a entrare in guerra (contro Francia e Gran Bretagna) a fianco della Germania, e non la Russia (opzione C errata), che sarà anzi da questa invasa nel 1941 (la Francia fu invece invasa nel 1940: B da scartare), né il Giappone (opzioni D ed E da escludere), che entrerà in guerra nel 1941 con il bombardamento del porto americano di Pearl Harbor, in seguito al quale anche gli Stati Uniti si schiereranno nel conflitto. Le sconfitte in Russia, Africa e Italia nel 1942-43 furono subite dall'Asse, e non dagli Alleati, e segnarono una svolta nelle vicende belliche che portò due anni dopo alla sconfitta finale di Germania e Giappone (la città giapponese di Nagasaki subì il bombardamento atomico americano, il 9 agosto 1945, tre giorni dopo quello di Hiroshima).

---

16 La Repubblica popolare cinese guidata da Mao è nata nel 1949, al termine della guerra civile che oppose nazionalisti e comunisti; la rivolta studentesca di Pechino che fu stroncata nel sangue con l'uso dei carri armati in piazza Tienanmen, nel cuore delle capitale cinese, si svolse nel 1989 e segnò un punto di svolta e di non ritorno per il regime comunista. Tra queste due date, si colloca – tra gli eventi proposti nelle alternative – la costruzione nel 1961 del muro di Berlino (abbattuto solo nel 1989). Ricordiamo che nel 1938 si colloca sia l'annessione dell'Austria al Terzo Reich hitleriano sia il momento più feroce delle grandi purghe staliniane; nel 1945 si verificò la caduta della Repubblica di Salò, con la fine del conflitto mondiale. Infine, la guerra del Kosovo, relativa allo status dell'enclave albanese in Serbia, si consumò nel biennio 1998-99. La risposta esatta è la C.

---

17 La risposta corretta è la A. Hitler attaccò la Polonia il 1º settembre del 1939 senza alcun preavviso. Due giorni dopo Gran Bretagna e Francia dichiararono guerra alla Germania e il 5 settembre Stati Uniti e Giappone proclamarono la loro neutralità. L'alternativa B è errata solo perché espone fatti di poco successivi (avvenuti tra il 9 aprile e il 10 giugno 1940) all'aggressione contro la Polonia. La risposta C riporta erroneamente la causa occasionale dello scoppio della prima guerra mondiale nel 1914, mentre la D si riferisce al patto firmato il 27 agosto 1928 inizialmente da 16 Nazioni e poi da 62 Paesi (fra cui la Germania e l'URSS), che si impegnavano a bandire la guerra dai rapporti internazionali. Infine, il tentativo di invasione ai danni della Grecia fu attuato dall'Italia nel 1940, intervenuta a conflitto già avviato.

---

18 Quando scoppiò la guerra civile spagnola, l'Italia era già fascista e Benito Mussolini guidava saldamente il Paese. La Spagna, invece, nel 1931 dalla monarchia era passata alla forma repubblicana, con l'abdicazione di Alfonso XIII. Ma i problemi sociali ed economici, uniti alla difficoltà del Fronte popolare (coalizione di centro-sinistra vincitrice alle elezioni politiche del 16 febbraio 1936) di gestire la situazione, spinsero alcuni generali (fra cui il futuro dittatore Francisco Franco) a insorgere contro il legittimo governo, forti anche del supporto fornito da Italia e Germania. La risposta esatta, dunque, è la D.

---

19 I governi di solidarietà nazionale furono realizzati nei difficili anni Settanta dalla Democrazia Cristiana talora con l'astensione talora con l'appoggio, ma comunque esterno al governo, del Partito comunista. Fu Enrico Berlinguer nel 1973 a parlare per primo della possibilità di un *compromesso storico*, cioè di una politica collaborativa in prospettiva di un governo comune tra le due grandi forze interpreti delle due tradizioni popolari del Paese, quella cattolica e quella comunista. Il compromesso però non si realizzò mai compiutamente e il PCI non riuscì mai a diventare forza di governo. Venendo a mancare l'altro grande artefice di questo progetto – Aldo Moro, rapito e ucciso

PARTE TERZA

dalle Brigate Rosse nel 1978 – il PCI abbandonò la linea strategica di collaborazione con la DC inaugurando quella della cosiddetta alternativa democratica. La risposta esatta è la E.

---

20 Nato nel 1869, il mahatma Gandhi ha attraversato e influenzato eventi di enorme rilevanza storica. La potenza della sua visione etica e politica riuscì di fatto a strappare all'impero britannico l'indipendenza dell'India usando le "armi" della non violenza e della disobbedienza civile. Purtroppo questo evento epocale, sancito dalla nascita nel 1948 degli Stati di India e Pakistan, fu oscurato dai terribili scontri delle comunità religiose induiste e musulmane nei due Paesi. Lo stesso Gandhi fu ucciso in quel 1948 da un suo correligionario indù che voleva bloccare il processo di pacificazione e convivenza tra indù e musulmani animato da Gandhi. La risposta esatta è così la E.

---

21 La risposta esatta è la C. La *quota novanta* fu fissata, e raggiunta nonostante molti scetticismi, da Mussolini allo scopo di dare stabilità monetaria al Paese. Effetti dell'apprezzamento della lira furono un calo dei prezzi e nuove commesse per le grandi imprese italiane; risultarono invece in parte danneggiati i lavoratori dipendenti e le imprese italiane che esportavano i loro prodotti.

---

22 La risposta esatta è la B. Nel 1981, il generale Jaruzelski – alla guida del partito operaio polacco (cioè del partito comunista al potere) – per bloccare il movimento di protesta e opposizione popolare alimentata dal sindacato indipendente Solidarność e dalla Chiesa cattolica, attuò un colpo di Stato, riportando la Polonia sulla via del comunismo "ortodosso"; tra le sue ragioni ci fu probabilmente anche la volontà di prevenire un intervento diretto e militare dell'URSS. Si era infatti in piena Guerra fredda e la Polonia era parte integrante del blocco comunista. Fu lo stesso Jaruzelski, quando in Unione sovietica prese il via il nuovo corso gorbacioviano, a consentire una progressiva liberalizzazione della vita sociale e politica del Paese, culminata con le libere elezioni del 1988 e con l'elezione a capo del governo di un non comunista (Mazowiecki).

---

23 La risposta esatta è la C: si tratta del cupo periodo della storia d'Italia compreso tra le stragi neofasciste di piazza Fontana a Milano (12 dicembre 1969, 16morti) e della stazione ferroviaria di Bologna (2 agosto 1980, 85 morti), passando per quelle del 1974 sul treno *Italicus* (12 morti) e a Brescia in piazza della Loggia (8 morti). In questi episodi, come in altri, legati sia al terrorismo di matrice neofascista che a quello di ispirazione comunista (per esempio il sequestro Moro a opera delle Brigate Rosse), che proprio in quel decennio toccò livelli allarmanti e destabilizzanti, la magistratura ha accertato depistaggi e coperture dei servizi segreti deviati (civili e militari) o di singoli di settori chiave e istituzioni dello Stato (esercito, parlamento, ministeri) che alimentavano una "strategia della tensione" che avrebbe dovuto favorire una soluzione autoritaria (del tipo di quella auspicata dalla loggia massonica "coperta" Propaganda Due di Licio Gelli, sciolta per legge nel gennaio 1982) per ristabilire l'ordine pubblico.

---

24 La risposta esatta è la E. In America, a metà Ottocento, la schiavitù era un problema scottante. La situazione precipitò nel 1860, quando fu eletto presidente Abraham Lincoln (1809-65), tra i principali sostenitori dell'abolizionismo. Gli Stati del Sud organizzarono allora la secessione: si separarono cioè dall'Unione fondando la Confederazione degli Stati del Sud. Il conflitto era ormai inevitabile: la guerra, in seguito chiamata appunto Guerra di secessione, fu lunga e sanguinosa e durò dal 1861 al 1865, costando 360.000 morti al Nord e 280.000 al Sud. L'opzione B va scartata perché così venne chiamata la guerra combattuta dalle fazioni inglesi dei Lancaster e degli York nel XVI secolo per la conquista del trono. L'opzione D indica la guerra combattuta dalle colonie americane per ottenere l'indipendenza dalla madrepatria inglese.

---

25 La risposta esatta è la D. L'unico tra i cinque eventi proposti nelle alternative che non si è verificato nel 1980 è l'assassinio del generale dei Carabinieri e prefetto di Palermo Carlo Alberto Dalla Chiesa. L'omicidio è stato compiuto a Palermo il 3 settembre 1982. Il generale dei Carabinieri Dalla Chiesa, già impegnato negli anni Sessanta nella lotta antimafia, negli anni Settanta si era distinto nella lotta al terrorismo e nel 1978 era stato nominato Coordinatore generale degli organi antiterrorismo. Vicecomandante dell'Arma nel 1981, nella primavera dell'anno seguente era stato

nominato prefetto di Palermo con l'incarico di combattere e sradicare le infiltrazioni mafiose nella vita pubblica. Fu eliminato 4 mesi dopo l'insediamento e con lui morì l'agente di scorta Domenico Russo e la moglie Emanuela Setti Carraro.

---

26 La risposta corretta è la **E**. Ad Hammurabi, sovrano babilonese dal 1792 al 1750 a.C., si deve la più antica raccolta di leggi conosciuta nella storia umana. Le 300 disposizioni che compongono il *Codice* sono assai dettagliate e organiche, contemplando tutte le principali situazioni della convivenza sociale del tempo (rapporti familiari, economici, commerciali, inoltre diritto penale, processuale ed edilizia). Il *Codice di Hammurabi* è pertanto un fondamentale documento per la ricostruzione della società del tempo. Il suo criterio era sostanzialmente compensativo/punitivo (legge del taglione) e naturalmente fotografa la realtà di una società schiavista in cui le pene (che potevano essere sia fisiche sia pecuniarie) variavano in relazione alla classe sociale del reo. Tuttavia – a quanto pare per la prima volta – la pubblicità delle leggi e la predeterminazione delle pene rappresentarono una svolta cruciale per la cultura giuridica.

---

27 La risposta esatta è la **A**. Nel 323 a.C., dopo la morte di Alessandro Magno a Babilonia, il suo impero, che si estendeva dalla Macedonia all'India e comprendeva tra l'altro anche l'Egitto, fu diviso in quattro parti (i cosiddetti *Regni ellenistici*), affidate ai generali che avevano accompagnato Alessandro durante le straordinarie conquiste avvenute nei suoi dodici anni di potere: regno d'Egitto, regno di Macedonia, regno di Siria (comprendente anche la Mesopotamia e la Persia) e, più tardi, il regno di Pergamo. Ad Arpalo, dopo la battaglia di Gaugamela (331 a.C.), Alessandro aveva affidato l'amministrazione dell'immenso tesoro del re persiano Dario III: nel 324 Arpalo fuggì portandosi via una gran quantità di denaro.

---

28 Nel V secolo a.C., dopo la vittoria definitiva del 479 a.C. contro il nemico persiano, la città di Atene visse un periodo di eccezionale splendore, diventando il centro economico e culturale più importante di tutta la Grecia. Nonostante le guerre avessero portato morte e distruzione, gli Ateniesi riuscirono a dare nuovo slancio alla vita politica e furono in grado di ricostruire Atene più bella e ricca di prima. Il principale protagonista di questa rinascita fu Pericle, interprete della più compiuta forma della democrazia ateniese: il suo apporto fu così significativo che questo periodo di rifioritura politica, economica e sociale venne chiamato "età di Pericle". La risposta corretta è dunque la **D**.

---

29 La battaglia navale di Azio fu combattuta il 2 settembre del 31 a.C. tra le truppe di Ottaviano, il futuro imperatore Augusto, e quelle di Marco Antonio, alleato del regno tolemaico d'Egitto (la risposta corretta è quindi la **A**). Questo conflitto è molto importante perché: segnò il tramonto definitivo della Repubblica romana, già da tempo in crisi; permise a Ottaviano di assumere ancora più potere e diventare di fatto il padrone di Roma; causò la fine dell'ultimo grande regno ellenistico, quello d'Egitto, e la sua trasformazione in provincia romana. Le altre date ricordano invece: **B** l'uccisione di Cesare (44 a.C); **C** la morte di Augusto (14 d.C.); **D** l'anno dei quattro imperatori con la morte di Nerone (68 d.C.); **E** il termine convenzionale dell'impero romano di Occidente con la deposizione, da parte del re degli Eruli Odoacre, dell'ultimo imperatore Romolo Augustolo.

---

30 La risposta esatta è la **C**. Il complesso fenomeno delle Crociate – alla cui origine stanno motivazioni religiose ma anche economiche, politiche e sociali – portò nell'arco di due secoli all'organizzazione di ben otto spedizioni ufficiali per la riconquista della Terra Santa: dalla prima del 1096-1099 all'ottava, guidata dal re di Francia Luigi IX il Santo nel 1270. A queste vanno aggiunte le cosiddette "crociate dei pezzenti", movimenti disorganizzati di masse di uomini che risposero all'appello di Urbano II del 1095 ma che, mancando di organizzazione militare e mezzi, si risolsero in spedizioni dedite al saccheggio e al massacro, senza alcuno spirito religioso.

6 | Letteratura italiana e straniera

6.1 | Esercizi proposti

1 ***«Silvia, rimembri ancora***
Quel tempo della tua vita mortale,
Quando beltà splendea
Negli occhi tuoi ridenti e fuggitivi,
E tu, lieta e pensosa, il limitare
Di gioventù salivi?»

La strofa citata è un esempio di:

A prosa poetica
B versi sciolti
C versi liberi
D prosimetro
E rima incatenata

2 **... ...... è un componimento poetico composto, nella sua forma canonica, di quattordici versi endecasillabi e strutturato in due quartine, a rima alternata o incrociata, e due terzine a rima variabile.**

A Il polimetro
B Lo zibaldone
C L'epistola
D L'ottava
E Il sonetto

3 **Completare le seguenti due terzine:**

«Amor, ch'al cor gentil ratto s'apprende,
prese costui de la bella persona
che mi fu tolta; e 'l modo ancor ......
Amor, ch'a nullo amato amar perdona,
mi prese del costui piacer sì forte,
che, come vedi, ancor non ......»

A m'offende / m'abbandona
B si presta / mi sorprende
C mi prende /si palesa
D stupisce / delude
E s'adombra / s'illumina

CONOSCENZE E COMPETENZE

4 **«Quel ramo del ...[1]..., che volge a mezzogiorno, tra due catene non interrotte di monti, tutte a seni e a golfi, a seconda dello sporgere e del ...[2]... di quelli, vien, quasi a un tratto, a ...[3]..., e a prender corso e figura di fiume, tra un promontorio a destra, e un'ampia costiera dall'altra parte; e il ponte, che ivi congiunge le due rive, par che renda ancor più sensibile all'occhio questa trasformazione, e segni il punto in cui il lago cessa, e ...[4]... rincomincia, per ripigliar poi nome di lago dove le rive, allontanandosi di nuovo, lascian l'acqua distendersi e rallentarsi in nuovi ...[5]... e in nuovi seni».**

Quale tra le seguenti sostituzioni per il completamento del celebre incipit è corretta?

- A [1] lago di Lecco
- B [2] rientrare
- C [3] prosciugarsi
- D [4] il Po
- E [5] fiumi

5 **Genere letterario, raramente in versi, caratterizzato da brevità e dalla tendenza dell'intreccio (inventato per contenuto ma realistico per ambientazione) a risolversi in un episodio concluso. Non presenta elementi fantastici o personaggi magici (come maghi, fate ecc.) né vi agiscono, come personaggi, animali parlanti o oggetti che si animano.**

Questa definizione può riferirsi a quale genere letterario?

- A Agiografia
- B Fiaba
- C Favola
- D Elegia
- E Novella

PARTE TERZA

6 **«All'ombra de' cipressi e dentro l'urne / confortate di pianto è forse il sonno / della morte men duro?».**

È la prima frase di quale opera?

- A *Dei Sepolcri* di Ugo Foscolo
- B *La pioggia nel pineto* di Gabriele D'Annunzio
- C *Il sabato del villaggio* di Giacomo Leopardi
- D *Il cinque maggio* di Alessandro Manzoni
- E *Soldati* di Giuseppe Ungaretti

7 **«La distinzione operata dal regime fascista negli anni Trenta fra "cultura azione", che interessava direttamente le grandi masse, e "cultura laboratorio", elaborata da un piccolo gruppo di intellettuali per un pubblico d'*élite* e dunque relativamente meno soggetta al controllo da parte della censura, costrinse i letterati a scegliere tra due possibili strade».**

Quali tra le seguenti potrebbero essere le due strade per i letterati?

- A Fare arte-propaganda per conto del regime entrando così in contatto con il grande pubblico oppure ritirarsi in un atteggiamento di distacco limitandosi a scrivere per pochi lettori
- B Emigrare all'estero oppure rinunciare in patria all'attività culturale
- C Scegliere tra la carriera politica e quella ecclesiastica
- D Ritirarsi in un atteggiamento di distacco oppure contrastare apertamente le istanze del regime fascista
- E Scegliere tra la carriera politica e quella accademica

8 **«Gémmea l'aria, il sole così chiaro
che tu ricerchi gli albicocchi in fiore,
e del prunalbo l'odorino amaro
senti nel cuore...»**

Nella strofa qui riportata della lirica *Novembre* di Giovanni Pascoli, *gémmea* è:

A un verbo all'imperfetto

B un verbo al passato remoto

C un sostantivo

D un aggettivo

E un avverbio

---

9 **Il ...... è in musica il motivo conduttore, cioè il tema (ovvero la melodia) ricorrente associato a un personaggio o a una particolare situazione emotiva. Per estensione, si definisce così il tema o l'argomento a cui si fa costante riferimento in un'opera letteraria.**

Qual è il termine mancante?

A Climax

B Leitmotiv

C Dialogo

D Fonema

E Glossario

---

10 **Quale tra le seguenti coppie di innamorati NON è composta da personaggi letterari?**

A Romeo e Giulietta

B Anna Karenina e Aleksej Vronskij

C Don Chisciotte e Dulcinea

D Lancillotto e Ginevra

E Abelardo ed Eloisa.

---

11 ***Se questo è un uomo* è la sua opera più famosa, oltre che quella d'esordio. Di genere memorialistico, vi racconta le sue esperienze nel campo di concentramento nazista. è considerato un classico della letteratura mondiale.**

A quale autore o autrice italiana si fa riferimento?

A Primo Levi

B Lia Levi

C Natalia Ginzburg

D Dino Buzzati

E Cesare Pavese

12 **«Molti anni dopo, di fronte al plotone di esecuzione, il colonnello Aureliano Buendía si sarebbe ricordato di quel remoto pomeriggio in cui suo padre lo aveva condotto a conoscere il ghiaccio. Macondo era allora un villaggio di venti case di argilla e di canna selvatica costruito sulla riva di un fiume dalle acque diafane che rovinavano per un letto di pietre levigate, bianche ed enormi come uova preistoriche. Il mondo era così recente, che molte cose erano prive di nome, e per citarle bisognava indicarle col dito».**

Questo è il famoso incipit di quale romanzo?

- A *La casa degli spiriti* di Isabel Allende
- B *Capitani della spiaggia di Jorge Amado*
- C *Cent'anni di solitudine* di Gabriel García Márquez
- D *Patagonia Express* di Luís Sepúlveda
- E *Pantaleón e le visitatrici* di Mario Vargas Llosa

13 **Quale dei seguenti autori non è un interprete dell'Umanesimo?**

- A Cino da Pistoia
- B Angelo Poliziano
- C Leon Battista Alberti
- D Lorenzo de' Medici
- E Marsilio Ficino

14 **Riferendosi all'*Orlando furioso*, è corretto affermare che:**

- A è un poema cavalleresco, opera di Ludovico Ariosto, composto in ottave di endecasillabi, la cui terza e ultima redazione venne pubblicata nel 1532
- B si tratta della continuazione dell'*Orlando innamorato* di Ludovico Ariosto; fu composto da Matteo Maria Boiardo e pubblicato nel 1476
- C si tratta della prima stesura del celebre poema cavalleresco di Ludovico Ariosto, che al termine di altre due successive stesure (l'ultima del 1532) prese il titolo di *Orlando innamorato*
- D composto da Torquato Tasso, è uno dei più importanti poemi cavallereschi della letteratura italiana, insieme alla *Gerusalemme liberata* di Matteo Maria Boiardo e all'*Orlando innamorato* di Ludovico Ariosto
- E composto da Ludovico Ariosto, è uno dei più importanti poemi cavallereschi della letteratura italiana, insieme alla *Gerusalemme liberata* di Matteo Maria Boiardo e all'*Orlando innamorato* di Torquato Tasso

15 **Come si può definire *La bottega del caffè*?**

- A Una rivista fondata da Pietro e Alessandro Verri
- B Una lirica di Giovanni Parini
- C Una commedia di Carlo Goldoni
- D Una commedia di Karol Wojtyla
- E Un romanzo di Aldo Palazzeschi

16 ***Il nome della rosa* è un romanzo:**

- A ambientato nel secolo IX
- B ambientato nel secolo XII
- C scritto nel secolo XIX
- D ambientato nel secolo XIV
- E scritto nel secolo XVII

17 **Chi è l'autore del ciclo *I nostri antenati*?**

A Alessandro Tassoni
B Italo Calvino
C Matteo Boiardo
D Alberto Moravia
E Ludovico Ariosto

18 **È considerato iniziatore della prosa scientifica italiana:**

A Pietro Sforza Pallavicino
B Galileo Galilei
C Francesco Redi
D Ugo Foscolo
E Marsilio Ficino

19 **Quale dei seguenti autori non compose opere di carattere storiografico?**

A Filippo Villani
B Francesco Guicciardini
C Paolo Sarpi
D Vasco Pratolini
E Niccolò Machiavelli

20 **Qual è il tema portante della "poesia cortese" italiana del XII secolo?**

A L'esperienza mistica
B L'amore spirituale
C L'amore sensuale
D L'amore fraterno
E Il solipsismo

21 **La lingua straniera che più ha influenzato l'italiano nel secolo XVIII è:**

A l'inglese
B il francese
C il tedesco
D lo spagnolo
E lo svedese

22 **Quale movimento letterario si è ispirato al positivismo scientifico?**

A L'ermetismo
B L'Illuminismo
C Il verismo
D Il romanticismo
E Il neorealismo

23 **Scartare una delle seguenti serie.**

A Muratori, Verri, Beccaria, Parini
B Praga, Boito, Pisani Dossi, Marinetti
C Foscolo, Leopardi, Manzoni
D Porta, Belli, Giusti
E Fogazzaro, Pascoli, D'Annunzio

24 Abbinare correttamente i seguenti autori e le rispettive opere:

Manzoni	***Storia della colonna infame***
Campanella	***Il giardino dei Finzi-Contini***
Goldoni	***L'amante militare***
Bassani	***La città del sole***

A. Manzoni – *Storia della colonna infame*; Campanella – *La città del Sole*; Goldoni – *L'amante militare*; Bassani – *Il giardino dei Finzi-Contini*
B. Manzoni – *L'amante militare*; Campanella – *La città del Sole*; Goldoni – *Storia della colonna infame*; Bassani – *Il giardino dei Finzi-Contini*
C. Manzoni – *Il giardino dei Finzi-Contini*; Campanella – *L'amante militare*; Goldoni – *La città del Sole*; Bassani – *Storia della colonna infame*
D. Manzoni – *L'amante militare*; Campanella – *La città del Sole*; Goldoni – *Il giardino dei Finzi-Contini*; Bassani – *Storia della colonna infame*
E. Manzoni – *Storia della colonna infame*; Campanella – *Il giardino dei Finzi-Contini*; Goldoni – *L'amante militare*; Bassani – *La città del Sole*

25 Quale delle seguenti composizioni NON è di Leopardi?

A. *Il sabato del villaggio*
B. *L'infinito*
C. *La ginestra*
D. *Pianto antico*
E. *La quiete dopo la tempesta*

26 Con quale tra i seguenti scrittori stranieri ebbe contatti Italo Svevo?

A. James Joyce
B. Oscar Wilde
C. Gustave Flaubert
D. Thomas Mann
E. Franz Kafka

27 La celebre distinzione tra "poesia" e "non poesia" è di:

A. Francesco De Sanctis
B. Giosue Carducci
C. Benedetto Croce
D. Giacomo Leopardi
E. Mario Fubini

28 Quale delle seguenti non è un'opera di Pavese?

A. *La bella estate*
B. *La luna e i falò*
C. *Feria d'agosto*
D. *Paura alla Scala*
E. *Dialoghi con Leucò*

29 **Il protagonista del romanzo *Il Gattopardo* è:**

- A Don Fabrizio di Salina
- B Tancredi
- C Andrea Sperelli
- D Padron 'Ntoni
- E Mastro Don Gesualdo

30 **Albert Camus (1913-1960) pubblica il romanzo ...... nel 1947, pochi anni dopo la conclusione del secondo conflitto mondiale, e ottiene fin da subito grandi consensi. L'opera si presenta infatti come una riflessione allegorica sul male e sul recente trauma della guerra, che ancora pesano sulle coscienze europee: come una feroce ......, il male non viene mai debellato del tutto, ma resta latente in attesa del momento propizio a una nuova esplosione.**

- A *Il fanciullino*
- B *La peste*
- C *Il male oscuro*
- D *La noia*
- E *Cecità*

31 **Il romanzo di Alberto Moravia *Gli indifferenti* è ambientato:**

- A in età risorgimentale
- B durante la prima guerra mondiale
- C nell'immediato primo dopoguerra
- D in età fascista
- E durante gli anni di piombo

32 **Quale delle seguenti opere NON è di Elsa Morante?**

- A *Menzogna e sortilegio*
- B *Gente in Aspromonte*
- C *La storia*
- D *L'isola di Arturo*
- E *Aracoeli*

33 **Chi è l'autore di *I fiori del male*?**

- A Stéphane Mallarmé
- B Victor Hugo
- C Clemente Rebora
- D Dino Campana
- E Charles Baudelaire

34 **Quale tra i seguenti NON ha fatto parte del cosiddetto "Gruppo '63"?**

- A Alfredo Giuliani
- B Nanni Balestrini
- C Andrea Zanzotto
- D Umberto Eco
- E Edoardo Sanguineti

35 **Quale delle seguenti serie riporta un corretto ordine cronologico degli autori?**

A Carducci, Pirandello, D'Annunzio, Pasolini
B Carducci, D'Annunzio, Pirandello, Pasolini
C Carducci, D'Annunzio, Pasolini, Pirandello
D Pasolini, Carducci, D'Annunzio, Pirandello
E Pasolini, Pirandello, Carducci, D'Annunzio

36 **La *Divina Commedia* è composta da:**

A 100 canti raggruppati in tre cantiche
B 100 cantiche divise in tre canti
C 30 canti per ogni cantica
D ottave di versi endecasillabi
E terzine di versi settenari

37 **La cosiddetta poetica del "fanciullino" è stata enunciata da:**

A Giosue Carducci
B Benedetto Croce
C Giacomo Leopardi
D Alessandro Manzoni
E Giovanni Pascoli

38 ***Per l'arte* (1885) di Luigi Capuana riguarda la poetica:**

A della Scapigliatura
B del Verismo
C del Decadentismo
D del Simbolismo
E del Romanticismo

39 **Collegare correttamente a ogni autore un'opera:**

a) Manzoni	**1) *La mandragola***
b) Petrarca	**2) *Il conte di Carmagnola***
c) Foscolo	**3) *I trionfi***
d) Machiavelli	**4) *Dei sepolcri***

A a-1, b-4, c-3, d-2
B a-1, b-2, c-3, d-4
C a-2, b-1, c-3, d-4
D a-2, b-3, c-4, d-1
E a-1, b-3, c-2, d-1

40 **Fu un dichiarato sostenitore delle forze repubblicane durante la guerra civile spagnola, iniziata con il colpo di stato del 17 luglio 1936. Mentre alloggiava in casa di amici a Granada, fu catturato e fucilato da uno squadrone della milizia franchista. Il suo corpo venne sepolo in un burrone a pochi chilometri da Fuentegrande.**
Di quale letterato si parla?

A Federico García Lorca
B Thomas Mann
C Luigi Pirandello
D Franz Kafka
E Jorge Luis Borges

41 **Quale tra i seguenti ha vinto il premio Nobel per la Letteratura?**

- A Svetlana Aleksievič
- B Daniel Pennac
- C Isabel Allende
- D Salman Rushdie
- E Philip Roth

42 **Chi è l'autore di *Murder in the Cathedral*?**

- A Thomas S. Eliot
- B William Shakespeare
- C Christopher Marlowe
- D Samuel Beckett
- E Geoffrey Chaucer

43 **Quale tra i seguenti si può definire uno dei temi fondamentali dell'Ermetismo?**

- A L'angoscia esistenziale
- B L'esaltazione della forza
- C La passione per le conquiste della modernità
- D L'amore per la propria donna
- E La poetica della quotidianità

44 **Chi è l'autrice del romanzo del 1979 *Un uomo*, che narra la storia di Alekos Panagulis?**

- A Dacia Maraini
- B Elsa Morante
- C Oriana Fallaci
- D Susanna Tamaro
- E Natalia Ginzburg

45 ***Razza padrona – Storia della borghesia di Stato* è un saggio pubblicato da Feltrinelli nel 1974. Gli autori del saggio sono:**

- A Giampaolo Pansa e Indro Montanelli
- B Eugenio Scalfari e Giuseppe Turani
- C Enzo Biagi e Bruno Vespa
- D Giorgio Bocca e Indro Montanelli
- E Bruno Vespa e Luigi Pintor

46 ***Il paradiso perduto* è l'opera poetica di:**

- A John Milton
- B John Ford
- C William Goodwin
- D Thomas Middleton
- E Henry James

47 ***À rebours* è il romanzo di:**

- A Joris-Karl Huysmans
- B André Gide
- C Albert Camus
- D André Malraux
- E Théodore Géricault

48 ***Guerra e pace* è stato scritto da:**

- A Nikolaj Gogol'
- B Lev Tolstoj
- C Aleksandr Puskin
- D Fëdor Dostoevskji
- E Aleksandr Solzenicyn

49 ***The Lord of the Rings*, romanzo di J.R.R. Tolkien, è un capolavoro del genere:**

- A noir metropolitano
- B romanzo psicologico
- C fantasy
- D romanzo d'avventura
- E fantascienza

50 **Nel 1990 Sebastiano Vassalli pubblica il romanzo storico:**

- A *Insciallah*
- B *Memorie di Adriano*
- C *Alta fedeltà*
- D *La chimera*
- E *La strega e il cavaliere*

6.2 | Soluzioni e commenti

1 Quelli citati sono i primi versi di A Silvia, celebre idillio di Leopardi, composto a Recanati tra il 19 e il 20 aprile del 1828. È la prima *canzone libera* composta dal poeta (oggi anche detta *canzone leopardiana*) in cui – a differenza del modello petrarchesco e canonico – le strofe sono appunto *libere*: hanno numero variabile di versi, senza uno schema fisso di rime. Si tratta cioè di *versi sciolti* (risposta esatta **B**) ma non *liberi*, in quanto essi devono comunque essere endecasillabi e settenari, se pur alternati senza una regola fissa. Qui Leopardi rievoca una figura femminile della sua giovinezza, morta prematuramente di tisi, e da questo pensiero riflette sull'inevitabile infelicità dell'uomo le cui speranze sono destinate a crollare. Con la sua morte precoce, la giovane Silvia diventa emblema della disillusione che caratterizza l'età adulta.

2 Il testo da completare propone la definizione di *sonetto* (risposta esatta **E**), cioè di un componimento metrico di soli endecasillabi con uno schema ritmico molto vario. Il suo schema originario era composto da rime alterne sia nelle quartine (ABAB/ABAB) sia nelle terzine (CDC/DCD; a volte invece disposte in rime ripetute CDE/CDE). Con lo Stil Novo viene introdotta nelle quartine la rima incrociata ABBA/ABBA (in seguito prevalente) e nelle terzine la forma invertita CDE/EDC. Petrarca avrebbe poi portato il sonetto a livelli espressivi altissimi per metrica, lessico e sonorità. Genere poetico che ha capacità poliedriche, il sonetto mostra grande versatilità nel trattare contenuti amorosi, politici, religiosi.

Alla risposta corretta si poteva giungere anche per esclusione: come indica il nome, il *polimetro* consiste di versi di misura varia; lo *zibaldone* è un insieme disordinato di appunti, notizie e pensieri sparsi (l'esempio più noto è quello di Giacomo Leopardi); l'*epistola* non è un componimento poetico, ma semplicemente una lettera (reale o fittizia) benché considerata anche un genere letterario; infine *l'ottava* non è un componimento autonomo ma una strofa di otto versi endecasillabi, misura tipica del poema cavalleresco.

3 I versi proposti sono tratti dal canto V dell'*Inferno* di Dante, e in particolare dal celeberrimo episodio dedicato a Paolo e Francesca. Nel secondo cerchio il Poeta contempla il castigo inflitto ai lussuriosi, a quanti cioè morirono senza emendarsi da tale peccato. In particolare Dante si intrattiene con due anime che procedono tenendosi abbracciate nella furiosa tempesta: Paolo Malatesta e Francesca da Polenta, anche se a parlare è solo quest'ultima. Francesca aveva tradito il marito Gianciotto Malatesta con il fratello Paolo e per questo i due amanti furono uccisi.

Se la memoria non soccorre, è comunque possibile completare correttamente le terzine dantesche ricordandone le due caratteristiche fondamentali: i versi sono sempre endecasillabi (quindi **D** va scartata, perché il secondo completamento deve avere quattro sillabe e non tre) e le rime sono incatenate, cioè con schema ABA/BCB. Pertanto il terzo verso della prima terzina deve rimare con il primo (*s'apprende*), cosa che **B** ed **E** non consentono. Il terzo verso della seconda terzina deve invece rimare con *perdona*, come avviene con l'alternativa **A**.

4 L'esercizio propone le prime righe dei *Promessi sposi* di Alessandro Manzoni, con la poetica descrizione dello scenario su cui si apre la storia. L'espressione *quel ramo del lago di Como* è diventata tanto proverbiale che non è difficile riconoscere come errato il completamento di **A** (anche se il ramo meridionale del lago di Como è proprio quello rivolto verso Lecco). Un'attenta lettura mostra invece che al punto [2] è corretto il verbo *rientrare*: il profilo della costa mostra sporgenze (*seni*) e rientranze (*golfi*) che seguono il modo in cui i monti sporgono o *rientrano* sul lago: **B** è la risposta esatta. Concludiamo per completezza: al punto [3] il verbo *prosciugarsi* porterebbe a un'immagine senza senso (il verbo è *restringersi*); al punto [4] il nome del fiume che pare ricominciare nel punto in cui il lago si restringe è *Adda* e non *Po*. Infine in [5] è evidente la ripresa dell'espressione iniziale *a seni e a golfi*, invertendo i termini: quindi non *in nuovi fiumi* ma *in nuovi golfi e in nuovi seni*.

5 Parlando di generi letterari in prosa, si può subito escludere tra le alternative l'*elegia*, che è un genere poetico. L'*agiografia*, invece, è un genere letterario narrativo che ha per oggetto la vita di santi con intenti edificanti. Tra le restanti, sono certamente da scartare, in base alle esplicite indicazioni del testo la *fiaba* (il cui elemento caratterizzante è appunto la presenza di figure dotate di potere eccezionali e sovrannaturali) e la favola (di ascendenza classica, che ha per protagonisti animali e oggetti inanimati che rappresentano vizi e virtù). Pertanto, la definizione si riferisce alla *novella* (risposta **E**).

6 I termini "cipressi" e "urne" richiamano chiaramente una dimensione cimiteriale, pertanto non è difficile riconoscere qui il verso di apertura del carme *Dei Sepolcri* di Ugo Foscolo, composto alla fine del 1806 e pubblicato nel 1807. Momento centrale dell'evoluzione spirituale del poeta, prima ancora che della sua esperienza poetica, quest'opera si inserisce appieno in un momento storico in cui la poesia sepolcrale è al suo apice. Foscolo delinea per sé e per gli altri uomini un ideale messaggio di vita secondo cui proprio i sepolcri, intesi come luogo della rievocazione, sono l'incarnazione della memoria, coincidente con la civiltà, che da sola permette all'uomo di sopravvivere alla distruzione materiale. La risposta esatta è **A**.

7 Leggendo con attenzione il testo proposto, si ricava facilmente quali siano le due possibili scelte residue per quanti si occupavano di cultura negli anni Trenta in Italia: rivolgersi a un pubblico vasto e popolare al quale offrire il proprio elaborato politico e sociale, sostenendo necessariamente le istanze di regime ("cultura azione"), oppure ritagliarsi uno spazio meno appariscente e pertanto più libero, per esprimere la propria arte indipendentemente dai dettami del regime. La risposta esatta può essere solo **A**.

8 La domanda può essere insidiosa, perché la morfologia di *gèmmea* può essere interpretata come un indicativo presente (come *permea* ecc.). La verifica delle alternative aiuta a evitare l'errore, in quanto i tempi verbali proposti tra le soluzioni non sono accettabili (**A** e **B** errate). Una più attenta analisi del primo verso – *Gémmea l'aria, il sole così chiaro* – mostra che si tratta di una costruzione a chiasmo, con i sostantivi in posizione interna e la funzione aggettivale esterna. Parafrasando: «l'aria [è] come una gemma (dall'aggettivo latino *gemmeus*) e il sole [è] così luminoso che tu (il poeta usa la seconda persona con valore impersonale) cerchi [con lo sguardo] gli albicocchi in fiore…». La risposta esatta è dunque **D**.

9 La definizione fornita al testo è quella di *Leitmotiv* (risposta **B**). Si tratta di una parola tedesca, composta dal verbo *leiten* "guidare" e dal sostantivo *Motiv*, nel senso – mutuato dal francese *motif* – di "tema"; dunque "tema dominante". Con valore tecnico era usato soprattutto con riferimento all'opera lirica e alle colonne sonore, per indicare il motivo portante. La sua accezione si è poi ampliata per definire l'elemento ricorrente e fondamentale di un'opera, o di un personaggio letterario o della produzione artistica di un autore. Pertanto, il termine si riferisce a ogni tipo di tema ricorrente, anche nella letteratura e nel cinema.

10 Tra le più celebri coppie che la letteratura ha creato, occupano il primo posto Romeo Montecchi e Giulietta Capuleti, il cui amore – contrastato dall'odio reciproco delle rispettive famiglie – è raccontato nel dramma di Shakespeare, ambientato a Verona, *Romeo and Juliet* (1594-1596). Ancora più antica è però la tradizione relativa a Lancillotto e Ginevra, simboli dell'amor cortese, narrata in varie opere del ciclo arturiano (XIII secolo). Don Chisciotte – protagonista del romanzo *Don Quijote de la Mancha* di Miguel de Cervantes, pubblicato in Spagna a inizio Seicento – è l'innamorato ormai folle della fantomatica (perché mai incontrata davvero) Dulcinea del Toboso. Il romanzo di Tolstoj *Anna Karenina* (1877) narra l'infelice amore adulterino tra i due protagonisti, Anna e Vronskij. La risposta da indicare è dunque la **E**: sebbene il loro sia un amore tra i più romantici e romanzati, Abelardo ed Eloisa sono due figure storiche e le loro vicende sono reali. A Parigi, al principio del XII secolo, il chierico Pietro Abelardo, filosofo e teologo, fa da precettore alla sedicenne Eloisa, giovane dotata di straordinaria grazia intellettuale. Tra i due comincia una relazione, che culmina nell'attesa di un figlio e in un matrimonio segreto, e finisce con una forzata separazione e la crudele vendetta inferta ad Abelardo, evirato per ordine dei parenti di Eloisa. Di loro restano alcuni scritti, raccolti nel cosiddetto *Epistolario di Abelardo ed Eloisa*.

---

11 Chimico e partigiano, ma soprattutto grande scrittore e intellettuale, Primo Levi (1919-87) è l'autore di una delle più celebri opere sulla Shoah: *Se questo è un uomo (risposta esatta* **A**). Scritto già nel 1946, per l'urgenza di raccontare l'esperienza del campo si sterminio, il libro fu pubblicato nel 1947 da una piccola casa editrice torinese, dopo un primo rifiuto da Einaudi (lo ripubblicò però nel 1956 e rimase in seguito l'editore di quasi tutti i suoi libri). Primo Levi è uno degli autori italiani più letti nel mondo: le sue opere sono tradotte in più di quaranta lingue.

---

12 L'incipit citato è quello di *Cent'anni di solitudine* (1967) del romanziere colombiano Gabriel García Márquez (insignito nel 1982 del premio Nobel per la Letteratura), considerato per bellezza ed efficacia tra i più memorabili della letteratura del Novecento. Nel romanzo si narrano le vicende tragiche, surreali e al contempo affascinanti delle sette generazioni della famiglia Buendía, i cui capostipiti, José e Ursula Arcadio, fondano alla fine del XIX secolo la città di Macondo. La risposta esatta è pertanto **C**.

---

13 Basta ricordare che Cino da Pistoia (1270 circa -1336 o '37) fu amico di Dante per ricavare che non poteva certo essere attivo durante l'Umanesimo: la risposta esatta è **A**. Per convenzione, al grande movimento culturale dell'Umanesimo – che si prolungò senza soluzione di continuità nel Rinascimento – si danno come estremi cronologici la morte di Petrarca e Boccaccio (1374 e 1375), che ne furono gli antesignani, e l'età di Lorenzo il Magnifico (1449-92).

---

14 I maggiori *poemi cavallereschi* della letteratura italiana sono, in ordine di pubblicazione: *Morgante* (1483), di Luigi Pulci; *Orlando innamorato* (1483, incompiuto) di Matteo Maria Boiardo; *Orlando furioso* (ultima edizione, 1532) di Ludovico Ariosto; *Gerusalemme liberata* (1581) di Torquato Tasso. Tutti sono composti in ottave di endecasillabi, la strofa "narrativa" per eccellenza: i primi sei versi sono a rima alternata e gli ultimi due a rima baciata. L'*Orlando furioso* fu concepito da Ariosto come una *gionta*, cioè come una prosecuzione: nello specifico la storia del *Furioso* iniziava dove Boiardo aveva interrotto il suo *Innamorato*. Il *Furioso* ebbe tre stesure (l'ultima rilevantissima sia per l'incremento di materiale narrativo sia per la rielaborazione della lingua secondo la lezione del toscano come volgare nazionale), ma non cambiò mai di titolo. A cambiare titolo dopo l'ultima revisione fu invece l'opera di Tasso, che diventò *Gerusalemme conquistata*. Sulla base di queste informazioni, il lettore può facilmente individuare le inesattezze presenti nelle risposte e dedurre che l'unica corretta è la **A**.

---

15 *La bottega del caffè* è il titolo di una delle più importanti commedie di Carlo Goldoni, composta nel 1750 e messa in scena per la prima volta a Mantova. Tuttavia, il nome può generare confusione con il periodico dei fratelli Pietro e Alessandro Verri, che si intitolava *Il Caffè* (pubblicato dal 1764 al 1766) o con il testo teatrale di Karol Wojtyla *La bottega dell'orefice,* scritto nel 1960: **A** e **D** sono pertanto errate. La risposta corretta è **C**.

La rivista animata dai fratelli Pietro e Alessandro Verri e dalla milanese Accademia dei Pugni si intitolava «Il Caffè» (pubblicato dal 1764 al 1766); il testo teatrale composto da papa Wojtyla nel 1960 si intitola *La bottega dell'orefice*: le risposte **A** e **D** sono pertanto errate. La risposta corretta è **C**: composta nel 1750 e messa in scena per la prima volta a Mantova, *La bottega del caffè* è una delle più importanti commedie di Carlo Goldoni, che innovò il genere non solo per la scelta degli ambienti ma anche per la rappresentazione di una pluralità di personaggi (da cui la definizione di *commedia di carattere, in* opposizione a quella *d'azione* tipica della commedia dell'arte).

16 *Il nome della rosa* è una delle opere narrative dello scrittore, semiologo e intellettuale Umberto Eco (1932-2016): ciò consente di escludere C ed E. Pubblicato nel 1980, il romanzo è ambientato in una abbazia dell'Italia centrale nel 1327 (risposta esatta D). Uno dei meriti maggiori dell'opera è proprio l'aver saputo rappresentare il complesso sistema culturale del Medio Evo e del XIV secolo, l'età di Dante, all'interno del quale si svolge un'avvincente trama "gialla". Questo romanzo, estremamente godibile, ha ottenuto un grandissimo successo di pubblico, dimostrando che l'erudizione non esclude e anzi promuove il divertimento e il piacere della lettura.

17 La risposta esatta è la B. Il ciclo comprende i tre romanzi *Il Visconte dimezzato* (1952), *Il Barone rampante* (1957) e *Il Cavaliere inesistente* (1959): tra loro indipendenti, i tre scritti di Calvino reinterpretano rispettivamente i caratteri della favola allegorica, del *conte philosophique* e del racconto epico-cavalleresco. La scelta di questi generi narrativi e la chiave allegorica dei testi rispondono da un lato al piacere del racconto, dall'altro a una finalità filosofico-esistenziale. Le altre alternative di risposta potevano trarre in inganno perché indicano autori, tranne Moravia, di poemi cavallereschi.

18 L'unico dubbio può sussistere nella scelta tra Galileo e Redi, i quali furono entrambi scienziati, mentre non lo furono (almeno in senso moderno) gli altri: Pallavicino fu uno storico, Foscolo un poeta, Ficino un filosofo. Sia Galileo sia Redi, dal punto di vista letterario, elaborarono uno stile funzionale alla necessità di esporre in forma chiara e precisa i concetti scientifici frutto delle loro ricerche. La scrittura aveva per loro l'unico scopo di veicolare e comunicare idee e fatti. Si trattò di uno stile ben lontano dai canoni artistici dominanti nel Seicento: quelli del marinismo barocco, miranti a stupire e ornare il testo. Chiarito ciò, dovendo sciogliere il dubbio di partenza, bisogna ricordare che Galileo (1564-1642) nacque oltre mezzo secolo prima di Redi (1626-98) e quindi, almeno per ragioni cronologiche, il merito spetta a lui: la risposta esatta è dunque B.

19 Vasco Pratolini (1913-91) non fu uno storico, unico tra gli autori citati dalle alternative. Tra i massimi interpreti del *neorealismo* letterario italiano (ma fu anche sceneggiatore cinematografico), trasse la materia della sua narrazione dalla realtà sociale e politica del dopoguerra. Tra i suoi titoli più famosi e di maggior valore ricordiamo *Cronache di poveri amanti* (1947) e *Metello* (1955). La risposta esatta è dunque D.

20 La A va esclusa e rimanda piuttosto ai contenuti della lirica religiosa e delle laudi di Jacopone da Todi; la E è da scartare perché suggerisce un concetto anacronistico rispetto al secolo XII, epoca in cui si sviluppò in Italia la lirica d'amore. Questa accolse dalla poesia provenzale non solo la tematica amorosa ma spesso anche la lingua (si pensi a Sordello da Goito o Pier della Vigna). Il *cantar cortese*, che si evolse nelle scuole siciliana e toscana, aveva al suo centro l'*amore*, celebrato anche nella sua dimensione sensuale (risposta esatta C). Tuttavia era già iniziato il processo di elevazione della donna da oggetto d'amore a *domina*, "signora", di cui l'amante è "vassallo". Su questa via proseguì poi lo Stil Novo, che completò la sublimazione della donna in "angelo", in essere superiore che conduce il poeta dall'amore carnale alla verità dell'amore spirituale (risposta B errata).

21 Durante il secolo XVIII, cioè il Settecento, si diffuse in tutta Europa la cultura illuminista, che ebbe il suo centro propulsore in Francia. Sia in quanto lingua originale delle nuove idee, sia per la vicinanza geografica, sia infine per le vicende storiche del secolo la lingua francese influenzò più di ogni altra quella italiana: la risposta esatta è B. La reciproca influenza tra le due lingue era in realtà un fenomeno molto antico e costante: l'italiano durante i secoli dell'età moderna e contemporanea è sempre stato interessato dal fenomeno dei "prestiti linguistici", che ha agito in entrambi i sensi nei confronti soprattutto del francese e dello spagnolo. Anche il latino, che è stato utilizzato come lingua della diffusione culturale fino al Settecento, ha continuato a generare (a prescindere dall'ovvia origine neolatina della nostra lingua) nuovi prestiti lessicali diretti, oltre che latinismi o neologismi.

22 Il Positivismo è un movimento filosofico della seconda metà del secolo XIX che mirava a riproporre, in ogni campo della conoscenza, i metodi propri delle discipline scientifiche. La centralità attribuita alla realtà "positiva" fu accolta, in ambito letterario, prima dal Naturalismo francese e, suo tramite, da Verismo italiano: la risposta esatta è quindi la C. Il Verismo, come è noto, intendeva l'opera d'arte come rappresentazione della realtà senza filtri e senza la mediazione dello scrittore e del suo punto di vista. Tra i maggiori interpreti di questo movimento, oltre a Verga, ricordiamo Luigi Capuana (che ne fu il teorico), Federico De Roberto e Grazia Deledda, che lo interpretarono in chiave regionalista.

23 Tutte le serie riportano i nomi di autori italiani raggruppati secondo l'appartenenza a una corrente letteraria. Nella domanda in esame è abbastanza semplice individuare il collegamento scorretto: è noto infatti che Marinetti fu uno dei massimi teorici del Futurismo (non solo italiano) mentre Boito, Praga e Pisani Dossi furono esponenti dell'ottocentesca Scapigliatura lombarda. Ciò dovrebbe attirare immediatamente l'attenzione e portare a concludere che la serie da scartare è proprio quella contenuta nell'alternativa B.

24 La risposta esatta è la A. In queste tipologie di quesito ci si può avvicinare alla soluzione anche conoscendo con certezza un solo abbinamento: basta procedere poi per esclusione e ridurre le alternative tra cui scegliere. Conoscendo due abbinamenti, la soluzione è quasi univoca.

25 Quesito nozionistico, ma le opere citate sono tutte molto famose. *Pianto antico* è di Giosue Carducci (primo italiano insignito del Nobel per la letteratura nel 1906) e la risposta esatta è D.

26 James Joyce infatti insegnò per alcuni anni alla Berlitz School di Trieste; nella città giuliana, dove soggiornò dal 1905 al 1905, conobbe ed ebbe tra i suoi allievi Italo Svevo, cui fu legato da una profonda amicizia.

27 Nella concezione di Croce (risposta esatta C), "poesia" è l'intuizione artistica allo stato puro, "non poesia" la produzione letteraria mescolata alla riflessione morale e intellettuale. Questo criterio, elevato a rigida canone, portò Croce a esprimere drastici giudizi su ogni autore e a declassare, per esempio, larga parte della *Divina Commedia*.

28 *Paura alla Scala* è un racconto lungo (anche definito romanzo breve) di Dino Buzzati, pubblicato per la prima volta in quattro puntate tra ottobre e novembre del 1948 sul settimanale «L'Europeo». Diede poi il nome a una raccolta di racconti pubblicata da Buzzati nel 1949, per confluire infine nella raccolta *Sessanta racconti* del 1958. La risposta esatta è quindi D.

29 Andrea Sperelli è un personaggio di D'Annunzio, Padron 'Ntoni e Mastro don Gesualdo di Verga. Tancredi è un personaggio di *Il Gattopardo*, ma il protagonista è Don Fabrizio, nobile siciliano spettatore del cambiamento di epoca provocato dall'impresa di Garibaldi e dalla nascita dell'Italia unita. La risposta esatta è A.

30 Il romanzo di cui parla il testo è *La peste*, opera celeberrima di Albert Camus e parte del cosiddetto *Ciclo della rivolta*. Riscosse da subito grande successo vendendo oltre 160.000 copie nei primi due anni e ottenendo tra l'altro il prestigioso premio letterario francese Prix des Critiques. La risposta esatta è quindi B. Senza conoscere direttamente la risposta al quesito, era possibile procedere per esclusione ricordando che *Il fanciullino* (pubblicato per la prima volta nel 1897) è un notissimo testo di Giovanni Pascoli, *Il male oscuro* (1964) opera di Giuseppe Berto, *La nausea* un romanzo di Jean-Paul Sartre (1938) e *Cecità* un romanzo di José Saramago (1995).

31 *Gli indifferenti* è forse il romanzo più famoso di Alberto Moravia (1907-90), pubblicato per la prima volta nel 1929 in pieno regime fascista. L'opera è l'impietosa rappresentazione della crisi economica e morale di una famiglia della media borghesia romana, ripiegata in una stanca apatia, che l'autore definisce appunto, "indifferenza". Attraverso una lingua mediocre che non vuole conferire alcuno spessore ai personaggi, il romanzo segue i cinque protagonisti nell'arco di tre giorni, tra squallidi tentativi di seduzione e relazioni senza passione sorrette soltanto da interesse o vigliaccheria. Scritto in giovanissima età, l'opera suscitò clamore per la rappresentazione molto negativa della contemporaneità: alcuni hanno voluto leggervi una velata critica al fascismo; per altri, l'ambientazione sarebbe solo un'occasione per una poetica di tipo neorealista ed esistenzialista. La risposta esatta è D.

32 *Gente in Aspromonte* (1930) è il più celebre libro di Corrado Alvaro (1895-1956): nei 13 racconti che raccoglie lo scrittore riuscì a coniugare la dimensione corale della narrazione e l'ambientazione regionale con l'analisi psicologica novecentesca. La risposta da indicare quindi è B.

33 La risposta esatta è E. Baudelaire è stato forse il più importante poeta francese dell'Ottocento anche se pubblicò una sola ma fondamentale raccolta: appunto *I fiori del male*, uscita in prima edizione nel 1857 e poi ampliata nel 1866 e, con pubblicazione postuma, nel 1868 con 151 componimenti. Baudelaire è considerato padre della poesia simbolista ed esercitò grande influenza su autori quali Verlaine e Mallarmé.

34 In Italia, dopo la crisi del Neorealismo e l'esaurirsi della sua poetica di diretto impegno sociale e civile, si assiste alla nascita di una letteratura sperimentale, in linea con il fenomeno europeo delle Neoavanguardie. La questione centrale è il rapporto fra letteratura e società neocapitalistica; nell'età del consumismo, si crede impossibile una efficace contestazione politica e pertanto si chiede alla letteratura di abbandonare le forme tradizionali e intraprendere scelte stilistiche più provocatorie. I poeti della neoavanguardia italiana si raccolgono nel variegato Gruppo 63, a cui hanno partecipato tutti gli autori citati nelle alternative, a eccezione di Andrea Zanzotto (1921-2011). Quest'ultimo, pur facendo a sua volta poesia sperimentale, era in polemica con il Gruppo, a cui rimproverava uno sperimentalismo di maniera. La risposta esatta è quindi C.

35 In questo genere di esercizi è utile cominciare a individuare i due elementi estremi della serie, per poi escludere le alternative errate. Nel nostro caso, è abbastanza agevole riconoscere Carducci come lo scrittore più remoto e Pasolini come il più recente. La scelta si riduce così alle alternative A, B. D'Annunzio è nato nel 1863, mentre Pirandello è nato nel 1867: anche se poi Pirandello morì prima di D'Annunzio (rispettivamente, 1936 e 1938) la risposta esatta va identificata nella B.

36 La risposta esatta è la A. Il poema di Dante Alighieri è composto da 14.233 versi di *endecasillabi* in *terzine* a rima incatenata (o *terza rima*) ed è articolato in *100 canti*, raggruppati in *tre cantiche*: 34 canti per l'*Inferno* – il primo dei quali considerato il *proemio* dell'intero poema – e 33 canti ciascuno per il *Purgatorio* e il *Paradiso*.

37 La risposta corretta, com'è noto, è E. La poetica pascoliana è nota con il titolo del testo in cui fu espressa compiutamente: *Il fanciullino* (1897). Vi si spiega che, caratteristiche del poeta, sono una forma di conoscenza pre-razionale, la disposizione a vedere il mondo con lo stupore della prima volta, la tendenza a usare l'intelletto in maniera libera e non deterministica. Queste sono anche le caratteristiche del "fanciullino" che esiste nell'intimo di qualsiasi persona, ma con cui solo il poeta resta sempre in contatto. La voce del poeta coincide dunque con quella del fanciullino: egli, libero da pregiudizi, scopre la poeticità in ogni dove. La poesia perde così razionalità per diventare intuitiva e spontanea proprio come la lingua che la esprime.

38 Luigi Capuana (1839-1915) è considerato il maggiore teorico del Verismo italiano, insieme a Verga. Capuana, del resto, è il primo a scrivere un romanzo verista: in *Giacinta* (1879) rappresenta, secondo la poetica che assimila lo scrittore allo scienziato, il comportamento di una donna condizionata da una violenza subita nell'infanzia. Oltre a romanzi (*Profumo* e *Il marchese di Roccaverdina*), drammi teatrali, novelle e libri per ragazzi (soprattutto favolistici), la produzione di Capuana comprende anche un'importante attività critica, condotta attraverso saggi teorici, recensioni, collaborazioni con riviste. Nel 1880 e 1882 pubblica due serie di *Studi sulla letteratura italiana*, mentre al 1885 risale *Per l'arte*, una sorta di manifesto verista, e al 1898 *Gli "ismi" contemporanei*. La risposta corretta al quesito è quindi **B**.

---

39 La risposta esatta è **D**. *Il conte di Carmagnola* è una tragedia scritta da Manzoni nel 1820; *I trionfi* è il titolo di un poema in volgare in terzine di Petrarca, iniziato probabilmente prima del 1340 e compiuto nel 1374; *Dei sepolcri* è il celebre carme di Foscolo pubblicato a Milano nel 1807; *La mandragola*, commedia datata intorno al 1518, è una produzione teatrale di Machiavelli.

---

40 Per rispondere a questo quesito, si può partire dalla considerazione che tra le alternative, l'unico personaggio di nazionalità spagnola è Federico García Lorca. Detto "l'Omero spagnolo", è considerato il maggiore poeta spagnolo del Novecento, ma fu anche drammaturgo, regista e figura culturale di riferimento per la cosiddetta generazione del '27. Con circa altri trecento intellettuali spagnoli, elaborò e sottoscrisse il manifesto di appoggio al *Frente Popular*, lo schieramento dei partiti di sinistra che vinse le elezioni. Allo scoppio della guerra civile, lasciò Madrid per Granata, dove fu arrestato e fucilato all'alba del 19 agosto 1936 dalla polizia franchista. Il corpo fu poi gettato in una fossa comune a Fuentegrande. Le opere di Lorca furono bandite in Spagna durante la dittatura di Franco. La risposta esatta è **A**.

---

41 La risposta corretta è la **A**. Quattordicesima donna a vincere il Nobel per la Letteratura, la scrittrice e giornalista bielorussa si aggiudica il prestigioso premio nel 2015 con la seguente motivazione: «per la sua scrittura polifonica e per un lavoro che è un memoriale della sofferenza e del coraggio della nostra epoca».

---

42 *Murder in the Cathedral* (Assassinio nella cattedrale) è il titolo di un testo teatrale di Thomas Sterns Eliot. L'opera è ispirata a un celebre fatto storico: l'assassinio dell'arcivescovo Thomas Becket, ostile ai propositi di Enrico II di ridimensionamento dei privilegi ecclesiastici, avvenuto nel 1170 nella cattedrale di Canterbury. La risposta esatta è la **A**.

---

43 Le risposte **B** e **C** devono essere scartate, in quanto rimandano a temi tipici della poetica Futurista). La risposta **D** indica un sentimento che non è assente nell'Ermetismo, ma non ne è fondamentale (lo è invece per il Cantar Cortese e lo Stil Novo). Anche la **E** può essere scartata, in quanto il focus sulle piccole cose del quotidiano è proprio della scuola crepuscolare. La risposta esatta è dunque la **A**.

---

44 Alexandros (Alekos) Panagulis è stato un poeta, un rivoluzionario e un eroe nazionale della Grecia contemporanea, oppositore del regime fascista dei Colonnelli (1967-1974). Torturato e detenuto tra il 1968 e il 1973, dopo la liberazione e fino alla morte (in un mai chiarito incidente stradale) è stato compagno della scrittrice e giornalista Oriana Fallaci, che gli ha dedicato il romanzo biografico *Un uomo*, pubblicato nel 1979. La risposta corretta è dunque la **C**.

---

45 *Razza padrona – Storia della borghesia di Stato* è un saggio di attualità scritto da Eugenio Scalfari e Giuseppe Turani. All'epoca Scalfari e Turani lavoravano entrambi al settimanale progressista e di sinistra «l'Espresso». Risposta corretta **B**. Alla riposta si poteva arrivare per esclusione: tutte le altre coppie di autori proposte, infatti, abbinano giornalisti di culture politiche opposte, che non avrebbero potuto firmare insieme articoli né tantomeno saggi.

---

46 Il Paradiso perduto (titolo originale Paradise Lost) è il poema epico in versi sciolti di John Milton (Londra, 1608-74), in cui è raccontato l'episodio biblico della caduta dell'uomo attraverso la tentazione di Adamo ed Eva, per opera di Satana, e la loro cacciata dal giardino dell'Eden. Il poema fu pubblicato per la prima volta nel 1667, in dieci libri; seguì una seconda edizione, del 1674, divisa questa volta in 12 libri (in imitazione della suddivisione dell'*Eneide* di Virgilio). L'obiettivo dichiarato del poeta, espresso nel primo libro, è «svelare all'uomo la Provvidenza eterna». Il personaggio principale del poema è Satana, l'Angelo caduto, rappresentato da Milton come un essere ambizioso e orgoglioso che sfida Dio Onnipotente, suo tirannico creatore, e muove guerra contro il paradiso, per finire poi sconfitto e precipitare a terra. La risposta esatta è la **A**.

---

47 *À rebours* è un romanzo di Joris-Karl Huysmans (Parigi, 1848-1907) pubblicato nel 1884, e noto in Italia con i titoli Contro corrente e A ritroso. La risposta **A** è quella esatta. *À rebours* si può definire la «storia di una nevrosi» vissuta da Jean Floressas Des Esseintes nella Parigi fin de siècle. Orfano dei genitori sin dalla giovane età e educato dai padri gesuiti, Jean è l' unico erede dei beni dei genitori. Conclusi gli studi, si immerge nella vita parigina ma resta deluso dalla sua frivola mondanità. è così che il giovane aristocratico decide infine di interrompere i suoi contatti con la società, che ormai si mostra priva di qualunque attrattiva e valore.

---

48 *Guerra e pace* è il più famoso romanzo di Lev Tolstoj (1828-1910) che lo scrisse tra il 1863 e il 1869 (la risposta esatta è la **B**). Fu pubblicato per la prima volta tra il 1865 e il 1869 sulla rivista «Russkij Vestnik», e vi si racconta la storia di due famiglie aristocratiche russe, i Bolkonskij e i Rostov, durante la campagna napoleonica in Russia del 1812 e la fondazione delle prime società segrete. Lo stesso Tolstoj pensa al suo romanzo come a una grande opera omerica, perché consapevole di essere riuscito a trovare la forma perfetta con cui descrivere in letteratura l'uomo nel tempo, realizzando così una grande opera di epica moderna in cui l'eroe è il popolo russo, analizzato in tutte le sue classi sociali e guidato da un imperscrutabile destino.

---

49 *The Lord of the Rings* è il romanzo fantasy epico, o *high fantasy (*risposta **C**), dello scrittore britannico J.R.R. Tolkien. Scritto tra il 1937 e il 1949, riprende la narrazione dove si era interrotto il suo precedente romanzo, *The Hobbit*, fu pubblicato in tre volumi tra il 1954 e il 1955 e successivamente tradotto in trentotto lingue. È senza dubbio uno dei più popolari romanzi del ventesimo secolo.

---

50 Le alternative proposte dall'esercizio presentano tutte romanzi del Novecento, ma la risposta esatta è la **D**: Sebastiano Vassalli, scrittore genovese della Neoavanguardia che ha fatto parte del movimento letterario Gruppo 63, pubblica nel 1990 il romanzo storico *La Chimera*. Per completezza, e per escludere le altre risposte, si consideri che: *Insciallah* è un romanzo di Oriana Fallaci, anche questo pubblicato nel 1990, ambientato in Libano negli anni Ottanta, al tempo della guerra civile; *Memorie di Adriano* è un romanzo della scrittrice francese Marguerite Yourcenar, pubblicato nel 1951, che in forma di epistola racconta la vita pubblica e privata dell'anziano imperatore al suo giovane amico Marco Aurelio; *Alta fedeltà*, ambientato a Londra negli anni Novanta, è un romanzo del 1995 dello scrittore inglese Nick Hornby. *La strega e il cavaliere* è un'opera di Leonardo Sciascia che sicuramente è stata uno dei modelli del romanzo di Vassalli.

7 | Geografia

7.1 | Esercizi proposti

1 **I Paesi evidenziati con i colori più scuri appartengono alla cosiddetta zona del Franco CFA, in quanto ex colonie francesi.**
In quale dei seguenti Paesi invece non circola la moneta in questione?

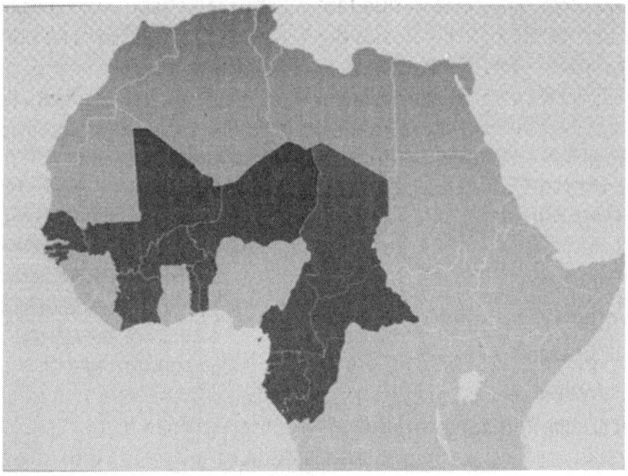

A Benin
B Burkina Faso
C Kenia
D Costa d'Avorio
E Niger

2 **La Pomerania (da *Pomorze* cioè "vicino al mare") è una regione storica il cui territorio è attualmente diviso tra due Stati europei. Quali?**

A Polonia-Germania
B Ucraina-Bulgaria
C Lettonia-Bielorussia
D Germania-Austria
E Polonia-Estonia

3 **Il territorio di quale Stato africano, tra i seguenti, è completamente incluso nel territorio di un altro Stato?**

A Namibia
B Lesotho
C Madagascar
D Somalia
E Marocco

CONOSCENZE E COMPETENZE

4 **Con l'aiuto della cartina, completare la frase con le alternative corrette. La Regione italiana che confina con il ...... numero di altre Regioni è ......**

A minore; la Campania
B minore; il Veneto
C maggiore; l'Abruzzo
D maggiore; il Molise
E maggiore; l'Emilia-Romagna

5 **Con riferimento alla mappa muta sottostante, quale tra i seguenti abbinamenti Stato-capitale trova in essa collocazione?**

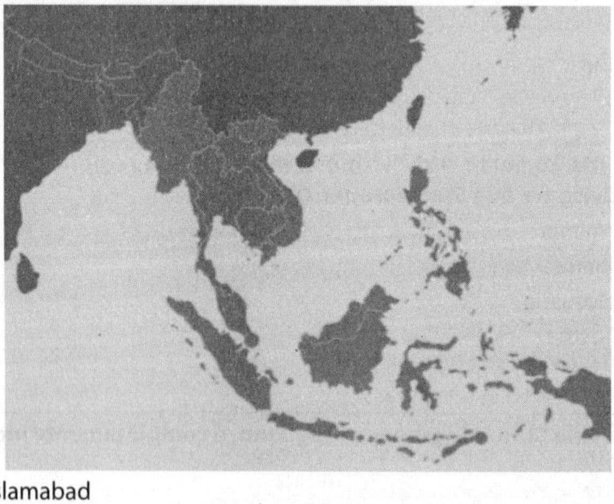

A Pakistan-Islamabad
B Vietnam - Jakarta
C Turkmenistan - Asgabat
D Laos - Vientiane
E Ruanda - Kigali

Fondi stanziati da alcuni Paesi dell'OCSE per la costruzione di nuove strade e per il miglioramento della rete esistente. Percentuale del PIL, dati del 2015 (fonte «The Economist»).

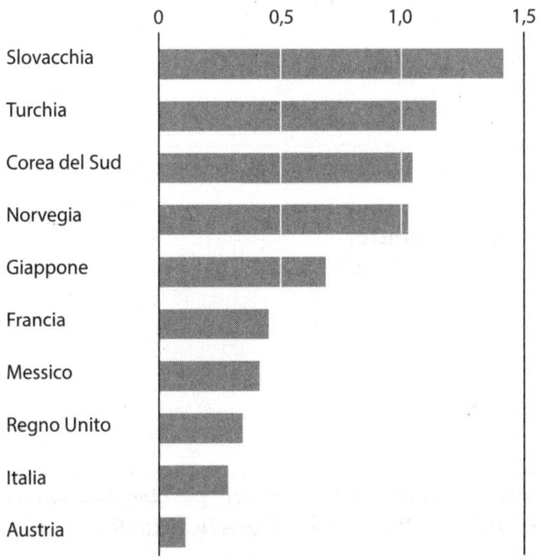

6 Osservando il grafico precedente, riferito al 2015, si può certamente affermare che:

- A l'Austria ha speso, per la costruzione di nuove strade e per il miglioramento della rete esistente, meno dell'Italia
- B tra tutti i Paesi dell'OCSE, la Slovacchia ha avuto la più alta spesa pubblica in percentuale rispetto al PIL per la costruzione di nuove strade e per il miglioramento della rete esistente
- C dal grafico non è possibile ricavare quale tra i Paesi considerati abbia speso di più per la costruzione di nuove strade e per il miglioramento della rete esistente
- D tra i Paesi considerati, la metà ha speso oltre l'1% del proprio PIL
- E tra i Paesi considerati, Austria e Italia sono quelli con PIL più basso

7 La ferrovia Transiberiana unisce Mosca a Vladivostok, mantenendosi sempre nel territorio della federazione russa. Attraversa tutte queste città, tranne una. Quale?

- A Novosibirsk
- B Ulan Bator
- C Omsk
- D Ekaterinburg
- E Krasnoyarsk

8 La lingua ufficiale in ...... , in quanto ex colonia ...... , è ......

Completare la frase con le alternative corrette.

- A Brasile / portoghese / il portoghese
- B Brasile / olandese / l'olandese
- C Mozambico / olandese / l'olandese
- D Cile / portoghese / il portoghese
- E Cile / inglese / l'inglese

9 **Quale dei seguenti Paesi non ha uno sbocco sul mar Mediterraneo?**

A Marocco
B Israele
C Turchia
D Croazia
E Iraq

10 **Se mi imbarco su un aereo ad Ankara per raggiungere San Pietroburgo, la rotta più breve mi farà sorvolare certamente ....**
Completa la frase nel modo corretto.

A la Spagna
B l'Ucraina
C la Grecia
D la Finlandia
E l'India

11 **L'autostrada italiana A16 è detta "dei due mari" perché, attraversando l'Appennino campano, collega il mare Tirreno e il mar Adriatico e le città di ...... e ......**
Completa la frase nel modo corretto.

A Napoli - Bari
B Salerno - Vibo Valentia
C Rimini - Trieste
D Livorno- Latina
E Grosseto- Ravenna

12 **Con riferimento alla cartina muta sottostante, completa la frase correttamente.**
Tra gli Stati che affacciano sul ...... vi sono in senso orario a partire da nord: Ucraina, Russia, Georgia, ... , ... e ......

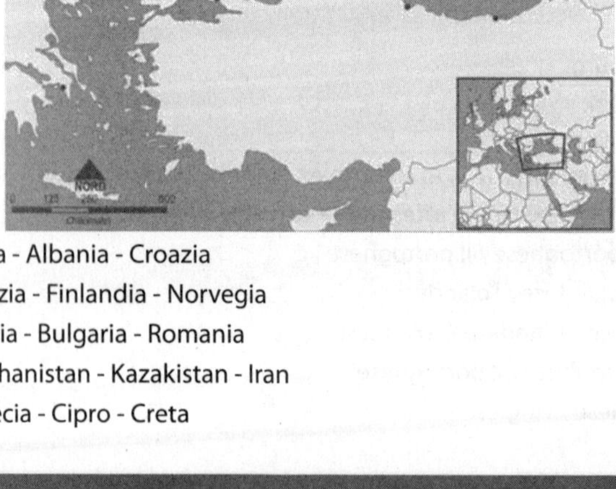

A Mar Nero; Serbia - Albania - Croazia
B Mar Caspio; Svezia - Finlandia - Norvegia
C Mar Nero; Turchia - Bulgaria - Romania
D Mar Caspio; Afghanistan - Kazakistan - Iran
E Mar Tirreno; Grecia - Cipro - Creta

13 **Con il nome ...... si definisce il solido costituito dal pianeta Terra, che ha una forma propria e pertanto unica.**

Di quale solido si parla?

A Ellissoide
B Sfera
C Geoide
D Sferoide
E Conoide

14 **Viaggiando da ovest a est, fra le coppie di città sotto riportate, in quale viaggio si attraversa la linea del cambiamento di data?**

A Parigi – Pechino
B Londra – Teheran
C Buenos Aires – Madrid
D San Francisco – Berlino
E Tokyo – Vancouver

15 **Quale dei seguenti non è un abbinamento corretto tra moneta e relativo Paese?**

A Rupia / India
B Peso / Argentina
C Euro / Ungheria
D Baht / Thailandia
E Rand / Sudafrica

16 **Quanto misura approssimativamente il raggio terrestre?**

A 850 km
B 5200 km^2
C 30000 km
D 12756 km
E 6350 km

17 **I moti principali della Terra sono:**

A precessione dei solstizi e rivoluzione
B nutazione e precessione degli equinozi
C rotazione e nutazione
D rotazione e rivoluzione
E marea ed eclissi

18 **In che mese l'estate australiana giunge al suo massimo sviluppo?**

A Luglio
B Agosto
C Ottobre
D Gennaio
E Marzo

19 Il più esteso dei Paesi dell'Unione europea è:

A la Spagna
B la Francia
C la Germania
D il Canada
E l'Italia

20 Il territorio giapponese è:

A un'unica grande distesa pianeggiante
B una penisola
C un'isola che si trova a nord della Cina
D costituito da un piccolo arcipelago situato nel Mar Giallo
E frammentato in numerose isole, montuoso e sismico

21 Con quale delle seguenti Regioni italiane non confina la Svizzera?

A Lombardia
B Trentino-Alto Adige
C Valle d'Aosta
D Veneto
E Piemonte

22 Tra le seguenti, quale isola o gruppo di isole si trova nel Mare Adriatico?

A Isola d'Elba
B Isole Lipari
C Isole Ponziane
D Isole Tremiti
E Nessuna delle altre risposte è corretta

23 Le Langhe sono:

A colline del Veneto
B una regione fisica del Piemonte
C una zona paludosa del Veneto
D spiagge della Toscana
E un arcipelago dell'Egeo

24 La corrente del Golfo è:

A una corrente di aria fredda che si dirige dall'Atlantico verso il Nord Europa
B una corrente di aria molto calda che si dirige dall'Atlantico verso il Sud Europa
C una corrente marina molto fredda che si dirige dal Sud-Europa verso nord
D una corrente marina calda che attraversa l'Atlantico e si dirige verso il Nord Europa
E una corrente oceanica del Sud Pacifico

25 Il mappamondo è:

A una carta topografica
B una rappresentazione di tutta la superficie terrestre
C una rappresentazione tridimensionale della terra
D una rappresentazione qualsiasi della superficie terrestre
E un planisfero

26 **Quale rilievo rappresenta la vetta più elevata della Cordigliera delle Ande?**

A Annapuma
B Pik Pobedy
C Aconcagua
D Pic de Vignemale
E Monte Elbert

27 **Quale dei seguenti fiumi non scorre in Africa?**

A Senegal
B Congo
C Gange
D Zambesi
E Niger

28 **Quali sono i due stati dell'America del Sud che non hanno accesso al mare?**

A Perù e Cile
B Venezuela e Suriname
C Messico e Cuba
D Argentina e Uruguay
E Bolivia e Paraguay

29 **Su quale lago si affaccia la città di Chicago?**

A Titicaca
B Ontario
C Erie
D Michigan
E Winnipeg

30 **Che cos'è un monsone?**

A Un vento periodico
B Un vento costante
C Un vento variabile
D Un vento polare
E Un uragano

7.2 | Soluzioni e commenti

1 Per rispondere al quesito è sufficiente basarsi sulla cartina, benché muta: infatti si può facilmente ricavare che tutti Paesi indicati – mediante i grigi più scuri – come parte della *zona franco* sono collocati in Africa occidentale o centrale. Tra le opzioni di risposta, invece, il Kenya è facilmente individuabile come un Paese dell'Africa orientale, basta ricordare che affaccia sull'Oceano indiano. In mancanza di queste conoscenze geografiche, alcune nozioni storiche possono essere d'aiuto. Il quesito esplicita che questi Paesi sono ex colonie francesi: ricordando che il Kenya è stato colonia britannica fino al 1963, è facile stabilire che la risposta esatta è **C**.

Il Franc des colonies françaises d'Afrique – voluto dal generale De Gaule – nacque nel 1945 per effetto di una politica di cooperazione monetaria tra la Banca di Francia e le Banche centrali delle ex colonie francesi. Il FCFA, divenne poi CFA: *Communauté/Coopération financière africaine* (Comunità/Cooperazione finanziaria africana). Ancora oggi è la valuta in circolazione nella cosiddetta *zona franco*, composta da 14 Paesi dell'Africa subsahariana. Ciascuno di essi appartiene anche a una delle due unioni monetarie della regione: Benin, Burkina Faso, Costa d'Avorio, Guinea-Bissau, Mali, Niger, Senegal e Togo sono membri dell'Unione economica e monetaria dell'Africa occidentale (UEMOA). Gli altri sei Paesi – Camerun, Repubblica Centrafricana, Repubblica del Congo, Gabon, Guinea Equatoriale e Ciad – sono membri della Comunità economica e monetaria dell'Africa centrale (CEMAC). L'UEMOA aveva previsto nel 2020 la sostituzione del CFA con una nuova valuta (ECO): la crisi economica dovuta alla pandemia di Covid-19 ha determinato un rinvio di tre anni per tale sostituzione.

2 La Pomerania è una regione storica (che includeva le città di Stettino e Danzica) affacciata sul mar Baltico: attualmente è divisa tra Polonia e Germania (la risposta esatta è quindi **A**). A est è delimitata dal fiume Vistola, mentre l'Oder la distingue in Pomeriania orientale (polacca) e occidentale (tedesca); prosegue oltre fino ai fiumi Recknitz, a ovest, e Noteć (Netze in tedesco) a sud. Nel corso degli ultimi secoli è stata prima inclusa nel Regno di Prussia e poi della Germania imperiale, motivo per cui fino al 1945 la Pomerania è stata prevalentemente abitata da tedeschi. Con la sconfitta nazista, nella seconda guerra mondiale, la più vasta parte orientale è stata annessa al nuovo Stato polacco. Anche senza avere queste nozioni, era possibile avvicinare la risposta corretta escludendo le alternative che accostano Stati tra loro non confinanti (come è il caso di **B** ed **E**) o che non ammettono un condiviso affaccio sul mare, la cui esistenza è invece indicata dal nome della regione (è il caso di **C** e **D**).

3 Uno Stato sovrano completamente incluso nel territorio di un altro è uno *Stato-enclave*. Al mondo ne esistono solo tre, di cui due in Italia (la Repubblica di San Marino e Città del Vaticano) e il terzo in Africa australe, all'estremità sudorientale del continente, interamente incluso nel territorio del Sudafrica: il Lesotho (riposta corretta **B**). Questo Paese dipende economicamente dal Sudafrica in modo pressoché assoluto; tuttavia ha potuto conservare la propria indipendenza per via della forte omogeneità etnica e anche per la conformazione fisica del territorio, posto tutto oltre i 1400 m sul livello del mare e in gran parte occupato da altopiani. Come il Sudafrica in ultimo fu colonia britannica, ma ottenne l'indipendenza nel 1963, come monarchia costituzionale.

Era possibile arrivare alla soluzione del quesito anche ricordando che il Madagascar è uno Stato africano insulare, e che Namibia, Somalia e Marocco hanno tutti estesi territori costieri: il Marocco affaccia sul mar Mediterraneo e sull'Oceano Atlantico, la Namibia sull'Atlantico e la Somalia sull'Oceano Indiano.

4 Per rispondere non è necessario ricordare a mente i confini delle Regioni citate: à sufficiente saperle individuare sulla cartina e verificarli lì. La risposta esatta risulta la **E**: l'*Emilia-Romagna* è la regione italiana che confina con il *maggiore* numero di altre regioni, cioè sei (partendo da ovest e in senso orario: Liguria, Piemonte, Lombardia, Veneto, Marche, Toscana). Per completezza, si consideri che la Campania confina con quattro regioni (Lazio, Molise, Puglia, Basilicata), il Veneto

con quattro (Emilia-Romagna, Lombardia, Trentino-Alto Adige, Friuli Venezia Giulia), l'Abruzzo con tre (Marche, Molise, Lazio) e il Molise con quattro (Puglia, Campania, Lazio, Abruzzo).

---

5 La cartina proposta dall'esercizio riporta i Paesi del Sud-Est asiatico. Per rispondere, dunque, bisogna escludere via via gli abbinamenti che non possono riferirsi a questa regione geografica. È facile escludere E: il *Ruanda* è uno Stato dell'Africa orientale. Si scarta agevolmente anche C: il *Turkmenistan* – che fu una delle repubbliche asiatiche dell'URSS – è uno Stato dell'Asia centrale. Il *Pakistan* si trova a nord-ovest dell'India (di cui la cartina inquadra le coste sud-orientali), dunque anche A è errata. Resta il dubbio tra B e D: tuttavia la capitale del *Vietnam* è *Hanoi*, non *Jakarta* (capitale *dell'Indonesia*). La risposta corretta è pertanto D: il Laos, attraversato dal fiume Mekong. è noto per il suo territorio montuoso, privo di sbocchi sul mare. Confina a nord con la Cina, a est con il Vietnam, a sud con la Cambogia, a ovest con la Thailandia e a nord-ovest con Myanmar.

---

6 Il grafico riporta in ordine decrescente i fondi stanziati nel 2015 per le proprie reti stradali da *alcuni* Paesi dell'OCSE, rappresentando questo dato in relazione *percentuale* con il Prodotto Interno Lordo di ciascun Paese. Andando a confrontare con il grafico le singole affermazioni, si ricava che: la A non è certa, in quanto i dati del grafico sono percentuali e non assoluti, quindi non possiamo sapere se l'Austria ha speso meno dell'Italia, ma solo che ha speso meno percentuale del proprio PIL; nemmeno la B è certa, in quanto il grafico considera solo alcuni Paesi OCSE e non tutti; la D è errata perché, dei 10 Paesi considerati dal grafico, solo i primi quattro hanno speso più dell'1% di PIL; anche la E è errata, perché il grafico non ordina i Paesi per PIL decrescente, ma per percentuale di PIL destinato alla rete stradale. L'unica affermazione che si può fare con certezza è la C (risposta esatta): sulla base del grafico, infatti, non è possibile sapere con certezza quale Paese ha speso di più in termini assoluti.

---

7 Per rispondere alla domanda, non è certo necessario conoscere tutte le 157 città della celebre ferrovia. Leggendo con attenzione il testo, si ricava l'informazione che permette di individuare per esclusione la risposta esatta: l'unica città in tutta evidenza non russa è Ulan Bator, la capitale della Mongolia (alternativa B). La ferrovia Transiberiana, infatti, corre per tutta la sua lunghezza all'interno della Federazione russa, da ovest a est, unendo Mosca a Vladivostok, sull'Oceano Pacifico. La costruzione iniziò nel 1891, i primi tratti entrarono in funzione già dieci anni dopo e l'intero percorso era completato nel 1916. Tra i suoi obiettivi vi era il collegamento con la Siberia, regione di cui nel tempo la ferrovia ha valorizzato le risorse e favorito il popolamento. Con i suoi 9434 km è la ferrovia più lunga del mondo.

---

8 L'unico abbinamento corretto è quello fornito dalla risposta A: il Brasile è stato una colonia portoghese dal 1500, anno in cui furono costruiti i prime insediamenti costieri, al 1815, quando il Brasile entrò a far parte del Regno Unito di Portogallo, Brasile e Algarve e ne costituì il 95% del territorio, e fino al 1822 quando dichiarò la propria indipendenza. In Brasile pertanto la lingua ufficiale è il portoghese. La B è errata, anche se è vero che tra il 1630 e il 1654 gli olandesi occuparono la zona costiera del nord-est facendo di Recife la capitale del Brasile olandese. Si ricorda poi, per completezza, che anche il Mozambico fu colonia portoghese (C errata), mentre il Cile fu colonia spagnola (D ed E errate).

---

9 Per rispondere alla domanda è importante ricordare le varie articolazioni del mar Mediterraneo. Considerando le alternative, andando da ovest verso est, si può ricordare che: il Marocco è bagnato nella costa settentrionale dallo Stretto di Gibilterra e dalla porzione di Mediterraneo detta mar di Alborán; Israele affaccia sulla parte di Mediterraneo detta mar di Levante; la Turchia è bagnata a occidente dal mar Egeo; la Croazia, infine, ha la propria costa sull'alto mare Adriatico. La risposta al quesito è dunque la E: l'Iraq, pur confinando con Paesi mediterranei come Siria e Turchia, ha solo un breve affaccio sul Golfo Persico (articolazione dell'Oceano Indiano).

10 Per rispondere alla domanda è necessario sapere che Ankara si trova in Turchia e San Pietroburgo è una città russa affacciata sul mar Baltico e precisamente sul Golfo di Finlandia. Richiamando alla mente la carta d'Europa, risulta allora evidente che raggiungere San Pietroburgo da Ankara, seguendo la linea più diretta, implica fare rotta verso nord, sorvolando l'Ucraina (risposta esatta **B**). Gli altri Paesi suggeriti si trovano o troppo a ovest (Grecia e a maggiore ragione Spagna) o troppo a est (India) o troppo a nord (Finlandia).

11 Per rispondere correttamente alla domanda, sarà sufficiente escludere gli abbinamenti di città che non creano un collegamento tra mar Tirreno e mare Adriatico. Si scartano dunque **B**, **C** e **D**, infatti: Salerno (Campania) e Vibo Valentia (Calabria) sono entrambe sul mar Tirreno e lo stesso vale per Livorno (Toscana) e Latina (Lazio); Rimini (Romagna) e Trieste (Venezia Giulia) sono invece sull'Adriatico. L'abbinamento tra Grosseto (Toscana) e Ravenna (Romagna) collega in effetti i due mari, ma non rispetta l'altra indicazione del testo, secondo cui il tracciato dell'autostrada attraversa l'Appennino campano. La risposta esatta è quindi **A**: l'autostrada "dei due mari" collega Napoli a Bari, interconnettendo l'A1, Autostrada del Sole, con l'A14, Autostrada Adriatica.

12 Per rispondere alla domanda bisogna in primo luogo comprendere a quale regione si riferisce la cartina muta. Con l'aiuto del riquadro in basso a sinistra, si individua facilmente che non può trattarsi né del Mar Tirreno (**E** errata) né del Mar Caspio (**B** e **D** errate) bensì del Mar Nero. Tra le due alternative residue, è abbastanza agevole escludere la **A** che riporta Stati affacciati sull'Adriatico. Gli Stati che hanno sbocco sul Mar Nero sono invece, partendo da nord e andando in senso orario, Ucraina, Russia, Georgia, Turchia, Bulgaria e Romania. La risposta esatta è evidentemente **C**.

13 La Terra ha una forma solo approssimativamente sferica: a causa del moto di rotazione, è infatti leggermente schiacciata ai poli e rigonfia all'equatore. La risposta **B** non è dunque corretta. La forma della Terra è piuttosto simile a quella di un ellissoide, il solido che si origina dalla rotazione di un'ellisse intorno al proprio asse minore. Anche l'ellissoide, però, rappresenta un'approssimazione rispetto alla forma reale del pianeta, dal momento che la superficie del globo non è liscia, ma presenta avvallamenti e sporgenze. Bisogna quindi scartare anche la risposta **A**. È invece più corretto dire che la Terra ha una forma propria, che pur non discostandosi molto da quella dell'ellissoide, non è in realtà descrivibile da nessun solido di rotazione. A tale forma è stato dato il nome di *geoide*; la risposta più precisa è quindi **C**.

14 La linea del cambiamento di data è una linea immaginaria che si sviluppa intorno al 180° meridiano e fu istituita nel 1884. Tra le coppie di città presenti nelle alternative, la si attraversa solo viaggiando da Tokyo a Vancouver, come indicato dall'alternativa **E**.

15 Tra gli accostamenti proposti, non è difficile individuare quello che riguarda l'Ungheria, dove la moneta in uso non è l'euro bensì il fiorino ungherese. La sua introduzione risale al 1946 ma è nell'immediato futuro la sua uscita di scena, attraverso il processo di integrazione dell'Ungheria in Unione europea e l'assunzione dell'euro. In vista di ciò, e tenendo conto della situazione economica, era previsto che il fiorino scomparisse nel biennio 2010-2012.

A oggi però – viste le divergenze di opinione tra la Banca Nazionale ungherese e il governo sulla possibilità di riuscire a raggiungere gli obiettivi UE di bassa inflazione e di debito ridotto entro il 2010 – il cambio della moneta nazionale non è ancora avvenuto e il governo ungherese non ha definito una data certa per l'introduzione dell'euro. La risposta esatta è pertanto **C**.

16 Il raggio terrestre misura in media 6350 km. La risposta esatta è quindi la **E**. È facile scartare la **A**, la quale indicherebbe un diametro della Terra di poco inferiore alla lunghezza dell'Italia, e la **B**, in quanto il raggio, essendo una lunghezza e non una superficie, non è misurato in metri quadrati.

17 La risposta **A** è assurda perché il moto di precessione dei solstizi è inesistente. Esiste invece la precessione degli equinozi che, insieme alla nutazione, costituisce uno dei due moti millenari della Terra. I moti millenari sono chiamati anche moti secondari perché le loro conseguenze non sono immediatamente percepibili, a differenza di quanto accade nel caso dei moti principali della Terra, che sono la rotazione intorno al proprio asse e la rivoluzione intorno al Sole. L'alternarsi delle stagioni, per esempio, è una delle conseguenze del moto di rivoluzione, mentre l'alternarsi del dì e della notte è la principale conseguenza del moto di rotazione terrestre. In base alle considerazioni esposte, si conclude che la risposta esatta è la **D**.

18 La risposta esatta è la **D**. L'irraggiamento del nostro pianeta è influenzato dall'inclinazione dell'asse terrestre: tale inclinazione fa sì che le stagioni per l'emisfero boreale e quello australe durante tutto il moto di rivoluzione della Terra intorno al Sole siano invertite. Perciò, per esempio, quando in Europa è primavera, in Australia è autunno, e quando in Europa è inverno, in Australia è estate.

19 Il Canada non fa parte dell'Unione europea, pertanto va escluso. All'interno dell'Unione, la nazione più estesa è la Francia, la Germania è invece la più popolata. La risposta esatta è **B**.

20 Tutte le caratteristiche indicate nell'alternativa **E**, che è pertanto la risposta corretta, sono proprie del territorio giapponese. Il Giappone è, infatti, uno Stato insulare che si trova nell'Oceano Pacifico, a est della penisola coreana. Il suo territorio è montuoso e si estende sulla Cintura del Fuoco, una zona caratterizzata da frequenti terremoti ed eruzioni vulcaniche.

21 Il Veneto confina con l'Austria, ma non con la Svizzera. La risposta esatta è la **D**.

22 La maggior parte delle isole italiane si trova nel Mar Tirreno, ma le Tremiti stanno nell'Adriatico. La risposta esatta è la **D**.

23 Le Langhe si trovano nella parte meridionale del Piemonte. La risposta esatta è la **B**.

24 La risposta esatta è la **D**. La corrente del Golfo è una potente corrente oceanica calda. Nasce nel Golfo del Messico ed è di vitale importanza per la mitigazione del clima dei Paesi europei che si affacciano sull'Oceano Atlantico: Portogallo, Spagna, Francia, Islanda, Irlanda, Gran Bretagna; la sua influenza si estende fino alla Scandinavia e oltre. Si escludono pertanto le risposte **A** e **C** (perché la corrente non è fredda), la **B** (per il fatto che scorre verso il Nord e non il Sud Europa) e la **E** (perché non riguarda il Pacifico).

25 La risposta esatta è **B**. Il mappamondo (dal latino medievale *mappa mundi*, cioè carta del mondo) è la rappresentazione cartografica dell'intera superficie terrestre, generalmente divisa in due parti, che corrispondono ai due emisferi – orientale e occidentale – in genere in scala inferiore a 1 : 50 000 000. Nell'uso comune è la rappresentazione della Terra (terre emerse, mari ecc.) sulla superficie di un globo girevole intorno a un asse.

26 La risposta esatta è **C**. L'Aconcagua si trova in Argentina nella provincia di Mendoza e con i suoi 6962 metri è la montagna più alta della Cordigliera delle Ande, di tutto il continente americano e di tutto l'emisfero meridionale. Le risposte **A** e **B** sono sbagliate perché l'Annapurna e il Pick Pobedy non si trovano sulla Cordigliera delle Ande, ma in Asia, rispettivamente sull'Himalaya e sullo Thian Shan, catena montuosa situata tra i confini di Kazakistan, Kirghizistan e la provincia cinese di Sinkiang. Il Massif de Vignemale (risposta **D**) si trova, invece, in Europa, in particolare nei Pirenei; mentre il Monte Elbert (risposta **E**) fa parte dello Stato statunitense del Colorado.

27 Il Gange è il maggiore fiume indiano. L'individuazione della risposta esatta, cioè la **C**, è facilitata dal fatto che Senegal, Congo e Niger sono nomi non solo di fiumi, ma anche di Stati africani e quindi si possono facilmente scartare.

28 La Bolivia confina con Cile, Perù, Brasile e Paraguay e il Paraguay confina con Brasile, Argentina e Bolivia. La risposta esatta è quindi la **E**. Considerando che Perù e Cile si affacciano sull'Oceano Pacifico; il Venezuela si affaccia sul mare delle Antille e il Suriname sull'Oceano Atlantico; Messico e Cuba si trovano nell'America centrale; Cuba è uno stato insulare che si trova tra il Golfo del Messico e il mare delle Antille e Argentina e Uruguay si affacciano sull'Oceano Atlantico, si possono facilmente scartare le alternative **A**, **B**, **C** e **D**.

29 La risposta esatta è la **D**. Chicago è la più importante città dello Stato dell'Illinois (USA) e sorge sulla porzione meridionale della costa occidentale del lago Michigan, che appartiene appunto all'Illinois. La risposta **A** andava scartata subito perché il lago Titicaca si trova in America meridionale, al confine tra Perú e Cile. Anche la risposta **E** si poteva escludere facilmente perché il lago Winnipeg si trova completamente in territorio canadese. Qualche difficoltà potevano darla le risposte **B** e **C**, perché fanno riferimento a due laghi nordamericani, però non compresi nel territorio dell'Illinois: il lago Ontario si trova tra lo stato di New York e il Canada, mentre l'Erie si trova al confine tra l'Ohio e il Canada.

30 La risposta esatta è la **A**. Il monsone è un vento periodico, caldo, tipico delle regioni equatoriali; spira soprattutto nell'Oceano Indiano settentrionale, dove sono presenti le maggiori differenze di temperatura tra mari e terre emerse: d'estate, dall'oceano verso il continente, mentre d'inverno dal continente verso l'oceano. Il nome, derivato dall'arabo *mawsim* (che significa stagione), allude appunto alla periodicità di questo vento.

8 | Storia dell'arte

8.1 | Esercizi proposti

1 **Elimina l'elemento estraneo alla serie.**

- A Frontone
- B Coro
- C Pronao
- D Timpano
- E Peristilio

2 **L'immagine in figura rappresenta:**

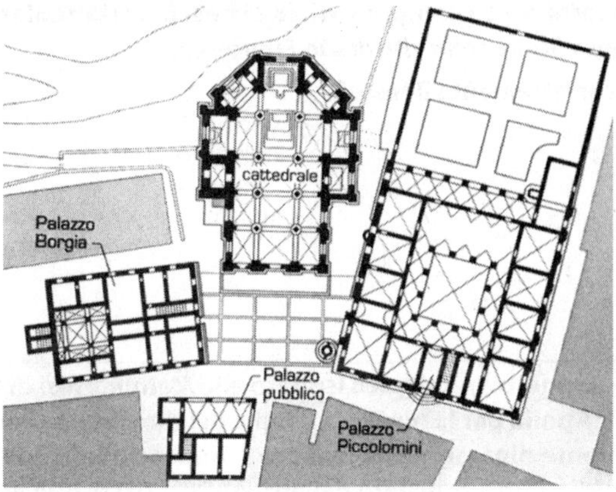

- A la planimetria di una piazza cittadina
- B la pianta dell'acropoli di Atene
- C la planimetria dei Fori imperiali
- D la pianta di un giardino botanico
- E la planimetria di un osservatorio astronomico

3 **«Largamente impiegata per tutto il Medioevo, la ...... è una struttura piramidale a base quadrata o poligonale posta a conclusione di una torre, di un campanile, di un contrafforte o di un tetto. Se posta in continuazione di un pilastro o a conclusione di un arco rampante, è chiamata *pinnacolo* e ha la funzione di stabilizzare i carichi provenienti dalle volte».**
Con quale parola si completa correttamente il testo?

- A Cornice
- B Colonna
- C Guglia
- D Navata
- E Capriata

CONOSCENZE E COMPETENZE

4 **Databile intorno al 1503-1504, il dipinto ritrae una donna dal sorriso appena accennato il cui busto si vede di tre quarti. La figura siede in una loggia, di cui si intravede sulla sinistra la base di una colonna. Pervaso da una luce calda, tonale e diffusa, il dipinto mostra sullo sfondo un paesaggio fatto di acque e montagne, che richiamano un ambiente remoto e indistinto. Le dimensioni dell'opera sono 77 × 55 cm.**

Di quale dipinto si parla?

A *La nascita di Venere* di Botticelli
B *La Gioconda* di Leonardo
C *Madonna Sistina* di Raffaello
D *La ragazza con l'orecchino di perla* di Jan Vermeer
E *Ritratto di Olga* di Picasso

5 **La basilica di San Francesco d'Assisi è costituita da due chiese sovrapposte, la basilica inferiore ha una pianta articolata e presenta una serie di cappelle affrescate da diversi artisti, mentre la chiesa superiore ha un programma iconografico unitario e chiaramente leggibile. Tra il 1277-80 ...... inizia la decorazione del transetto sinistro della chiesa superiore, successivamente l'esecuzione degli affreschi passa ai suoi collaboratori. Nelle decorazioni del registro inferiore, al di sotto delle finestre, lungo le pareti della navata, invece ...... è il protagonista assoluto. Il ciclo decorativo su compone di 28 affreschi rettangolari delle misure di 270×230 cm, e rappresenta *Scene della vita di san Francesco*.**

Quali nomi di artista completano correttamente il testo?

A Raffaello, Perugino
B Giotto, Cimabue
C Perugino, Raffaello
D Cimabue, Giotto
E Cimabue, Raffaello

6 **Il gruppo scultoreo *Apollo e* ...... – soggetto mitologico ispirato alle *Metamorfosi* di Ovidio e incentrato sull'amore frustrato di Apollo per la ninfa......, figlia del dio fluviale Peneo – è una composizione sorprendentemente dinamica, che realizza l'"impossibile" sfida di tradurre nel marmo il movimento rapidissimo e concitato dell'inseguimento tra due amanti.**

Qual è il nome della ninfa, che completa correttamente le due lacune del testo?

A Sibilla
B Dafne
C Leda
D Psiche
E Andromeda

7 **Completare la frase seguente.**

Tipico dell'architettura gotica, e detto anche a *sesto acuto*, l'... ... rappresenta in architettura una struttura portante la cui curvatura non ha sommità tonda ma vertice appuntito.

A arco a tutto sesto
B arco rampante
C arco ogivale
D arco ribassato
E arco trilobato

8 **Considerato uno dei capolavori del Rinascimento e apprezzato per l'invenzione prospettica di grande effetto, questo dipinto mostra il corpo di Cristo che giace inerme su una fredda lastra di pietra coperta da un lenzuolo. Un telo protegge il cadavere dal bacino ai piedi che rimangono esposti e mostrano le ferite dei chiodi sulle piante. Il capo di Gesù poggia su un cuscino rettangolare mentre le braccia sono abbandonate lungo i fianchi. Anche sul dorso delle mani sono evidenti i segni dei chiodi. A destra, al lato del cuscino, si vede il contenitore di unguenti usato per preparare il corpo alla sepoltura; a sinistra verso l'alto ci sono i dolenti che piangono e vegliano il corpo.**

Quale delle seguenti è l'opera sopra descritta?

- A *Cristo dolente* di Bramantino
- B *Cristo alla colonna* di Donato Bramante
- C *Crocifissione* di Masaccio
- D *Cristo morto* di Andrea Mantegna
- E *Deposizione* di Caravaggio

9 **Quale celebre opera di Caravaggio è riportata in figura?**

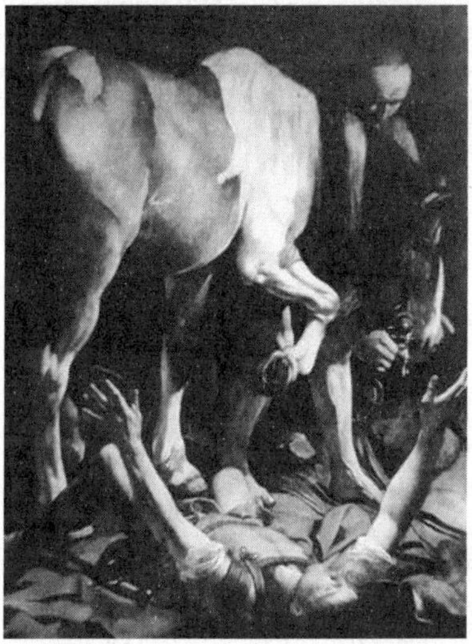

- A *Cattura di Cristo*
- B *Narciso*
- C *Sacrificio di Isacco*
- D *Conversione di san Paolo*
- E *Riposo durante la fuga in Egitto*

10 **A Campo de' Fiori a Roma si trova il monumento a Giordano Bruno: una scultura in bronzo, che ritrae il filosofo in piedi, collocata nel luogo esatto dove Bruno fu ucciso sul rogo il 17 febbraio del 1600, su condanna del Sant'Uffizio.**

Quale elemento conferisce a questa raffigurazione particolare mistero?

- A Il volto messo quasi del tutto in ombra dal cappuccio
- B Le mani nascoste nelle maniche del saio
- C Lo sguardo rivolto verso l'alto
- D Il colore chiaro della scultura
- E La posizione del piede

CONOSCENZE E COMPETENZE

11 **Il celebre episodio biblico dello scontro tra il giovane pastore David e Golia, il campione dell'esercito filisteo, è l'origine della rappresentazione del *David* di Donatello, statua in bronzo realizzata negli anni 1439-43. Nell'opera di Donatello, la figura del *David* regge in mano, oltre alla spada con cui ha decapitato Golia, cos'altro?**

A Una pietra
B Un cesto di frutta
C Una brocca di acqua
D Un agnello
E Una cetra

12 **Conservata nella Galleria nazionale delle Marche, con sede a Palazzo Ducale di Urbino, ... è una tavola databile al decennio 1480-90, e misura circa 68 × 240 cm. L'opera rappresenta gli ideali di perfezione e armonia del Rinascimento italiano, nella forma ordinata e simmetrica di una città raffigurata secondo i principi scientifici della prospettiva centrale, evidente nel disegno geometrico della pavimentazione della piazza. È stata nel tempo attribuita a diversi artisti, tra cui l'architetto Luciano Laurana per l'alta precisione del disegno e la somiglianza degli elementi architettonici classici con quelli presenti nello stesso Palazzo Ducale di Urbino, di cui Laurana fu in parte progettista. Per forma e dimensione, l'opera è stata alternativamente riconosciuta come uno studio prospettico, una spalliera lignea di un arredo, o come il modello di una scenografia.**

A quale dipinto si fa riferimento?

A *La città ideale*
B *La città che sale*
C *Le città invisibili*
D *La città incantata*
E *La città proibita*

PARTE TERZA

13 **Il dipinto rappresentato in figura è *Composizione IV* di Vasilij Kandinskij.**
A quale dei seguenti movimenti artistici è riconducibile la sua opera?

A Surrealismo
B Astrattismo
C *Art Déco*
D Cubismo
E Puntinismo

14 **La più celebre immagine di Ernesto "Che" Guevara è l'istantanea-ritratto che lo coglie con una fredda espressione di collera; farà il giro del mondo, divenendo un'icona delle rivolte degli anni Sessanta e Settanta, per la fortuna economica dei produttori di poster e t-shirt.**

Chi è il fotografo?

- A Robert Capa
- B Alberto Korda
- C Henri Cartier-Bresson
- D Rita Vandivert
- E Maria Eisner

---

15 **Quale tra le seguenti coppie di artisti italiani prese parte al movimento futurista?**

- A Ligabue e Modigliani
- B Guttuso e Adami
- C Boccioni e Carrà
- D Munari e Pininfarina
- E Morandi e De Pisis

---

16 **Il primo grattacielo della storia, l'*Home Insurance Building*, fu progettato dall'architetto William Le Baron Jenney della Scuola di Chicago. Questa non fu solo un movimento artistico, ma un vero e proprio centro di formazione, attivo a Chicago tra la fine dell'Ottocento e l'inizio del Novecento. L'*Home Insurance Building* fu ultimato nel……: con i suoi 42 metri di altezza – che sono nulla in confronto alle vertiginose altezze degli edifici contemporanei, ma tantissimi per l'epoca – fu il prototipo di una grande innovazione. Per la prima volta una struttura veniva costruita in ……, seppure non ancora visibile all'esterno perché inserita nella muratura.**

Con quali elementi si completa correttamente il testo?

- A 1915; ghisa
- B 1815; vetro
- C 1885; acciaio
- D 1895; legno
- E 1920; ferro

---

17 **Tra gli autori del progetto per il *Centre Georges Pompidou* di Parigi vi è l'architetto:**

- A Giò Ponti
- B Renzo Piano
- C Frank Lloyd Wright
- D Le Corbusier
- E Alvar Aalto

---

18 **In quale secolo si sviluppa l'*Art Déco*?**

- A Seicento
- B Settecento
- C Ottocento
- D Novecento
- E Cinquecento

19 L'opera di Duchamp *Ruota di bicicletta* ha un intento:

A demistificatorio nei confronti del potere
B ironico nei confronti dell'arte
C dissacratorio nei confronti della religione
D di esaltazione nei confronti dello sport
E di negazione dell'individualità dell'artista

20 In ambito artistico, il *costruttivismo* è un orientamento nato:

A negli Stati Uniti
B in Unione Sovietica
C in Francia
D in Italia
E In Germania

21 Claude Monet e Pierre-Auguste Renoir sono due importanti interpreti:

A del realismo
B dell'impressionismo
C del simbolismo
D dell'espressionismo
E del cubismo

22 Con il primo *Manifesto Surrealista* redatto dal poeta André Breton nel 1924, nasce ufficialmente a Parigi il movimento surrealista. Quale tra i seguenti pittori è un esponente di questo movimento?

A Salvador Dalí
B Pablo Picasso
C Marc Chagall
D Carlo Carrà
E Ives Klein

23 In quale sequenza cronologica sono stati costruiti i monumenti elencati di seguito?

a) Piazza San Pietro a Roma
b) Stadio Olimpico di Roma
c) Arco della Pace a Milano
d) Duomo di Milano
e) Empire State Building di New York

A a, b, d, c, e
B c, d, a, b, e
C b, a, d, e, c
D d, a, c, e, b
E a, d, c, b, e

24 Il celebre dipinto di Delacroix *La libertà che guida il popolo* intende commemorare:

A la Rivoluzione francese
B l'insurrezione antiborbonica del 1830
C l'entrata di Napoleone a Milano
D la Rivoluzione d'ottobre
E la presa della Bastiglia

25 **Individuare la successione cronologica corretta, dal più antico al più recente, degli edifici di cui sono riprodotte le piante.**

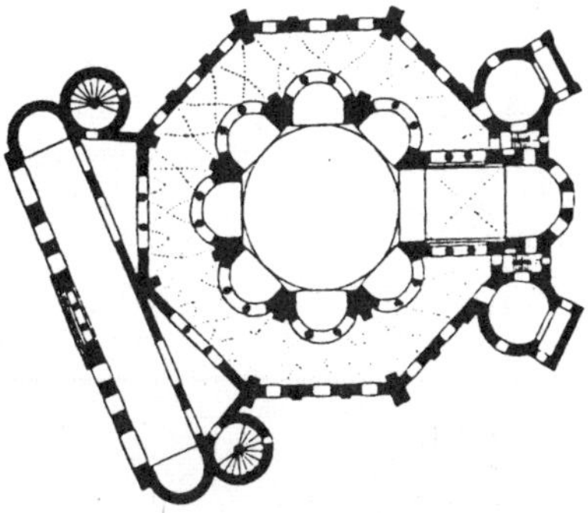

1

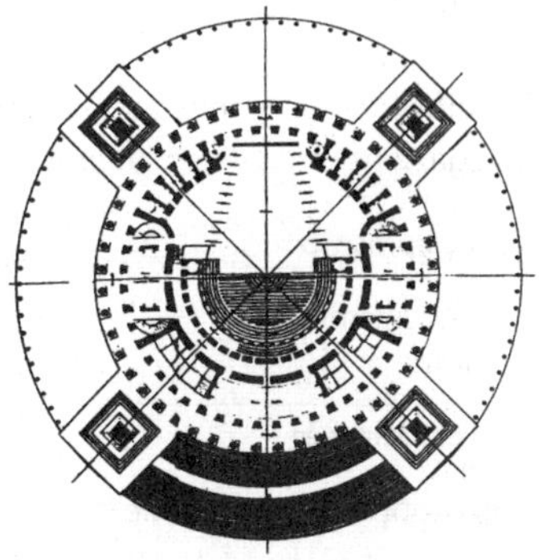

2

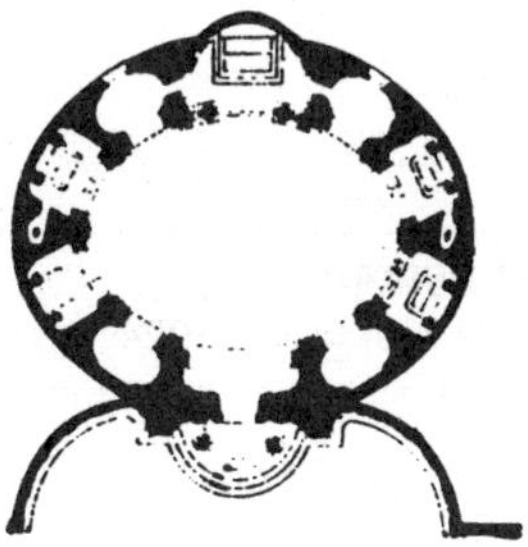

3

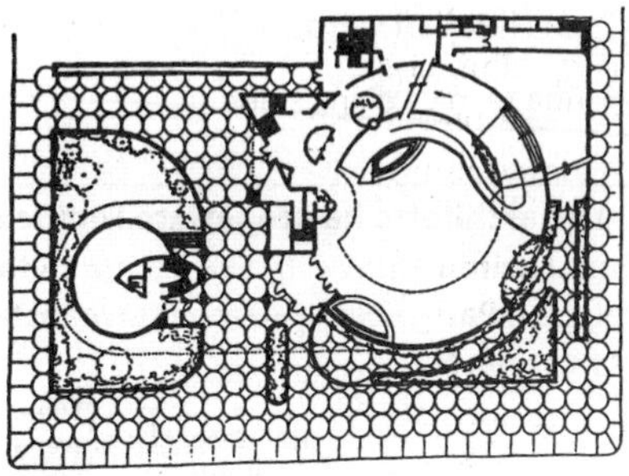

4

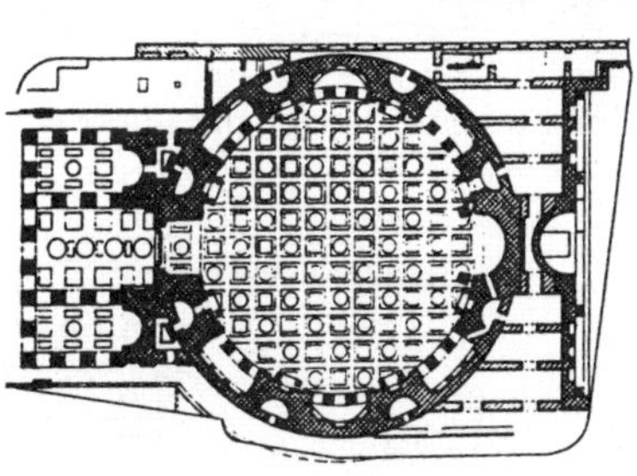

5

- **A** 1, 3, 4, 5, 2
- **B** 2, 3, 5, 1, 4
- **C** 1, 5, 2, 3, 4
- **D** 5, 1, 3, 2, 4
- **E** 5, 3, 2, 1, 4

CONOSCENZE E COMPETENZE

26 **Quale dei seguenti movimenti novecenteschi pose al centro della sua attenzione la scomposizione dei piani compositivi?**

A Cubismo

B Divisionismo

C Fauves

D Impressionismo

E Espressionismo

27 **Un dagherrotipo è:**

A un prototipo di automobile

B un'immagine fotografica

C un calco in gesso

D una lastra di vetro

E una tecnica di incisione

28 **Quale architetto ha progettato l'edificio rappresentato in figura?**

A Aldo Rossi

B Le Corbusier

C Antoni Gaudí

D Frank Lloyd Wright

E Mies van der Rohe

29 **Chi ha progettato Piazza del Campidoglio a Roma?**

A Donato Bramante

B Andrea Palladio

C Leonardo da Vinci

D Michelangelo Buonarroti

E Filippo Brunelleschi

30 Nella figura seguente, si individui lo stile delle colonne:

(a) (b) (c) (d)

- **A** (a) corinzio, (b) tuscanico, (c) dorico romano, (d) composito
- **B** (a) maya, (b) tuscanico, (c) romano, (d) composito
- **C** (a) dorico romano, (b) miceneo, (c) corinzio, (d) composito
- **D** (a) corinzio, (b) celtico, (c) dorico, (d) egiziano
- **E** sono tutte di stile minoico

8.2 | Soluzioni e commenti

1 Tutte le alternative, tranne la **B**, sono riconducibili all'architettura dell'antico tempio greco. Il *frontone* è l'elemento triangolare che sormonta la facciata; la sua area interna delimitata dalle cornici è il *timpano*; il *pronao* è lo spazio antistante alla cella e il *peristilio* è il colonnato che delimita l'esterno dell'edificio. Il *coro*, invece, nell'architettura cristiana è uno spazio, nella navata principale o dietro l'altare maggiore, dove erano posti gli stalli dei cantori e dei monaci.

2 Quella rappresentata in figura è la planimetria del *centro storico di Pienza* – città natale di Enea Silvio Piccolomini, poi Papa Pio II (1405-64) – capolavoro di architettura rinascimentale, dove si affacciano la Cattedrale, Palazzo Borgia, il Palazzo comunale e Palazzo Piccolomini. La risposta esatta è quindi **A**. La piazza fu progettata da Bernardo Rossellino (1409-64), ma i lavori vennero completati solo parzialmente. A oggi, Piazza Pio II resta uno degli esempi più significativi di progettazione urbanistica razionale del Rinascimento italiano e dal 1996 fa parte dei Patrimoni naturali, artistici, culturali dell'UNESCO. La soluzione era facilmente individuabile anche per esclusione: le scritte presenti sulla planimetria sono infatti incompatibili con la rappresentazione dell'Acropoli ateniese, di un giardino o di un osservatorio astronomico. Infine, sapendo che i Fori imperiali sono appunto un complesso monumentale della Roma imperiale (di epoca compresa tra la metà del I sec. a.C. e la metà del II d.C.), si arrivava facilmente a indicare la **A**.

3 La *guglia* (risposta esatta **C**) è un elemento architettonico con funzione di coronamento degli elementi verticali alla sommità di un edificio, usato in modo particolare nell'arte gotica; ha anche funzione strutturale se, come continuazione di un pilastro, rimanda verso il basso le spinte orizzontali generate dall'appoggio di un arco o di una volta. In questo caso la guglia si chiama *pinnacolo*. Alcuni autorevoli esempi di edifici religiosi in stile gotico con guglie sono: il Duomo di Milano, la Cattedrale di Notre-Dame a Parigi, il Duomo di Colonia, il Duomo di Siena. In caso di dubbio, si poteva procedere per esclusione lasciandosi guidare dal testo, che collega l'elemento mancante al *pinnacolo*. Si possono così eliminare facilmente le opzioni **A**, **D** ed **E** che rimandano tutte a elementi architettonici non verticali.

PARTE TERZA

4 L'opera descritta è senza dubbio il *Ritratto di Monna Lisa del Giocondo*, o *La Gioconda* di Leonardo da Vinci, caposaldo della ritrattistica rinascimentale. La donna raffigurata è Lisa Gherardini, che all'epoca del ritratto aveva circa venticinque anni, sposa del ricco mercante di seta Francesco Giocondo. Una delle particolarità di quest'opera è certamente l'enigmaticità nello sguardo della donna, che sembra osservare lo spettatore ovunque questi si posizioni. Un altro elemento innovativo è lo sfondo: in luogo del canonico fondale neutro, si trova un paesaggio naturale, scelta ancora inedita, fatto salvo l'antecedente dei ritratti ai Duchi di Urbino di Piero della Francesca. La risposta esatta è pertanto **B**. In caso di dubbio, l'indicazione esplicita della datazione, permetteva di escludere comunque le alternative che citano Picasso e Jan Vermeer. Per scartare i dipinti di Raffaello e di Botticelli erano di aiuto rispettivamente le dimensioni riportate nel testo, troppo ridotte, e il ricordo che – trattandosi della *Nascita di Venere* – lo sfondo sarebbe stato marino.

5 Per risolvere questo esercizio di completamento, stando al testo bisogna individuare tra le opzioni due nomi di artisti coevi o almeno attivi in tempi tra loro prossimi. Le informazioni fornite dal brano sono molte e aiutano da sole a escludere le opzioni errate. Ricordando che Raffaello è uno dei maggiori artisti del nostro Rinascimento e Cimabue il maestro che aprì la strada alla nuova pittura postbizantina, si può scartare la **E**: è impossibile che abbiano lavorato insieme. Poiché il testo parla della Basilica di San Francesco – capolavoro del gotico-romanico italiano – e indica chiaramente le date 1277-80 come quelle di inizio dei lavori di decorazione, non è accettabile la coppia rinascimentale Perugino- Raffaello (il primo tenne a bottega il secondo). I due nomi da inserire sono pertanto quelli proposti dalle opzioni **B** e **D**, ma nell'ordine indicato da **D** (risposta corretta al quesito). Infatti, Cimabue lavorò come maestro con la sua bottega alla Basilica Superiore e in seguito Giotto realizzò il ciclo di affreschi sulla vita del Santo.

6 Il gruppo scultoreo *Apollo e Dafne* (risposta B) di Gian Lorenzo Bernini è oggi conservato a Roma alla Galleria Borghese. È l'ultimo dei cosiddetti *quattro gruppi borghesiani*, commissionati all'artista dal cardinale e mecenate Scipione Borghese: *Enea e Anchise* (1618-19), il *Ratto di Proserpina* (1621-22), *David* (1623-24) e *Apollo e Dafne* (1624-25). Il realismo di quest'opera, scolpita in un unico blocco marmoreo, è raggiunto tramite la scelta dell'istante rappresentato (la metamorfosi della ninfa Dafne in un albero di alloro) e dal contrasto tra i differenti profili psicologici dei due soggetti: Dafne, avvertita la presa del dio, si volta urlando di terrore, senza avvedersi che il suo corpo ha già iniziato a ricoprirsi di foglie e la sua pelle a trasformarsi in dura corteccia; Apollo, accortosi di quanto sta accadendo, reagisce con stupore e incredulità, senza tuttavia rallentare la propria corsa, che prosegue di slancio. Altra sorprendente caratteristica dell'opera è senza dubbio il ritmo ascensionale del gruppo, proiettato in uno spazio circolare e indeterminato. Tra le opzioni di risposta, l'unica che poteva trarre in inganno era la D: *Psiche* – protagonista insieme ad Amore di un altro famoso racconto mitologico – è infatti parte di un altro celeberrimo gruppo scultoreo, opera di Andrea Canova (1757-1822).

7 In architettura, un *arco* è una struttura a curvatura variabile – poggiante su colonne, pilastri o pareti (*piedritti*) – con funzione di sostegno. In un *arco a tutto sesto*, la curvatura coincide con una perfetta semicirconferenza: la sua altezza è sempre la metà della sua larghezza. L'*arco a sesto acuto* invece non ha geometria fissa: la sua altezza è sempre superiore alla metà della larghezza, ma in misura variabile. La sua curvatura è costituita da due archi di cerchio con centri diversi ma entrambi giacenti sullo stesso *piano dell'imposta* (cioè alla stessa altezza dei due estremi dell'arco); essi perciò si incontrano formando una tipica cuspide o *ogiva*, da cui il nome di *arco ogivale* (risposta esatta C). Per escludere le altre alternative, si consideri che: l'*arco rampante* è di tipo asimmetrico, perché poggia su piedritti posti a livelli differenti; l'*arco ribassato*, molto utilizzato nella costruzione di ponti, ha un raggio di curvatura modesto, perché il centro della circonferenza che lo produce è più basso rispetto al *piano di imposta*; l'*arco trilobato* è costituito da tre archi minori.

CONOSCENZE E COMPETENZE

8 L'elemento della descrizione che porta a scegliere il *Cristo morto* di Mantegna (risposta esatta D) è senza dubbio «l'invenzione prospettica di grande effetto». Quest'opera infatti è celebre proprio per il fatto che ritrae frontalmente il corpo di Cristo sdraiato, inquadrando i piedi in primo piano e dietro in prospettiva tutto il corpo fino al capo. Realizzato nel periodo tra il 1478 e il 1483 è conservato alla Pinacoteca di Brera di Milano. Tra le restanti alternative, si potevano escludere facilmente, anche senza conoscere direttamente i dipinti, B e C in quanto i titoli indicano due altri e diversi momenti della Passione. Anche la A si lascia escludere: l'opera di Bramantino (che si rifà apertamente al dipinto qui citato di Bramante) è da taluni detta *Cristo risorto*, ma in tutti i casi il titolo non collima con la descrizione fornita dall'esercizio. Qualche dubbio invece poteva generare la *Deposizione* di Caravaggio proposta in E: in realtà *deposizione*, *pietà* e *compianto* sono tre generi iconografici diversi, benché tutti abbiano a tema Cristo morto. La deposizione rappresenta infatti il momento in cui il corpo di Cristo viene calato dalla croce; la pietà lo rappresenta esanime tra le braccia della madre, Maria; nel compianto, anche altri personaggi si raccolgono presso il corpo di Gesù per piangerlo. Il dipinto di Mantegna è appunto un *compianto*, ma adotta una prospettiva tale che chi guarda si sente personalmente collocato ai piedi del Cristo morto.

9 Conservata nella Cappella Cerasi nella chiesa di Santa Maria del Popolo a Roma, questa tela fu realizzata da Caravaggio nel 1601, all'apice della propria creatività. L'episodio, tratto dagli *Atti degli Apostoli* e assai noto, era già stato scelto come soggetto da altri grandi artisti (tra cui Michelangelo, Carracci, Tintoretto): Saulo di Tarso, persecutore dei cristiani, mentre viaggiava da Gerusalemme verso Damasco, accecato da una luce sfolgorante cadde dal suo cavallo e si convertì udendo la voce di Dio che lo chiamava. Il motivo iconografico sempre presente nella rappresentazione dell'episodio è appunto il *cavallo* e la figura del santo sbalzato a terra. La risposta esatta è D.

10 La scura scultura bronzea (D errata) dedicata a Giordano Bruno – realizzata da Ettore Ferrari e inaugurata il 9 giugno del 1889 – ha un'impostazione solo apparentemente statica: una semplice osservazione fa notare il piede destro spostato in avanti, dettaglio che conferisce vita e movimento (ma non mistero: E errata) al corpo statuario. L'emblematica posizione della statua, posta nella stessa piazza dove Giordano Bruno venne giustiziato, si carica di maggior simbolismo per lo sguardo severo e austero impresso sul viso e rivolto in direzione del Vaticano (C errata). Le mani sono incrociate sul grande libro (B errata), come se una catena legasse i polsi e rendesse impossibile aprirlo. L'elemento che carica di mistero la figura è il cappuccio che mette in ombra il viso del filosofo (risposta esatta A). La statua è oggi considerata un simbolo della libertà di pensiero.

11 Realizzato per il nuovo palazzo civico voluto da Cosimo de' Medici, il *David* di Donatello è ritratto vittorioso e in piedi, con il piede sinistro sulla guancia dello sconfitto Golia, la cui testa giace a terra. I capelli del giovane, completamente nudo tranne i calzari decorati, scendono fluenti sulle spalle. Nella mano destra regge saldamente la spada con cui ha decapitato Golia, mentre nella sinistra stringe una pietra (risposta A), elemento che rimanda alla celebre fionda (che qui non compare, mentre compare la spada non compresa nel racconto biblico). Anche senza ricordare nei particolari la statua, la risposta esatta poteva essere individuata per esclusione. Solo la E poteva suscitare un dubbio dato che l'iconografia biblica associa Davide anche alla cetra.

12 La descrizione corrisponde a *La città ideale* (già attribuita a Luciano Laurana), conservata a Palazzo Ducale di Urbino. Per rispondere al quesito, si può procedere anche per esclusione delle alternative chiaramente non corrette, considerando che: *La città che sale* (risposta B) è il titolo di un noto dipinto del pittore futurista Umberto Boccioni, datato 1910-11, in cui uno spaccato della periferia di Milano è rappresentato – con una visione movimentata e dinamica – dal balcone di casa; *Le città invisibili* (risposta C) è invece un testo di Italo Calvino, pubblicato nel 1972, in cui l'autore, descrivendo 55 città, ricorre alla tecnica della letteratura combinatoria e coinvolge il lettore nella ricerca delle combinazioni nascoste all'interno dell'opera e del suo stesso linguaggio; *La città incantata* (risposta D) è un film di animazione giapponese del 2001, scritto e diretto da Hayao Miyazaki; *La città proibita* (risposta E) è il titolo di un film cinese del 2006 diretto da Zhang Yimou, ascrivibile al genere letterario *wuxia*, in cui si raccontano le gesta di eroi marziali che combattono per la giustizia. La risposta corretta è pertanto A.

13 Vasilij Kandinskij (pittore russo, 1866-1944) è uno dei più importanti esponenti dell'*astrattismo*, movimento che si sviluppò intorno al secondo decennio del XX secolo prendendo le mosse dal cubismo e dall'espressionismo. L'astrattismo è un'arte non figurativa dalle forme molto semplici e stilizzate, che riconosce al colore e all'accostamento di forme geometriche e astratte una funzione puramente espressiva. L'opera proposta dall'esercizio è del 1911, quindi molto vicina alle teorie sull'empatia che Kandinskij elaborò nel saggio *Lo spirituale nell'arte*, pubblicato nel 1912. Invece di riprodurre le cose del mondo, Kandinskij ne fornisce un'immagine astratta, attraverso la combinazione sublimale di forme e colori, per stimolare una visione che vada oltre l'esperienza terrena. La risposta corretta è quindi B.

14 La risposta corretta è B. Alberto Diaz Gutiérrez detto Korda (1928-2001), testimone attivo della rivoluzione cubana, era diventato fotografo personale di Fídel Castro per le occasioni pubbliche. Il 6 marzo 1960 – ai funerali di oltre 100 vittime per un attentato controrivoluzionario – scattò alcune foto durante il discorso di Castro, tra cui questa celeberrima a Guevara che si trovava sul palco. Il successo planetario dell'immagine – poi detta del *Guerrillero Heroico* – è dovuto in parte all'editore italiano Giangiacomo Feltrinelli a cui Korda nel 1967, a L'Avana, regalò questo scatto. Feltrinelli lo usò come copertina del libro *Diario in Bolivia* (senza esplicitarne i *credits* a Korda), e ne cominciò la diffusione su poster.

Si noti che, per isolare la risposta corretta, si poteva seguire un altro principio: i fotografi citati dalle altre alternative sono tutti professionisti fondatori dell'agenzia statunitense Magnum Photos.

---

15 Il manifesto del movimento futurista si deve al poeta Filippo Tommaso Marinetti, che lo pubblica nel 1909. L'anno successivo escono altri due manifesti dei pittori e della pittura futurista, che coinvolgono numerosi artisti italiani quali Umberto Boccioni, Carlo Carrà, Gino Severini, Giacomo Balla, Antonio Sant'Elia e Luigi Russolo. Il movimento futurista è strettamente legato all'evoluzione industriale e propone una nuova arte basata su movimento e velocità come fondamento della nuova civiltà delle macchine, sperimentando la rappresentazione contemporanea di più fenomeni sia nella pittura sia nella scultura. La risposta corretta è quindi **C**. In particolare, Umberto Boccioni (1882-1916), pittore e scultore, fu uno dei maggiori teorici del futurismo all'interno del quale svolse importanti ricerche sul "dinamismo plastico". Carlo Carrà (1881-1966) dopo la partecipazione al primo futurismo aderì, insieme ad altri famosi artisti italiani come De Chirico, Morandi e De Pisis, alla pittura *metafisica* in cui oggetti d'uso quotidiano venivano insolitamente accostati a figure mitologiche nel tentativo di cogliere il mistero che sta al di là dell'apparenza delle cose.

---

16 Le metropoli statunitensi furono le prime, a metà dell'Ottocento, a sperimentare la costruzione di edifici multipiano: le più attive in questo senso furono Chicago e New York, che sperimentarono costruzioni con armatura in ferro e ghisa. Un terribile incendio, che distrusse interi quartieri di Chicago nel 1871, motivò a sperimentare moderne tecniche di costruzione utilizzando l'acciaio, refrattario al fuoco. L'*Home Insurance Building* fu il primo grattacielo così costruito, nel 1885, alto dieci piani (risposta corretta **C**). Nel 1895, il *Reliance Building* raggiungeva già i 15 piani di altezza, con una struttura in acciaio a vista, chiusa da grandi vetrate.

Anche senza possedere precise nozioni in merito, era possibile arrivare alla risposta corretta escludendo le alternative incoerenti con le informazioni date dal testo. Le uniche opzioni con una data compatibile sono **C** e **D**; la **D** tuttavia non sarebbe stata accettabile dato che una struttura in legno non può considerarsi una innovazione.

---

17 Noto anche come *Beaubourg* (dal quartiere in cui sorge), il Centre Pompidou di Parigi è stato progettato e costruito tra il 1971 e il 1977 da Renzo Piano e Richard Rogers, che hanno così iniziato il cosiddetto stile "high-tech" (risposta **B**). I due giovani architetti avevano infatti vinto il bando che, nel 1969, il presidente Georges Pompidou aveva aperto per dotare Parigi di un centro dedicato a creatività e cultura. L'edificio presenta una struttura in acciaio colorato e ampie vetrate; elementi portanti, scale, ascensori, tubi per ventilazione e riscaldamento, condutture sono collocati all'esterno delle facciate per lasciare all'interno la massima superficie libera.

Tutte le altre alternative presentano altri importanti architetti: Giò Ponti (1891-1979), pittore e architetto, è anche famoso nel dopoguerra per le sue opere di design; tra gli edifici più importanti in clima razionalista sono la Facoltà di Matematica a Roma (1934) e soprattutto il grattacielo Pirelli a Milano (1955). Frank Lloyd Wright (1869-1959) è uno dei più importanti architetti americani e ha progettato, tra l'altro, il Guggenheim Museum di New York, completato nel 1957. Le Corbusier (1870-1965) è lo pseudonimo di C. Eduard Jeanneret: svizzero, è stato probabilmente il maggiore architetto del XX secolo, oltre che urbanista e artista; è considerato il principale esponente razionalista, anche se successivamente ha proceduto verso una nuova architettura plastica neoespressionista. Alvar Aalto è stato architetto, designer e accademico finlandese, e uno degli esponenti della "seconda generazione" del movimento moderno.

---

18 Il nome *Art Déco* deriva dall'abbreviazione di *Exposition Internationale des Arts Décoratifs et Industriels Modernes*, l'esposizione dedicata alle arti decorative e industriali tenutasi a Parigi nel 1925. Pertanto è corretto dire che questo gusto nasce negli anni Venti del Novecento e si afferma nella moda, nell'arredamento, nell'architettura, nella grafica pubblicitaria e d'arte (per esempio con i disegni di Erté per la rivista «Harper's Bazaar»). Uno dei più importanti esempi di *Art Déco* in ambito architettonico è rappresentato dal grattacielo Chrysler di New York (1928). La risposta corretta è pertanto **D**.

19 L'opera è stata realizzata nel 1913 e rimanda al pensiero dadaista. L'utilizzo di una ruota di bicicletta proposta come opera d'arte ha lo scopo di negare ogni possibilità creativa dell'arte e, insieme, di ironizzare sulle velleità di nobilitare la realtà a fini poetici. La risposta esatta è quindi **B**.

20 Il movimento culturale detto *costruttivismo* fu attivo dagli anni Venti del Novecento nella neonata Unione Sovietica (risposta **B**). I costruttivisti russi inserivano la pratica artistica nel processo di costruzione ed evoluzione sociale, dopo la Rivoluzione d'Ottobre, cercando di integrarla con le direttive del Partito. L'opera d'arte non doveva essere solo un'espressione soggettiva, ma essere utile alla società, contribuendo a "costruirla". Il Costruttivismo riguardò essenzialmente l'architettura e il design e si caratterizzò per la semplicità funzionale e il rispetto per la logica dei materiali.

21 Il *realismo* si sviluppa in Francia sull'onda delle rivoluzioni del 1830 e 1848 e concepisce l'opera come espressione della realtà oggettiva, concentrando l'attenzione su soggetti di vita contemporanea. Anche l'*impressionismo* nasce in Francia, tra il 1860 e il 1880, spostando l'attenzione dell'artista dal soggetto allo stile, con l'utilizzo di giochi di luce e colore che consentano di trasmettere immediatamente l'emozione. Tra i più importanti pittori impressionisti figurano Monet (sostenitore della pittura *en plein air*) e Renoir: la risposta esatta è dunque **B**. Il *simbolismo* nasce negli ultimi decenni del XIX secolo nell'ambito del decadentismo e come reazione al naturalismo e all'impressionismo (dei quali rifiuta la rappresentazione del mondo esterno); tra i gli esponenti più importanti in ambito pittorico vi sono Redon e Gauguin. L'*espressionismo* si sviluppa nel primo decennio del XX secolo in Europa grazie alle opere di Van Gogh, Gauguin e in particolare con Edvard Munch, divenuto famoso per la rappresentazione drammatica dei sentimenti. Il *cubismo* è una corrente pittorica, il cui linguaggio di semplificazione e scomposizione delle forme fu elaborato tra il 1907 e il 1914 ed ebbe tra i suoi interpreti Picasso.

22 I surrealisti prestarono particolare attenzione alla dimensione fantastica, onirica, folle e inconscia dell'uomo (anche sulla base della teoria psicoanalitica di Freud studiata da Breton). Essi intendevano dare voce diretta a tale dimensione oscura senza mediazioni intellettuali, servendosi al caso di tecniche nuove (come il *frottage,* disegno casuale ottenuto per mezzo di sfregamento, la pittura a fumo, i fotomontaggi e le composizioni tipografiche). Il movimento guardava all'interiorità dell'uomo e il suo programma non si limitava (al contrario di altre avanguardie come per esempio il dadaismo) alla semplice fase polemica e distruttiva. Gli esponenti più noti del movimento sono stati Joan Miró, Salvador Dalí, Max Ernst e René Magritte. La risposta corretta è quindi **A**.

23 Per risolvere esercizi di questo tipo, non è necessario conoscere la datazione di ogni elemento. Spesso è sufficiente sapere collocare l'elemento iniziale o finale della successione o la successione di due elementi tra loro. Così, per esempio, non occorre sapere in quale preciso anno fu intrapresa la fabbrica del Duomo di Milano: basta ricordare che fu nel Medioevo, e questo permette di collocare la lettera d) al primo posto della sequenza perché tutte le altre opere sono sicuramente successive. La risposta esatta è **D**. Altrettanto semplicemente si sarebbe potuto arrivare alla risposta sapendo che l'ultima opera terminata è stata lo Stadio Olimpico di Roma (inaugurato nel 1953, mentre l'Empire State Building fu inaugurato nel 1931).

24 La grande tela (260 × 325 cm) è conservata al Louvre. Si tratta di un dipinto fortemente drammatico, realizzato per celebrare l'insurrezione antiborbonica del 28 luglio 1830, quando i parigini insorsero contro il re Carlo X. È considerato la prima opera figurativa che rappresenta la forza politica del popolo e della borghesia francese. Al centro, tesa verso l'esterno del quadro, si muove una giovane Marianne, simbolo della rivoluzione (richiamata dal berretto frigio tipico della Rivoluzione) e allegoria della Libertà; il popolo la segue eroico e baldanzoso, mentre in primo piano vengono ritratti impietosamente i corpi dei morti in battaglia. Proprio in questo aspetto è evidente il debito dell'opera nei confronti di *La zattera della Medusa* di Théodore Géricault. La risposta esatta è la **B**.

25 Nella pianta 5 è riconoscibile il Pantheon di Roma, sicuramente l'edificio più antico; la pianta 4 rappresenta invece un edificio moderno, riconoscibile dalle rampe di accesso per le automobili. Di conseguenza, è possibile eliminare le alternative A, B e C. Tra le piante 1 (San Vitale a Ravenna) e la 3 (Sant'Andrea al Quirinale, Roma), sicuramente la 1 è più antica, da cui si deduce la D come risposta esatta.

26 Tra le alternative, l'unica corrente pittorica per cui si può parlare di scomposizione delle figure è il Cubismo (risposta A). Il termine – che inizialmente fu proposto con intento derisorio, ma subito accettato con ironia da Picasso e Braque – si fa comunemente risalire a una frase di Henri Matisse, pronunciata davanti a un quadro di Georges Braque in cui le forme sembravano ridotte a cubi. Nato in Francia nel 1908 e influenzato dall'arte di Paul Cézanne e dall'arte africana, il cubismo affronta e traduce il problema dello spazio e della rappresentazione reale senza ricorrere all'illusione prospettica, nell'intento di sintetizzare le tre dimensioni ribaltando la profondità sul piano, e attuando la scomposizione e la compenetrazione degli oggetti. Considerata dai suoi esponenti un'attività intellettuale non alla portata di tutti, lo stile cubista si propone di svelare la quarta dimensione umana, ossia la memoria, secondo l'idea che si dipinge non ciò che si vede ma ciò che si sa. Pertanto, una volta immagazzinate attraverso lo sguardo tutte le informazioni sul reale, gli oggetti vengono ritratti simultaneamente da ogni angolazione.

27 Il dagherrotipo è l'immagine fotografica ottenuta attraverso la dagherrotipia – inventata nel 1837 da L.J. Mandé Daguerre –, un processo di riproduzione per mezzo di lastre di rame argentato in grado di produrre un'unica copia non riproducibile. è considerato l'antesignano della fotografia. La risposta esatta è la B.

28 Si tratta dell'edificio per abitazioni costruito a Zurigo da Le Corbusier nel 1932. L'edificio è in stile chiaramente razionalista, per cui vanno eliminati gli altri architetti non appartenenti a tale movimento (risposta B).

29 A partire dal XII secolo, l'area del Campidoglio a Roma fu recuperata come sede dell'amministrazione civile della città e lo spiazzo sterrato antistante destinato alle adunanze di popolo. Nel 1534-38, su commissione dell'allora papa Paolo III Farnese, Michelangelo Buonarroti riprogettò completamente la piazza, disegnandola in tutti i particolari: conservando l'orientamento obliquo delle strutture e dell'impianto preesistete, realizzò uno spazio aperto a pianta trapezoidale e pavimentò la piazza eliminando lo sterrato. I lavori di rifacimento furono molto lunghi, tanto che lo stesso Michelangelo non ne vide il completamento perché morì nel 1564. Certo è che le linee guida del progetto originale michelangiolesco furono rispettate appieno. La risposta esatta è la D.

30 La risposta esatta è A. Il quesito non è particolarmente difficile, in quanto è sufficiente riconoscere anche solo qualcuno degli stili per poter individuare la serie corretta. Così, per esempio, è facile riconoscere nella colonna (a) lo stile corinzio e nella (d) quello composito che come è noto usa congiuntamente il motivo a foglie d'acanto del corinzio e le volute dello ionico. Si poteva anche riconoscere la semplicità dell'ordine dorico (c), sia pure qualificato come *romano* dall'esercizio.

9 | Educazione civica

9.1 | Esercizi proposti

1 **Nel seguente diagramma viene visualizzato in modo sintetico l'assetto costituzionale della Repubblica Italiana.**

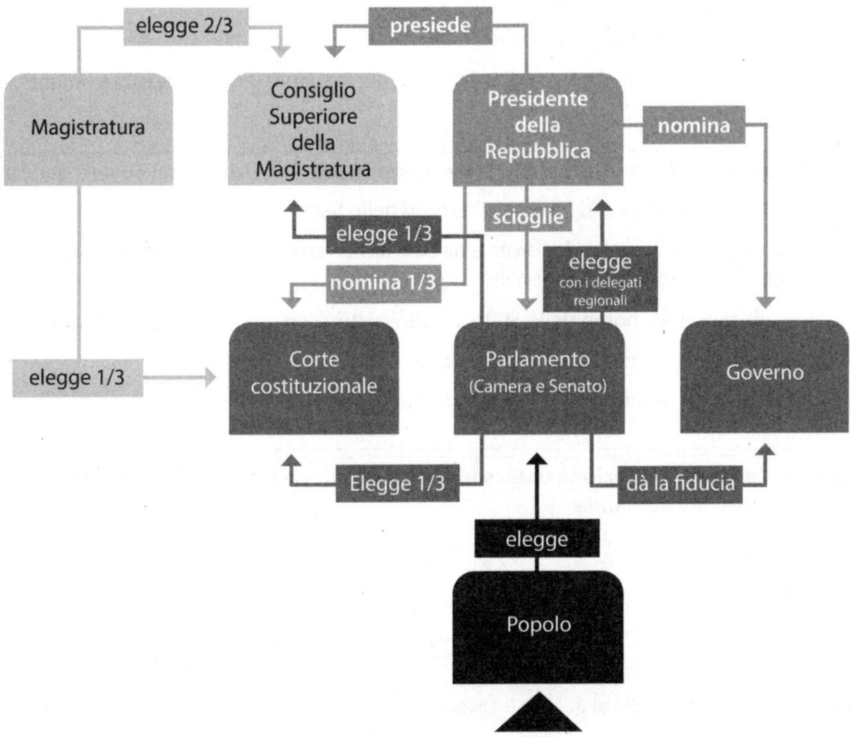

(da: http://www.camera.it/leg17/391?conoscerelacamera=9)

Quale affermazione è coerente con quanto rappresentato nel grafico?

- **A** Il Parlamento, insieme ai delegati regionali, elegge il presidente della Repubblica
- **B** La Corte Costituzionale concede e revoca la fiducia al Governo
- **C** Il presidente della Repubblica nomina tutti i membri della Corte Costituzionale
- **D** La Magistratura svolge funzioni di controllo sul Parlamento e sul Governo e concorre all'elezione del presidente della Repubblica
- **E** La sovranità appartiene al popolo che elegge anche parte della Corte Costituzionale

CONOSCENZE E COMPETENZE

Leggi il brano che segue e rispondi alla relativa domanda.

Vi sono in ogni Stato tre specie di poteri: il potere legislativo, il potere esecutivo delle cose che dipendono dal diritto delle genti, e il potere esecutivo delle cose che dipendono dal diritto civile. […] Chiameremo quest'ultimo il potere giudiziario, e l'altro semplicemente il potere esecutivo dello Stato. […] Quando, nella stessa persona o nello stesso corpo di magistratura, il potere legislativo è unito al potere esecutivo, non esiste libertà; perché si può temere che lo stesso monarca o lo stesso senato facciano delle leggi tiranniche per eseguirle tirannicamente.

Montesquieu, *Lo spirito delle leggi* (1748), cap. XI

2 La dottrina di Montesquieu della separazione dei poteri dello Stato (legislativo, esecutivo, giudiziario) nasce in epoca:

- A antica, grazie al diritto romano
- B medievale, all'interno dei Comuni
- C medievale, all'interno del Sacro Romano Impero
- D moderna, fra i pensatori illuministi
- E contemporanea, dopo la presa di coscienza delle tragedie umane avvenute durante i regimi totalitari

3 Con riferimento alla struttura dello Stato, l'espressione "divisione dei poteri", si riferisce:

- A alla spartizione dei poteri fra diversi territori dello Stato
- B alla suddivisione di poteri fra diverse nazioni appartenenti a un'organizzazione politica o a una confederazione internazionale
- C all'attribuzione dei poteri dello Stato a distinte istituzioni dello Stato, tra loro indipendenti
- D alla rotazione delle funzioni tra diversi uffici amministrativi dello Stato
- E al divieto di accumulo di funzioni su una stessa persona

Indica quale, tra le rappresentazione date, soddisfa la relazione insiemistica esistente tra i gruppi proposti nelle successive domande.

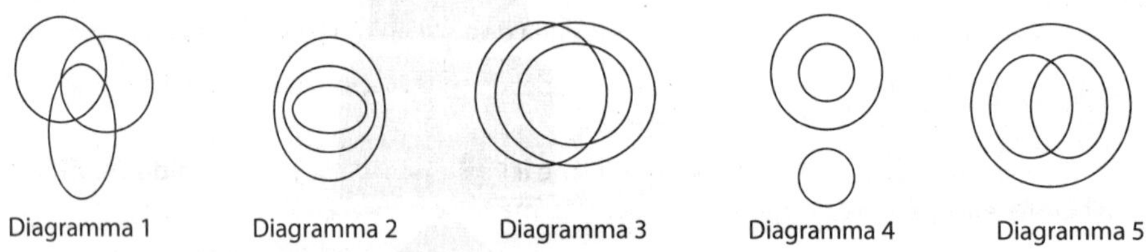

4 1. Paesi membri della Ue
2. Paesi dello Spazio Schengen
3. Paesi dell'eurozona

- A Diagramma 1
- B Diagramma 2
- C Diagramma 3
- D Diagramma 4
- E Diagramma 5

PARTE TERZA

5 **1. Paesi membri della NATO**
2. Paesi membri dell'Ue
3. Paesi membri dell'ONU

- A Diagramma 1
- B Diagramma 2
- C Diagramma 3
- D Diagramma 4
- E Diagramma 5

Osserva il grafico e rispondi alle domande che seguono.

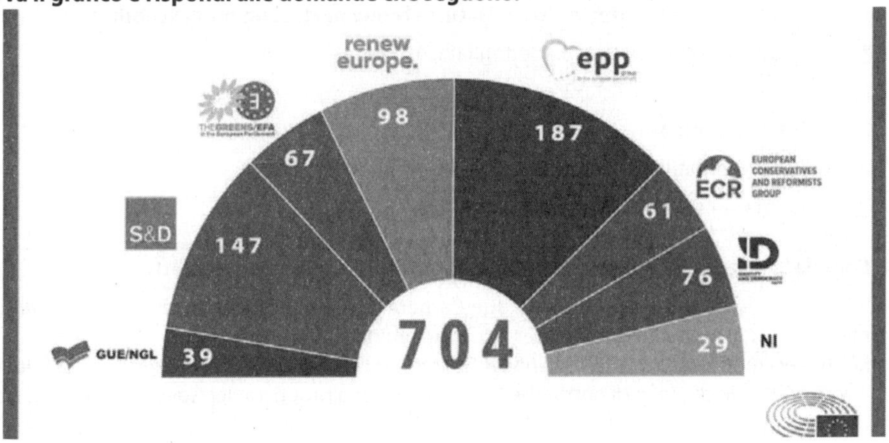

6 **Che cosa rappresenta il grafico proposto?**

- A La composizione del Parlamento europeo a febbraio 2020
- B Gli sponsor del Parlamento europeo
- C Gli sponsor della Commissione europea
- D La composizione della Commissione europea dopo le elezioni tenutesi nel maggio 2019
- E Le rappresentanze nazionali dei Paesi europei dopo le elezioni tenutesi nel maggio 2019

7 **Sulla base del grafico proposto, sapendo che il Parlamento elegge il Presidente della Commissione europea, quale fra le seguenti affermazioni è corretta?**

- A Un accordo tra le due forze più consistenti, il gruppo *epp* e il gruppo *S&D*, consentirebbe l'elezione di una figura sgradita a tutte le altre forze politiche
- B Una coalizione "rosso-verde" dei tre gruppi rappresentati nella parte sinistra del grafico (*GUE/NGL*, *S&D*, *GREENS/EFA*) porterebbe all'elezione del Presidente
- C Il gruppo *epp* potrebbe accordarsi con le forze rappresentate alla sua destra (esclusi i 29 indipendenti NI) per impedire l'elezione di un Presidente sostenuto da tutti gli altri gruppi
- D Nel caso di una contrapposizione tra forze "progressiste" (sulla sinistra) e "conservatrici" (sulla destra), il candidato conservatore sarebbe certamente eletto se appoggiato anche dai "centristi" di *renew europe*
- E Il Presidente, per essere eletto, dovrebbe necessariamente avere l'appoggio del gruppo *epp*

8 **Ciascuno dei quattro punti che seguono descrive una caratteristica della Costituzione della Repubblica italiana, che può anche essere resa con un aggettivo. Scegli l'alternativa che abbina correttamente la descrizione con l'aggettivo corrispondente.**

1 - Non è stata concessa, ma discussa, redatta e approvata da rappresentanti eletti dal popolo, riuniti in assemblea con poteri costituenti.

2 - Tutti i suoi principi fondamentali, i diritti e i doveri, le norme e le disposizioni per l'ordinamento dello Stato sono enunciati in forma scritta, senza rimandi a norme accettate per consuetudine e/o tramandate oralmente.

3 - Non solo enuncia in generale ma regola nel dettaglio i principi, i diritti e i doveri dei cittadini, e i meccanismi delle istituzioni e della vita civile.

4 - Può essere modificata solo con procedimento parlamentare aggravato, e non può esserlo con leggi ordinarie; inoltre non tutte le sue parti sono modificabili.

A 1 - Votata; 2 - democratica; 3 - dettagliata; 4 - rigida

B 1 - Democratica; 2 - scritta; 3 - lunga; 4 - stabile

C 1 - Democratica; 2 - rigida; 3 -dettagliata; 4 - stabile

D 1 - Rappresentativa; 2 - rigida; 3 - lunga; 4 -stabile

E 1 - Votata; 2 - scritta; 3 - lunga; 4 - rigida

9 **Completa il seguente testo con la serie di termini o espressioni corrette:**

Il Governo deve avere la ...... delle due Camere. Ciascuna Camera accorda o ...... la fiducia mediante ...... motivata e votata per appello nominale.
Entro dieci giorni dalla sua formazione il Governo si presenta alle Camere per ...... la fiducia.
Il voto contrario di una o di entrambe le Camere su una proposta del Governo non ...... obbligo di dimissioni.

Costituzione della Repubblica italiana, art. 94

A maggioranza, revoca, mozione, ottenere, importa

B fiducia, revoca, mozione, ottenere, importa

C fiducia, revoca, votazione, discutere, toglie

D presidenza, revoca, mozione, ottenere, esclude

E maggioranza, meno, votazione, discutere, esclude

Leggi il brano e rispondi alla domanda seguente.

La traccia del tema di ordine generale nella prima prova della maturità, che è iniziata oggi per mezzo milioni di studenti, faceva riferimento al principio dell'uguaglianza formale e sostanziale nella Costituzione. Il principio è contenuto nell'articolo 3 della Costituzione, uno dei più importanti e noti.

L'articolo si ispira evidentemente ai valori illuministi, e si rifà a un concetto introdotto per la prima volta nelle costituzioni ottocentesche. Si divide in due parti, che definiscono due diversi concetti: quello di uguaglianza formale e quello di uguaglianza sostanziale. Il primo – uguaglianza formale – sancisce l'uguaglianza dei cittadini di fronte alla legge, specificando chiaramente le caratteristiche che erano e sono tuttora alla base della maggior parte delle discriminazioni (e che non sono comunque esaustive, concordano i costituzionalisti). L'interpretazione costituzionale, però, è concorde nel ritenere che l'articolo non escluda la possibilità di discipline differenziate della legge: si pensi agli stessi articoli della Costituzione che proteggono le minoranze linguistiche. In questo senso, però, i trattamenti differenziati sono permessi solo quando servono a evitare situazioni penalizzanti per certe categorie di cittadini. Si possono insomma applicare trattamenti differenziati quando sarebbe la loro non applicazione a determinare delle discriminazioni.

Il secondo comma riguarda l'uguaglianza sostanziale: prevede cioè che lo Stato si impegni attivamente dal punto di vista politico, economico e sociale per eliminare queste discriminazioni. Quindi, oltre che dal punto di vista del diritto, l'articolo 3 sancisce l'uguaglianza di fatto dei cittadini e affida allo Stato il compito di crearne le condizioni. La seconda parte dell'articolo parla di «pieno sviluppo della persona umana», che ricorda un po' la famosa formula della «ricerca della felicità» contenuta nella Dichiarazione d'indipendenza americana, che prescrive l'obbligo per lo Stato di impegnarsi perché tutti i suoi cittadini abbiano la possibilità di realizzare le proprie aspirazioni. da *ilpost.it*, 20 giugno 2018

---

10 Quale deduzione risulta corretta in base al brano?

A Le leggi che garantiscono privilegi alle minoranze linguistiche sono giustificate e necessarie alla luce del dettato costituzionale

B Con l'espressione «pieno sviluppo della persona umana» i padri costituenti hanno voluto affermare un principio astratto e ideale che lo Stato di fatto non è tenuto a considerare, purché assicuri ai cittadini condizioni di uguaglianza

C Se una causa di possibile discriminazione non è citata dall'articolo 3 della Costituzione, lo Stato non è tenuto a considerarla tale

D Una legge che concede agevolazioni a particolari categorie di cittadini non è necessariamente lesiva del principio di uguaglianza

E Uguaglianza formale e sostanziale sono indipendenti l'una dall'altra

---

11 Lo statuto delle Regioni a statuto ordinario è:

A deliberato dal Consiglio regionale con legge speciale e approvato con legge costituzionale

B approvato dal Parlamento e ratificato dalla Giunta regionale

C deliberato dalla Giunta regionale e approvato con legge statale

D approvato dal Consiglio regionale con maggioranza qualificata

E approvato dal Parlamento e anche dal Consiglio regionale

---

12 La Corte Costituzionale:

A non è un organo di garanzia

B decide di propria iniziativa su quali materie pronunciarsi

C può essere interpellata anche da un semplice cittadino

D decide sulle controversie tra Regioni e Stato circa le rispettive competenze legislative

E è composta solo da magistrati

---

13 Il codice penale italiano stabilisce che se la legge del tempo in cui è stato commesso un reato è diversa da quella in vigore al momento in cui l'imputato è giudicato si applica:

A la legge più sfavorevole al reo

B la legge cronologicamente anteriore

C la legge cronologicamente posteriore

D una delle due leggi a scelta della vittima del reato

E la legge più favorevole al reo

14 **Quale serie completa correttamente, nei punti numerati da [1] a [5], il seguente schema della Costituzione?**

COSTITUZIONE DELLA REPUBBLICA ITALIANA
Principi fondamentali
Parte I – Diritti e doveri dei cittadini
- Titolo I – Rapporti civili
- Titolo II – Rapporti etico-sociali
- Titolo III – Rapporti economici
- Titolo IV – Rapporti politici

Parte II – Ordinamento della Repubblica
- Titolo I – Il Parlamento
  - Sezione I: **[1]**
  - Sezione II: La formazione delle leggi
- Titolo II – Il Presidente della Repubblica
- Titolo III – Il Governo
  - Sezione I **[2]**
  - Sezione II **[3]**
  - Sezione III: Gli organi ausiliari
- Titolo IV – **[4]**
  - Sezione I: Ordinamento giurisdizionale
  - Sezione II: Norme sulla giurisdizione
- Titolo V – Le Regioni, le Province, i Comuni
- Titolo VI – Garanzie costituzionali
  - Sezione I: **[5]**
  - Sezione II: Revisione della Costituzione. Leggi costituzionali

Disposizioni transitorie e finali

A **[1]** Il Consiglio dei ministri; **[2]** Le Camere; **[3]** La Pubblica amministrazione; **[4]** La Magistratura; **[5]** La Corte costituzionale

B **[1]** Le Camere; **[2]** Il Consiglio dei ministri; **[3]** La Magistratura; **[4]**: La Pubblica amministrazione; **[5]** La Corte costituzionale

C **[1]** Le Camere; **[2]** Il Consiglio dei ministri; **[3]** La Pubblica amministrazione; **[4]** La Magistratura; **[5]** La Corte costituzionale

D **[1]** Le Camere; **[2]** Il Consiglio dei ministri; **[3]** La Corte Costituzionale; **[4]** La Pubblica amministrazione; **[5]** La Magistratura

E **[1]** Le Camere; **[2]** La Magistratura; **[3]** Il Consiglio dei ministri; **[4]** La Corte costituzionale; **[5]** La Pubblica amministrazione

15 **In Italia, chi delibera lo stato di guerra?**

A Il governo della Repubblica

B Il presidente della Repubblica, capo delle Forze armate

C Le Camere

D Il presidente della Repubblica, di concerto con i Capi di Stato maggiore di Esercito, Aeronautica e Marina militare

E Il presidente della Repubblica, su proposta delle Camere riunite in seduta comune

Osserva il grafico e rispondi alle domande che seguono.

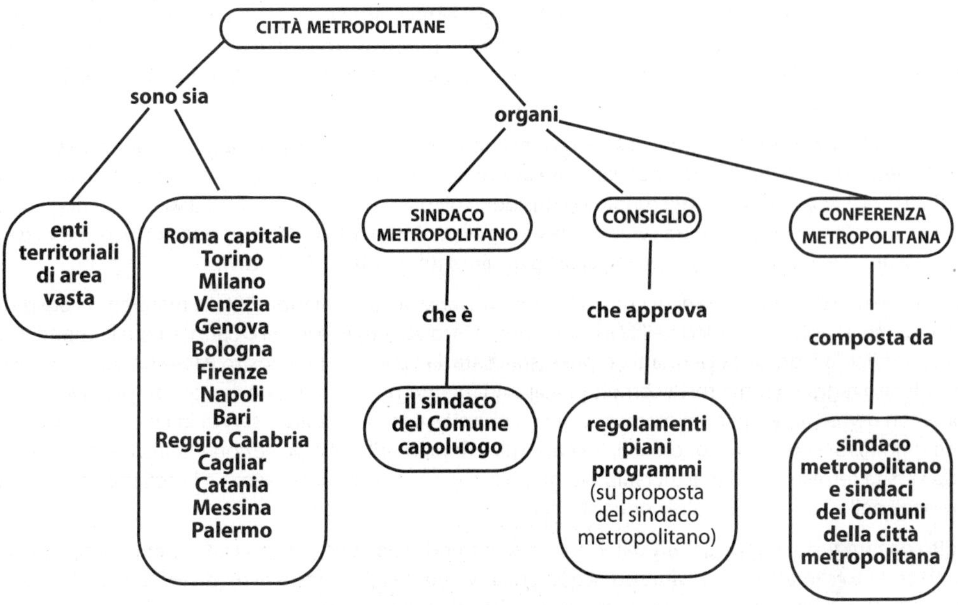

16 Quale affermazione è autorizzata dallo schema precedente?

- **A** Una città metropolitana costituisce un singolo Comune
- **B** Le città metropolitane sono in numero variabile
- **C** Una città metropolitana ha più di un sindaco
- **D** Reggio Calabria è un ente territoriale di area vasta
- **E** Un ente territoriale di vasta area è detto città metropolitana

17 Quale fra le seguenti affermazioni NON è autorizzata dallo schema precedente?

- **A** Il sindaco del Comune di Milano è anche un sindaco metropolitano
- **B** Il sindaco della città metropolitana di Bari è anche il sindaco del Comune di Bari
- **C** La conferenza metropolitana è un organo elettivo
- **D** La città metropolitana non è un Comune
- **E** Le città metropolitane hanno tre organi

18 Quante sono le Regioni italiane?

A 30 **B** 25 **C** 20 **D** 15 **E** 5

19 Quale tra le seguenti è una fonte secondaria del diritto?

- **A** L'atto amministrativo
- **B** Il regolamento amministrativo
- **C** La legge regionale
- **D** Lo Statuto regionale
- **E** La sentenza

Leggi il testo, osserva i grafici e rispondi alle domande che seguono.

Pubblicato il 30 giugno 2020, il *Sustainable Development Report 2020* – a cura del Sustainable Development Solutions Network (SDSN) – mette sotto la lente i progressi verso la realizzazione degli obiettivi di sviluppo sostenibile (*Sustainable Development Goals*, SDGs) dell'Agenda 2030 da parte dei 193 Paesi membri dell'ONU.

Dal 2016, il *Sustainable Development Report* ogni anno rende noti dati aggiornati per analizzare e classificare le performance degli Stati relativamente alla realizzazione degli SDGs; dal documento emerge che tra il 2015 e il 2019 hanno tutti compiuto considerevoli passi in avanti nel raggiungimento degli SDGs, pur con importanti differenze tra i diversi Paesi e tra i vari obiettivi. Il trend è dunque positivo, ma va detto che nessuno dei Paesi è davvero vicino al raggiungimento di tutti i 17 obiettivi.

Ai primi posti si confermano ancora una volta Svezia, Danimarca e Finlandia. L'Italia mantiene la posizione dello scorso anno, al 30° posto dell'*SDG Index*, ben dietro ad altri Paesi dell'OCSE, tra i quali, subito dopo quelli nordici, la Francia, la Germania e, più distanziata, la Spagna. Per il nostro Paese nessun obiettivo è considerato raggiunto, ma resta comunque un andamento positivo, con un indice complessivo di 77 su 100 e con performance in miglioramento per gli obiettivi 6 (acqua pulita e servizi igienico-sanitari), 8 (lavoro dignitoso e crescita economica), 15 (vita sulla Terra, riferito alla protezione dell'ecosistema e della biodiversità terrestri) e 17 (partnership per gli obiettivi, che misura la presenza e la collaborazione internazionali nelle azioni legate all'Agenda stessa).

Molto da fare resta invece per il Goal 9, anche se il trend è positivo, e soprattutto per la "lotta contro il cambiamento climatico" e la "vita sott'acqua" (relativamente alla perdita di biodiversità nelle acque marine): per questi ultimi non si sono nemmeno registrati miglioramenti.

20 In base a quanto esposto nel testo e a quanto è possibile desumere dalla figura, quale fra le seguenti affermazioni è corretta relativamente all'Italia?

- A Molto resta da fare ma alcuni SDG sono stati raggiunti
- B La tendenza è in netto miglioramento per tutti i 17 obiettivi
- C Dati complessivamente incoraggianti riguardano la gestione delle risorse idriche e delle strutture igienico-sanitarie
- D Relativamente a "Imprese, innovazione e infrastrutture" il trend è negativo
- E Per gli obiettivi 13 e 14 ci sono moderati miglioramenti

21 **In base a quanto esposto nel testo e a quanto è possibile desumere dalla figura, quale fra le seguenti è l'affermazione più corretta circa la sostenibilità dello sviluppo?**

- A Riguarda esclusivamente gli aspetti legati alla protezione dell'ambiente e della biodiversità, oltre che il contrasto al cambiamento climatico
- B Ha come suo scopo principale assicurare il benessere della popolazione mondiale
- C Se assicura che le attività economiche non danneggino l'ambiente, lo sviluppo è sostenibile
- D Molti Paesi del mondo, in particolare quelli più poveri, non riconoscono la sostenibilità dello sviluppo come obiettivo
- E Lo sviluppo sostenibile riguarda la dimensione economica, ecologica e sociale

22 **Limitazioni al diritto di iscriversi a partiti politici:**

- A possono essere stabilite con legge per i rappresentanti diplomatici e consolari all'estero
- B non possono mai essere stabilite
- C possono essere stabilite solo per gli interdetti e gli ergastolani
- D sono previste per il presidente della Repubblica, il presidente del Consiglio, il presidente della Corte Costituzionale
- E sono previste relativamente al solo partito fascista

23 **Secondo il nostro ordinamento, il diritto a presentare una proposta di legge spetta anche al popolo, purché:**

- A sia approvata dalla maggioranza dei votanti e sia stato votato da più del 50% degli aventi diritto
- B sia presentata da almeno 100mila elettori
- C sia presentata da almeno 50mila elettori e da un partito politico
- D sia presentata da almeno 500mila elettori
- E sia presentata da almeno 1 milione di elettori e da un partito politico

24 **Quali delle seguenti branche del diritto rientrano nella categoria del diritto pubblico?**

- A Diritto penale, diritto processuale penale, diritto industriale
- B Diritto ecclesiastico, diritto tributario, diritto amministrativo
- C Diritto finanziario, diritto tributario, diritto commerciale
- D Diritto penale, diritto civile, diritto costituzionale
- E Diritto delle navigazione, diritto ecclesiastico, diritto del lavoro

25 **Secondo l'articolo 139 della Costituzione italiana, la forma repubblicana:**

- A può essere oggetto di revisione costituzionale, come ogni altro articolo
- B può essere oggetto di revisione costituzionale solamente per decisione delle Camere riunite in seduta comune
- C può essere oggetto di revisione costituzionale con approvazione di un referendum popolare
- D non può essere oggetto di revisione costituzionale
- E non discende dalla legge, ma solo dalla consuetudine e quindi potrebbe liberamente cambiare

26 Quando si parla di *riserva di legge* si intende:

- A che una data materia può essere disciplinata soltanto tramite una legge
- B che una legge è riservata soltanto a una particolare categoria di persone
- C che una legge può essere accettata "con riserva" dai suoi destinatari, che possono decidere se applicarla a meno
- D che oltre alla legge è a volte anche prevista una "riserva", cioè una seconda legge che si applica quando la prima non viene applicata o viene annullata dalla Corte Costituzionale
- E designare il complesso delle leggi regionali, che non sono efficaci finché il Parlamento Italiano non le convalida

27 Il decreto-legge è emanato:

- A dal Parlamento
- B dal presidente della Repubblica
- C dal Governo
- D da una Regione
- E da una sola Camera parlamentare

28 L'obbligo giuridico di pagare una somma di denaro è detto:

- A obbligazione
- B dovere
- C diritto di credito
- D diritto reale
- E cambiale

29 La Corte dei conti esercita:

- A il controllo preventivo di legittimità sugli atti del Governo
- B la consulenza costituzionale per il Governo
- C la consulenza economica per il Governo
- D la giurisdizione sui reati economici attribuiti ai membri del Governo o altri alti funzionari
- E la giurisdizione d'appello dei TAR

30 Il Consiglio di Sicurezza dell'ONU è composto da:

- A tutti i Capi di Governo degli Stati membri
- B USA, Russia, Gran Bretagna, Cina, Francia
- C membri eletti dall'Assemblea generale
- D 5 membri permanenti e 10 eletti per due anni
- E USA, Russia, Gran Bretagna, Francia

9.2 | Soluzioni e commenti

1 L'affermazione coerente con il diagramma è quella proposta dall'alternativa A. Infatti, come stabilito dall'articolo 83 della Costituzione, l'elezione del presidente della Repubblica avviene attraverso l'organo di massima rappresentanza del corpo elettorale: il Parlamento riunito in seduta comune, integrato da alcuni rappresentanti di ogni Consiglio regionale (espressione del pluralismo istituzionale). Relativamente alle altre opzioni, si consideri che: la B è da escludere perché il diagramma non mostra alcuna relazione tra Corte Costituzionale e Governo; la C è errata in quanto il presidente nomina 1/3 e non tutti i membri della Corte Costituzionale; la D è falsa in quanto entrambe le affermazioni contrastano con il principio della separazione dei poteri. Infine la E non è corretta perché il popolo elegge il Parlamento ma non concorre alla formazione della Corte Costituzionale (se non indirettamente, ovvero tramite il Parlamento stesso).

2 Filosofo, giurista, storico e pensatore politico francese, Montesquieu (1689-1755) è considerato il fondatore della teoria politica della separazione dei poteri e uno dei maggiori esponenti dell'Illuminismo europeo. A partire dalla fiducia nella ragione e nel progresso, dall'affermazione dell'autonomia della scienza empirica, dalla polemica nei confronti delle autorità, dei valori e delle dottrine tradizionali, l'Illuminismo diffuse un profondo rinnovamento in campo scientifico, religioso, filosofico, che interessò anche le teorie economiche e influenzò la storiografia. La risposta corretta è pertanto la D: si può ricavare anche dalla riga di citazione della fonte, che riporta il nome dell'autore e la data di pubblicazione dell'opera.

3 La divisione (o separazione) dei poteri è uno dei principi giuridici su cui si fondano lo Stato di diritto e la democrazia liberale. Al fine di evitare che la libertà dei cittadini sia minacciata da tendenze autoritarie e per garantire il rispetto della legalità, le tre funzioni fondamentali dello Stato (legislativa, esecutiva e giudiziaria) sono assegnate a istituzioni diverse, tra loro indipendenti. La risposta corretta al quesito è pertanto la C. L'idea delle ripartizione delle funzioni fondamentali dello Stato è presente già nel pensiero di Aristotele, ma è con Montesquieu e l'Illuminismo che viene formalizzata in termini "moderni".

4 Dopo l'uscita del Regno Unito dall'Unione europea, nel gennaio 2020, i Paesi membri Ue sono 27: Austria, Belgio, Bulgaria, Cipro, Croazia, Danimarca, Estonia, Finlandia, Francia, Germania, Grecia, Irlanda, Italia, Lettonia, Lituania, Lussemburgo, Malta, Paesi Bassi, Polonia, Portogallo, Repubblica Ceca, Romania, Slovacchia, Slovenia, Spagna, Svezia, Ungheria.

Lo Spazio Schengen consiste nell'area complessiva degli Stati europei che – per la Convenzione di Schengen, firmata nel 1990 e in vigore dal 1995 – hanno abolito i controlli alle frontiere interne comuni, sostituite da un'unica frontiera esterna. Dalla sua istituzione, lo Spazio Schengen si è progressivamente ampliato sino a comprendere, oggi, 26 Paesi: 22 di essi sono membri dell'Ue (tranne Bulgaria, Croazia, Cipro e Romania – per i quali sono previste misure di graduale adesione – e Irlanda, che non ha aderito), mentre i restanti (Islanda, Liechtenstein, Norvegia e Svizzera) no.

Eurozona (o zona euro), invece, è un'espressione informale che indica l'insieme degli Stati membri dell'Unione europea che adottano l'euro come valuta ufficiale, formando l'Unione economica e monetaria dell'Unione. Oggi comprende 19 dei 27 Paesi membri dell'Ue (Danimarca, Svezia, Polonia, Repubblica Ceca, Ungheria, Croazia, Romania e Bulgaria mantengono la loro moneta, o per scelta o perché non ancora in grado di rispettare i criteri economici previsti.

Dal punto di vista insiemistico, dunque:

- i Paesi dell'eurozona formano un sottoinsieme (cioè sono tutti elementi) dell'insieme Paesi dell'Ue; i due insiemi non coincidono perché alcuni Paesi Ue non sono dell'eurozona;
- l'insieme Paesi aderenti alla Convenzione di Schengen ha una vasta intersezione con l'insieme Paesi Ue e con quello dell'eurozona, ma alcuni membri Ue e alcuni membri dell'eurozona non sono elementi dell'insieme Schengen;
- alcuni elementi dell'insieme Schengen non sono inclusi né nell'insieme Ue né nell'eurozona.

La corretta rappresentazione di queste relazioni tra i tre insiemi è quindi quella proposta dal diagramma 3. La C è pertanto la soluzione al quesito. Si noti che per rispondere correttamente non è necessario ricordare tutti i Paesi dei tre gruppi ma è sufficiente avere chiaro, in sintesi, che per essere membro dell'eurozona un Paese deve essere membro Ue, che molti ma non tutti i Paesi Ue fanno parte dello Spazio Schengen, insieme ad altri non membri Ue, e che solo una parte dei Paesi membri Ue e compresi nella eurozona hanno anche sottoscritto la Convenzione di Schengen (fanno eccezione Cipro, Irlanda e Malta).

---

5 La NATO (*North Atlantic Treaty Organization*) è un'organizzazione internazionale a carattere regionale, sottoscritta a Washington il 4 aprile 1949 da 10 Stati europei (Belgio, Danimarca, Francia, Islanda, Italia, Lussemburgo, Norvegia, Paesi Bassi, Portogallo e Regno Unito,) e due Stati nordamericani (Canada e Stati Uniti). Nel tempo i suoi membri sono aumentati sino agli attuali trenta. Non tutti sono membri dell'Ue, così come tra i Paesi Ue alcuni non hanno aderito alla NATO (Austria, Cipro, Finlandia, Irlanda, Malta e Svezia). L'insieme NATO e l'insieme Ue quindi non coincidono ma hanno una intersezione. L'ONU, fondata nel 1945, è l'organizzazione che riunisce 193 dei 196 Stati internazionalmente riconosciuti, e sono suoi membri tutti i Paesi dell'Unione europea e della NATO. L'insieme ONU contiene quindi gli altri due. La corretta rappresentazione della relazione tra gli insiemi proposti è quella del diagramma 5 (E soluzione).

---

6 Il Parlamento europeo è il solo organo dell'Ue eletto direttamente dai cittadini dell'Unione, con votazioni che si tengono ogni 5 anni in tutti i Paesi membri contemporaneamente. Il numero di deputati per ogni Paese è proporzionale alla rispettiva popolazione (compresi tra 6 e 96); all'interno del Parlamento, i deputati non si dividono però per nazionalità (risposta E errata) ma per "famiglie politiche", costituendo gruppi transnazionali. Prima della Brexit, i seggi erano 751, ed è questo il numero dei Parlamentari eletti nelle elezioni del 2019. In seguito, dal 1° febbraio 2020, dei 73 seggi lasciati vacanti dai rappresentanti del Regno Unito, 27 sono stati ridistribuiti ad altri Paesi, mentre i restanti 46 sono stati posti in riserva per eventuali futuri allargamenti. Ne consegue che il Parlamento europeo conta 705 membri, anche se, a causa di un seggio vacante, il grafico mostra un totale di 704: è dunque questo il dato che consente attualmente di individuare nella A la soluzione al quesito. Le alternative C e D sono fuorvianti.

---

7 Con l'entrata in vigore del Trattato di Lisbona (2009), il Parlamento europeo elegge il Presidente della Commissione europea, l'organo esecutivo dell'Ue, a maggioranza assoluta (la metà dei deputati più uno). Dalla figura, si sa che i deputati sono 704 e dunque che il Presidente deve ottenere almeno 353 voti (la metà più uno dei membri del Parlamento, ipotizzando che tutti esprimano un voto); bisogna allora verificare in quale delle situazioni proposte li otterrebbe (supponendo un comportamento uniforme da parte dei deputati di ciascuna delle differenti forze politiche presenti in aula). Si riscontra, dunque, che la somma dei deputati del gruppo *epp* (Partito popolare europeo) e del gruppo *S&D* (Alleanza progressista di socialisti e democratici) non raggiungerebbe tale soglia (187 + 147 = 334; A errata), né lo farebbe una coalizione "rosso-verde" (39 + 147 + 67 = 253; B errata). Per quanto riguarda il gruppo *ppe*, anche se è quello che conta il maggior numero di parlamentari, è evidente che non potrebbe impedire da solo un'elezione se tutti gli altri gruppi si accordassero (E errata e a un'alleanza delle sole destre non basterebbero i suoi voti (187 + 61 + 76 = 324; C errata). Nel caso di contrapposizione tra le forze "progressiste" e quelle "conservatrici", si avrebbero rispettivamente 253 seggi contro 324, e i 98 di *renew europe* assicurerebbero un'ampia maggioranza al candidato conservatore (324 + 98 = 422). La D è quindi la risposta corretta.

Per completezza, si ricorda che il Parlamento eletto nel maggio 2019 ha votato per il Presidente della Commissione europea nella sua composizione a 751 membri, compresi quelli del Regno Unito, e ha eletto la politica tedesca (nata in Belgio) Ursula von der Leyen, appoggiata dai gruppi S&D, *renew Europe*, ppe ed ECR (Conservatori e riformisti europei).

8 I quattro punti descrivono altrettanti caratteri fondamentali della nostra Costituzione, che è stata *votata* (e non concessa); è *scritta* e non rimanda a norme consuetudinarie; è *lunga*, in quanto non si limita a enunciare principi generali ma declina e disciplina nel dettaglio gli ambiti fondamentali degli assetti politici, sociali, civili e istituzionali della Repubblica; è *rigida*, perché nessuno dei suoi articoli può essere modificato dalla legge ordinaria. La risposta corretta è quindi la **E**. A questi quattro caratteri fondamentali se ne aggiungono tradizionalmente tre: la Costituzione della Repubblica italiana è infatti anche definita *compromissoria*, perché frutto di una collaborazione tra tutte le forze politiche; *democratica*, per il ruolo centrale riconosciuto alla sovranità popolare; *programmatica*, in quanto assegna alla legge ordinaria il compito di rendere effettivi gli obiettivi e i principi fissati, con provvedimenti coerenti agli stessi.

---

9 L'articolo 94 della Costituzione regola le modalità mediante le quali il Parlamento esercita il proprio controllo sul Governo. Infatti, le Camere non designano né il presidente del Consiglio (nominato dal presidente della Repubblica) né i ministri (indicati dal presidente del Consiglio stesso) ma accordano o revocano la fiducia al governo stesso che non può restare in carica se ne è privo. Ricordando questo è semplice riempire la prima lacuna del testo con la parola *fiducia* e la seconda con *revoca*: si possono quindi escludere tutte le alternative tranne la **B** e la **C**. A questo punto è logico scartare anche la **C**, che darebbe luogo, relativamente alla terza lacuna, alla frase con «votazione motivata e votata» che non ha senso.

---

10 Per esclusione, si può eliminare subito la risposta **E**, che contrasta palesemente con una delle tesi principali esposte nel testo, cioè che l'uguaglianza sostanziale è, in un certo senso, il compimento e il pieno dispiegamento di quella formale (se il primo comma sancisce l'uguaglianza dei cittadini ed esclude discriminazioni, il secondo comma impone allo Stato provvedimenti per rimuovere gli ostacoli all'effettiva parità). La **C** afferma invece il contrario di quanto dice il brano, secondo cui i costituzionalisti concordano nel ritenere che l'elenco delle cause discriminatorie presente in Costituzione non sia esaustivo. La **B** è da scartare, perché l'articolo 3 della Costituzione assegna allo Stato il compito concreto di «rimuovere gli ostacoli di ordine economico e sociale, che, limitando di fatto la libertà e l'eguaglianza dei cittadini, impediscono il pieno sviluppo della persona umana». Le altre due risposte propongono deduzioni tra loro in contrasto, circa le leggi che favoriscono specifiche categorie di cittadini: esse sono legittime e non lesive dell'uguaglianza se servono a rimuovere situazioni penalizzanti, e non se garantiscono privilegi (la **A** è errata); la risposta corretta è pertanto la **D**. Si pensi, per esempio, alla legge che concede agevolazioni alle donne imprenditrici: non è lesiva del principio di uguaglianza, in quanto è volta a ridurre le maggiori difficoltà di accesso al prestito che ancora penalizzano le imprese al femminile rispetto a quelle guidate da uomini, e ristabilisce pertanto una situazione di pari opportunità.

---

11 L'art. 123 della Costituzione, comma 2, modificato dalla legge costituzionale 22 novembre 1999, n. 1, stabilisce che lo statuto regionale sia approvato e modificato dal Consiglio regionale con legge approvata a maggioranza assoluta dei suoi componenti, con due deliberazioni successive a intervallo non minore di due mesi. Il Governo può promuovere la questione di legittimità costituzionale dello Statuto regionale davanti alla Corte Costituzionale. La risposta corretta è la **D**.

---

12 Gli artt. 134-137 della Costituzione definiscono funzioni, attività e composizione della Corte Costituzionale. Essa rappresenta il massimo presidio di garanzia costituzionale (risposta **A** errata), in quanto la sua prima attribuzione è giudicare sulla «legittimità costituzionale delle leggi e degli atti avente forza di legge». Sempre alla Corte Costituzionale vanno rivolte le richieste per dirimere i conflitti di attribuzione di competenze tra i poteri dello Stato, nonché tra Stato e Regioni (la risposta **D** dunque è corretta) o tra Regioni. Le alternative **B** e **C** sono errate in quanto la Corte non decide da sé le questioni su cui pronunciarsi, ma risponde alla sollecitazioni da parte dello Stato o delle Regioni (art. 137 Cost.) o da parte di un qualunque giudice che ponga una questione di conformità circa la legge che dovrebbe applicare in un processo in cui sta operando.

CONOSCENZE E COMPETENZE

Il comune cittadino non può appellarsi direttamente alla Corte. Infine la E è errata perché i giudici della Corte possono essere scelti non solo tra magistrati ma anche professori ordinari universitari di materie giuridiche o avvocati con almeno 20 anni di pratica professionale.

---

13 La risposta corretta è la E. Questa norma è introdotta nell'ordinamento italiano dal terzo comma dell'articolo 2 del codice penale: «Se la legge del tempo in cui fu commesso il reato e le posteriori sono diverse, si applica quella le cui disposizioni sono più favorevoli al reo». Questo criterio risponde all'esigenza umanitaria di alleggerire la posizione del reo (*favor rei*), qualificando il fatto da lui commesso in base alla norma a lui più favorevole.

---

14 La tabella riporta l'indice della Costituzione, articolata in Parti, Titoli e Sezioni che ne indicano voci e argomenti. L'alternativa che completa correttamente tale indice e fa da soluzione al quesito, è la C. Infatti:

[1] il Titolo I dedicato al *Parlamento*, dedica la prima sezione alle *Camere* (che ne sono gli organi) e non al *Consiglio dei ministri* (A errata);

[2] il *Consiglio dei ministri* è invece trattato nella prima Sezione del Titolo III, dedicato al *Governo*;

[3] lo stesso Titolo tratta anche la *Pubblica amministrazione*, che dal *Governo* dipende (B, D, e E sono errate);

[4] la *Magistratura* è l'organo che esercita il potere giurisdizionale, pertanto occupa il Titolo IV, come indicato dalle relative Sezioni;

[5] infine, nel Titolo delle *Garanzie costituzionali* trova logicamente sede la Sezione dedicata alla *Corte Costituzionale*, che è il primo presidio di garanzia per il rispetto della Carta da parte di tutti gli organi dello Stato.

---

15 Lo stato di guerra è votato con legge dalle Camere, così come stabilito dalla Costituzione all'78: «Le Camere deliberano lo stato di guerra e conferiscono al Governo i poteri necessari». La ragione è evidente: è attraverso il Parlamento che si esprime la volontà popolare. La risposta esatta è la C. Attenzione alla B: il presidente della Repubblica dichiara lo stato di guerra, ma non lo decide.

---

16 Il grafico schematizza alcuni punti della riforma degli enti locali realizzata con legge 56/2014 (cd. legge Delrio), che ha ridefinito funzioni e modalità di elezione degli organi provinciali e ha istituito le Città metropolitane, individuate, al pari delle Province, quali *enti territoriali di area vasta*. Per rispondere alla domanda non è necessario avere nozioni specifiche al riguardo, è sufficiente interpretare correttamente lo schema. Si possono così scartare le alternative errate: la A perché la città metropolitana è costituita da più comuni (vedi ultimo riquadro in basso a destra); la B perché le città metropolitane sono esattamente dieci (vedi elenco nel secondo riquadro da sinistra); la C perché il sindaco metropolitano è uno e coincide con quello del capoluogo (vedi terzo riquadro da sinistra); infine la E perché non tutti gli enti territoriali di area vasta sono città metropolitane. La risposta corretta è dunque la D: seguendo lo schema, si ricava che tra le città metropolitane figura anche Reggio Calabria.

---

17 La risposta da indicare è la C. Stando allo schema, infatti, si ricava che la Conferenza metropolitana NON è un organo elettivo né di primo né di secondo grado, in quanto ne fanno parte automaticamente (cioè *di diritto*, senza nessun tipo di elezione) i sindaci dei comuni compresi nella città metropolitana e il sindaco metropolitano stesso. Le altre alternative contengono affermazioni correttamente deducibili dallo schema: chi è sindaco del capoluogo di una città metropolitana, è anche sindaco della corrispondente città metropolitana (A e B); la città metropolitana non coincide con un comune, ma è un ente territoriale intermedio che include i comuni della precedente provincia (D) e si articola nei tre organi indicati dal grafico: sindaco, consiglio e conferenza metropolitani.

18 L'Italia conta venti regioni, di cui cinque a statuto speciale, che sono: Valle d'Aosta, Friuli Venezia-Giulia, Trentino Alto-Adige, Sicilia e Sardegna. Le regioni ordinarie sono: Piemonte, Liguria, Lombardia, Veneto, Emilia-Romagna, Toscana, Umbria, Marche, Lazio, Abruzzi, Campania, Molise, Puglia, Basilicata e Calabria. La risposta esatta è la C.

---

19 Una fonte del diritto è un atto che *innova* l'ordinamento giuridico e introduce nuove norme. La legge regionale e lo Statuto regionale sono fonti del diritto, ma non secondarie, bensì primarie. La sentenza invece non è una fonte del diritto, perché si limita ad applicare il diritto. Quanto agli atti amministrativi, si tenga in considerazione che solo alcuni di essi possono essere normativi e questo significa che non tutti lo sono necessariamente (esistono anche atti amministrativi solo applicativi): per questo motivo, non è accettabile la risposta A. Il regolamento invece, pur rientrando tra gli atti amministrativi, è sicuramente normativo, perché è fonte di diritto. In particolare, è una fonte secondaria perché non può derogare alla Costituzione, né alla legge ordinaria, né disciplinare materie coperte da riserva di legge. La risposta corretta è la B.

---

20 *Trasformare il nostro mondo: l'Agenda 2030 per lo Sviluppo Sostenibile* è un programma d'azione per le persone, il pianeta e la prosperità firmato nel 2015 dai governi dei 193 Paesi membri dell'ONU, da completare entro il 2030. Comprende 17 Obiettivi per lo sviluppo sostenibile (*Sustainable Development Goals*) articolati in 169 «traguardi» e collegati in una strategia che indica quali sono i risultati cui mirare per avviare un percorso di sviluppo sostenibile.

Il testo e la figura relazionano i risultati conseguiti dall'Italia, in base al *Sustainable Development Report 2020*. Il quesito propone cinque affermazioni di cui una sola è corretta. La A e la B si scartano facilmente: il testo dice infatti che l'Italia non ha raggiunto ancora nessun obiettivo e che, anzi, per almeno due obiettivi non si sono neppure registrati miglioramenti. Confrontando, nelle ultime righe del testo, la definizione di questi due obiettivi ("lotta contro il cambiamento climatico" e "la vita sott'acqua") con la figura, si ricava che si tratta dei numeri 13 e 14: quindi anche la E è errata. Infine va esclusa la D: infatti il testo non attribuisce un trend negativo a nessun obiettivo, dunque è un'informazione che non si può tenere per vera. La soluzione del quesito è la C: riguardo all'obiettivo citato (il numero 6), il testo parla di performance in miglioramento.

---

21 Lo sviluppo sostenibile, come definito nell'*Agenda 2030*, è quello in grado di assicurare «il soddisfacimento dei bisogni della generazione presente senza compromettere la possibilità delle generazioni future di realizzare i propri [bisogni]». Chiaramente, i bisogni non vanno intesi soltanto come quelli materiali, legati alla sfera economica, ma in generale quelli il cui soddisfacimento permette a ciascuno di «realizzare il proprio potenziale con dignità e uguaglianza in un ambiente sano» (così si legge nel preambolo dell'*Agenda*). La sostenibilità, dunque, implica la compatibilità tra sviluppo economico e impatto sull'ambiente e chiama in causa anche la dimensione sociale e politica, nei termini di equità, giustizia e diritti.

Queste informazioni si possono tutte ricavare leggendo le voci dei 17 Obiettivi riportati in figura, che riguardano sia la promozione sociale (sconfiggere la povertà, sconfiggere la fame, salute e benessere, pari opportunità ecc.), sia il progresso economico (crescita economica, imprese e innovazione ecc.) sia la sostenibilità ambientale (energie rinnovabili, tutela della biodiversità e delle acque, lotta al cambiamento climatico ecc.). Pertanto, l'opzione A è errata perché lega la sostenibilità esclusivamente alla dimensione ecologica, e analogamente è da scartare la C, perché non considera, per uno sviluppo "pienamente" sostenibile, gli aspetti sociali. La B è vera solo parzialmente, mentre la D è da escludere: il brano dice che193 Paesi ONU, ossia la quasi totalità dei Paesi esistenti, hanno sottoscritto l'*Agenda*. La risposta esatta è quindi la E, che correttamente elenca le tre dimensioni della sostenibilità.

22 Secondo l'articolo 98 della Costituzione il diritto di iscriversi a un partito politico, di cui sono titolari tutti i cittadini, può essere limitato per alcune categorie di soggetti, tra cui i rappresentanti diplomatici consolari all'estero. La risposta esatta è perciò la **A**. In relazione alle altre risposte, si noti che per interdetti ed ergastolani sono previsti limiti al diritto di voto e che per il Partito fascista la Costituzione prevede un vero e proprio divieto di ricostituzione.

23 La presentazione al Parlamento di una legge di iniziativa popolare è un istituto di democrazia diretta previsto dalla Costituzione, all'articolo 71. Grazie a esso, i cittadini possono esercitare l'*iniziativa legislativa* depositando presso una delle due Camere una proposta di legge che sia redatta in articoli e sottoscritta da almeno 50.000 elettori. La risposta esatta è quindi la **D**. Purtroppo la Costituente non ha previsto alcun obbligo per le Camere di esaminare e votare tali proposte: così ben poche leggi di iniziativa popolare approdano alla discussione nelle Commissioni e poi nei rami del Parlamento e solo poco più dell'1% è stato approvato.

24 Il diritto pubblico regola l'organizzazione e l'azione dello Stato e degli altri enti pubblici e i loro rapporti con i soggetti privati; il diritto privato regola invece i rapporti reciproci tra individui, sia nel campo personale che in quello patrimoniale. L'unica risposta corretta è perciò la **B**: il diritto industriale, commerciale, civile e del lavoro fanno infatti parte del diritto privato.

25 L'articolo 139 della Costituzione dichiara che la forma repubblicana non può essere oggetto di revisione costituzionale. La scelta compiuta nel 1946 con il *referendum istituzionale* è stata dunque definitiva. La risposta esatta è la **D**.

26 La risposta corretta è la **A**. La riserva di legge, infatti, è un istituto previsto dalla Costituzione che intende riservare solo al potere legislativo la regolamentazione di alcune materie considerate di particolare rilevanza. La riserva di legge costituzionale si distingue da quella di legge ordinaria, quest'ultima ulteriormente scindibile in riserva *assoluta* (la legge deve regolamentare ogni aspetto della materia) e *relativa* (la legge si limita a fissare alcuni principi, demandando a un regolamento il completamento della disciplina). Quanto alle altre alternative proposte dalla domanda, l'ipotesi introdotta dalla **B** non è una riserva di legge, ma una destinazione della legge a particolari soggetti. La **C** è da scartare perché non è pensabile che i destinatari di una legge possano decidere di applicarla o meno: la legge è sempre, per sua stessa definizione, cogente. Quanto alla **D**, essa è da scartare sia per quanto appena detto sia perché sarebbe assurdo che, se la Corte Costituzionale annullasse una legge, vi fosse una legge "di scorta". Infine, per quanto riguarda la **E**, occorre ricordare che le leggi regionali non necessitano di alcuna approvazione successiva del Parlamento; vi è semmai, per alcune materie, una preventiva *legge-cornice* del Parlamento, nei cui limiti può legiferare la Regione.

27 L'alternativa **B** va esclusa in quanto il presidente della Repubblica non emana, ma promulga le leggi. Quanto alle alternative **A** e **D**, il Parlamento emana *leggi ordinarie* come le Regioni emanano *leggi ordinarie regionali*. Il ricorso al termine *decreto* orienta verso la scelta dell'alternativa corretta (la **C**): il decreto-legge è un provvedimento emanato dal Governo per ragioni di urgenza e necessità, avente valore di legge. Esso necessita di essere convertito in legge dal Parlamento entro sessanta giorni dalla sua emanazione, pena la decadenza. Infine, non esistono leggi emanate da una sola Camera.

28 La prestazione che consiste nel pagamento a un altro soggetto di una somma di denaro è una *obbligazione*: la risposta esatta è la **A**. Questa prestazione non è un dovere (risposta **B**) in quanto il dovere non deve essere adempiuto in favore di un destinatario determinato, ma di una serie non determinata di soggetti. Non è nemmeno un diritto (risposte **C** e **D**), ma piuttosto un suo contrario. Il diritto infatti ricorre solo se chi ne è titolare può pretendere da altri un determinato comportamento. La cambiale (risposta **E**) è infine un titolo di credito che obbliga un soggetto al pagamento di una certa somma.

29 La risposta esatta è la **A**. La Corte dei Conti esercita, ai sensi dell'articolo 100 della Costituzione, il controllo preventivo di legittimità sugli atti del Governo e quello successivo sulla gestione del bilancio dello Stato; partecipa, inoltre, al controllo sulla gestione finanziaria degli enti cui lo Stato contribuisce in via ordinaria. La Corte dei Conti è un organo a rilevanza costituzionale. La sua collocazione nel Titolo III, dedicato al Governo, e nella Sezione II, dedicata agli organi ausiliari, potrebbe far pensare che la Corte dei Conti sia un organo ausiliario del Governo: è, tuttavia, lo stesso art. 100 della Costituzione a imporre alla legge di assicurarne l'indipendenza di fronte al Governo. La Corte dei Conti, infatti, opera in veste neutrale e obiettiva nell'interesse generale della comunità e a tutela della finanza pubblica.

30 La risposta esatta è la **D**. Il Consiglio di Sicurezza è composto da 15 membri: 5 sono permanenti (USA, Russia, Gran Bretagna, Cina, Francia) e 10 vengono eletti ogni due anni. I primi cinque godono del diritto di veto per ogni decisione che rivesta carattere sostanziale, diritto che spesso paralizza ogni intervento concreto a causa delle difficoltà di queste cinque potenze a raggiungere un accordo. È anche il caso di notare che, al di là degli scopi propugnati nel trattato, tale diritto di veto rappresenta un privilegio che i cinque vincitori della seconda guerra mondiale si sono arbitrariamente attribuiti.

10 | Conoscenze socioeconomiche

10.1 | Esercizi proposti

Leggi il testo e rispondi alle domande seguenti.

L'inflazione tendenziale rallenta a giugno 2017 nell'Eurozona, andando all'1,3% rispetto all'1,4% di maggio (dati Eurostat). Nella prima economia dell'area – la Germania – l'inflazione su base annua è all'1,6%, in Italia è invece all'1,2%, con un calo mensile dello 0,1%. In questo momento, quindi, l'Italia registra un'inflazione dello 0,4% più bassa della Germania.

Per trovare uno spread più alto bisogna tornare al febbraio scorso, quando in Germania l'inflazione su base annua era al 2,2% e in Italia all'1,6%. La differenza massima nell'ultimo anno è stata toccata a dicembre 2016 (1,7% contro 0,5%), quella minima nei due mesi scorsi, scesa ad appena un decimale, rispettivamente frutto di un'inflazione a 2% e 1,5% in Germania e a 1,9% e 1,4% in Italia. Infine, in nessun mese degli ultimi dodici, l'inflazione tendenziale tedesca è risultata inferiore a quella italiana.

Se confrontiamo il dato tedesco e quello medio dell'Eurozona, troviamo un aumento del differenziale a giugno dello 0,3% per il primo, rispetto allo 0,1% di maggio. Il maggior divario nell'ultimo anno è stato toccato a dicembre, quando l'inflazione tedesca è risultata di ben 6 decimi superiore a quella dell'area.

1 Quale fra le seguenti affermazioni è corretta?

- **A** La Germania nel periodo considerato ha avuto un'inflazione superiore a quella dell'Eurozona, come è accaduto anche per l'Italia
- **B** Nel periodo considerato, nell'Eurozona, i prezzi sono rimasti stabili
- **C** Nel periodo considerato i prezzi sono aumentati più in Germania che in Italia
- **D** Nel periodo considerato, l'aumento dei prezzi è stato maggiore in Italia che nell'Eurozona
- **E** La Germania ha registrato nel periodo la più alta inflazione fra i Paesi dell'Eurozona

2 Sulla base di quanto dice il brano, osserva il grafico e completa correttamente la legenda.

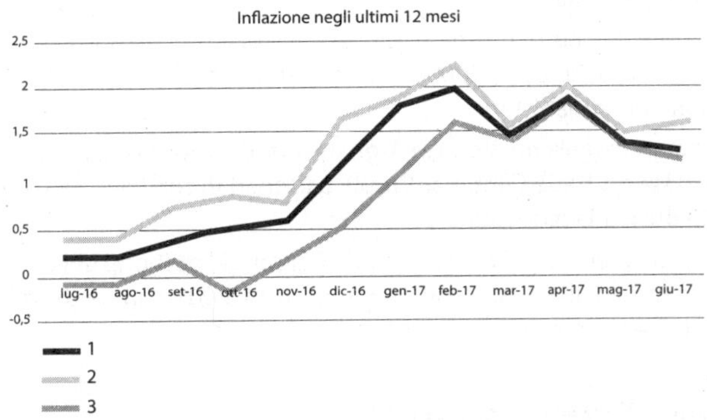

- **A** 1: Inflazione annuale Eurozona; 2: Inflazione annuale Germania; 3: Inflazione annuale Italia
- **B** 1: Inflazione annuale Germania; 2: Inflazione annuale Eurozona; 3: Inflazione annuale Italia
- **C** 1: Inflazione annuale Italia; 2: Inflazione annuale Eurozona; 3: Inflazione annuale Germania
- **D** 1: Inflazione annuale Eurozona; 2: Inflazione annuale Italia; 3: Inflazione annuale Germania
- **E** 1: Inflazione annuale Germania; 2: Inflazione annuale Italia; 3: Inflazione annuale Eurozona

3 **Stando al testo, la fonte dei dati è:**

A l'Eurostat, l'ufficio legale dell'Unione europea

B l'Eurozona

C la Corte dei conti dell'Unione europea

D l'Eurostat, l'ufficio statistico della BCE

E l'Eurostat, l'ufficio statistico dell'Eurozona

4 **Nel brano, il termine *spread* nel secondo capoverso:**

A si riferisce alla differenza tra l'inflazione mensile in Germania e in Italia

B indica il valore utilizzato per confrontare la fiducia dei mercati verso le economie di Paesi diversi

C si riferisce alla differenza tra l'inflazione su base annua in Germania e in Italia

D indica il valore che esprime la massima differenza tra il dato medio dell'Eurozona e quello del Paese che più se ne discosta, in un dato periodo, in questo caso la Germania

E indica il valore che esprime la differenza tra l'inflazione registrata nel Paese dell'Eurozona con il dato più alto e quello con il dato più basso, in questo caso rispettivamente Germania e Italia

5 **Completa correttamente la linea del tempo, associando numeri e date (dove presenti) con alcuni eventi di rilievo nella storia della NATO.**

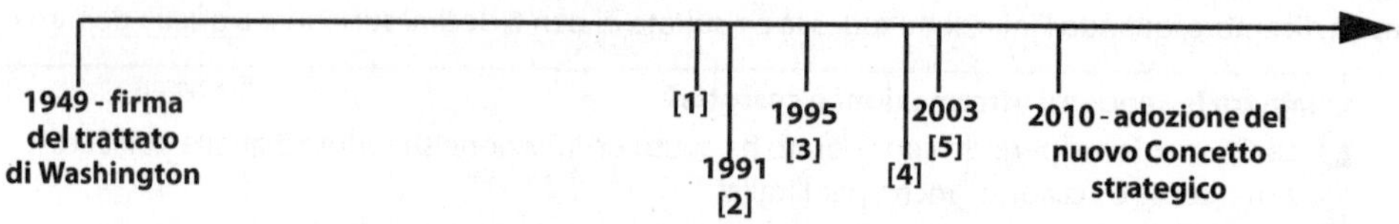

A [1] 1989: gestione della crisi in Bosnia-Erzegovina; [2]: caduta del muro di Berlino; [3] partenariati con Paesi ex sovietici; [4] 2001: comando della missione in Afghanistan; [5] attacchi terroristici al World Trade Center

B [1] 1989: caduta del muro di Berlino; [2] partenariati con Paesi ex sovietici; [3] gestione della crisi in Bosnia-Erzegovina; [4] 2001: attacchi terroristici al World Trade Center [5] comando della missione in Afghanistan

C [1] 1990: caduta del muro di Berlino; [2] gestione della crisi in Bosnia-Erzegovina; [3] partenariati con Paesi ex sovietici; [4] 2000: attacchi terroristici al World Trade Center; [5] comando della missione in Afghanistan

D [1] 1990: comando della missione in Afghanistan; [2]: caduta del muro di Berlino; [3] attacchi terroristici al World Trade Center; [4] 2000: partenariati con Paesi ex sovietici [5] gestione della crisi in Bosnia-Erzegovina

E [1] 1989: attacchi terroristici al World Trade Center; [2] gestione della crisi in Bosnia-Erzegovina; [3] comando della missione in Afghanistan; [4] 2001: caduta del muro di Berlino; [5] partenariati con Paesi ex sovietici

Leggi il brano e rispondi alle domande seguenti.

Organizzazione fondata nel 1967 per contribuire allo sviluppo economico, sociale e culturale dei Paesi del …… e per assicurare la stabilità della regione. I fondatori sono: Filippine, Indonesia, Malaysia, Singapore e Thailandia. Ha sede a Giacarta e nel 1993 ha costituito l'ARF, un nuovo organismo che riunisce gli Stati membri dell'organizzazione stessa, i loro principali partner commerciali e numerosi altri Stati dell'area, con lo scopo di discutere questioni inerenti alla sicurezza della regione.

6 **Quale alternativa completa correttamente il testo e qual è l'organizzazione descritta?**

- **A** Sud Africa – African Continental Free Trade Area
- **B** Nord America – NAFTA
- **C** Sud-Est asiatico – Association of South-East Asian Nations
- **D** Sud-Est asiatico – Eurasian Economic Union
- **E** Nord America – Mercosur

7 **L'ARF citato nel testo è:**

- **A** un nuovo organismo che ha sostituito l'organizzazione fondata nel 1967, in seguito all'allargamento di quest'ultima
- **B** un nuovo organismo cui hanno aderito tutti i Paesi membri dell'organizzazione fondata nel 1967, oltre a numerosi altri, e che per questo ha di fatto assunto il ruolo che aveva la prima
- **C** un nuovo organismo costituito dall'organizzazione fondata nel 1967 per coordinare le relazioni commerciali dei Paesi membri con altre organizzazioni regionali
- **D** un nuovo organismo costituito dall'organizzazione fondata nel 1967 per favorire stabilità nella regione
- **E** un nuovo organismo costituito dall'organizzazione fondata nel 1967 per gestire le relazioni commerciali con i Paesi non membri

Osserva il grafico e rispondi alle domande.

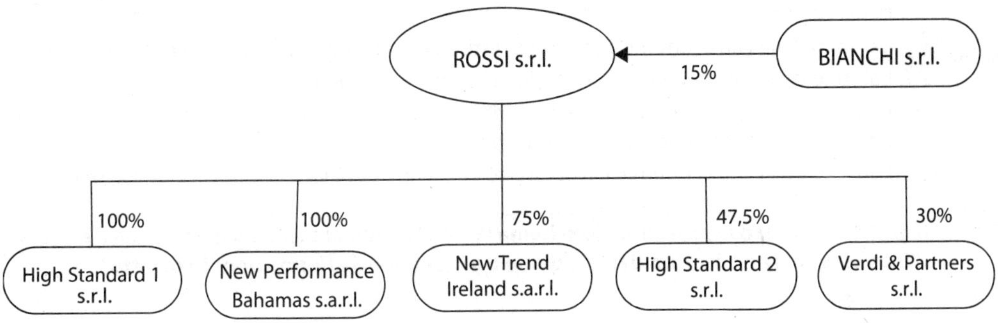

8 **Che cosa rappresenta il grafico?**

- **A** La struttura societaria di un gruppo
- **B** Le quote di mercato di diverse società concorrenti
- **C** L'acquisizione della Rossi s.r.l. da parte della Bianchi s.r.l.
- **D** La cordata delle società High Standard 1 e 2, New Performance, New Trend e Verdi & Partners per acquisire la Rossi s.r.l. e di conseguenza la Bianchi s.r.l.
- **E** Il controllo da parte della Bianchi s.r.l. sulle società High Standard 1, New Performance e New Trend

9 **In base alle informazioni presenti nel grafico, quale tra le seguenti affermazioni è corretta?**

- **A** La Rossi s.r.l. controlla sicuramente tutte le società del gruppo
- **B** La Bianchi s.r.l. possiede il 100% di New Performance Bahamas s.a.r.l.
- **C** La High Standard 1 s.r.l. possiede il 30% della Verdi & Partners s.r.l.
- **D** La New Trend Ireland s.a.r.l. è sicuramente controllata dalla Rossi s.r.l.
- **E** La Rossi s.r.l. controlla la Bianchi s.r.l.

Leggi il testo e rispondi alle relative domande.

Nel 1936 l'economista inglese John Maynard Keynes pubblicò il saggio *Teoria generale dell'occupazione, dell'interesse e della moneta*. L'anno seguente, John Richard Hicks formalizzò il sistema macroeconomico keynesiano ideando uno schema con due curve che chiamò IS-LL ma che nelle rielaborazioni dei decenni successivi diventarono le curve IS-LM.

Lo schema fornisce una sintesi della teoria neoclassica-keynesiana, grazie alla contemporanea rappresentazione del settore reale (curva IS) e del settore monetario (LM). L'equilibrio generale macroeconomico si verifica quando entrambi i mercati sono in equilibrio, quando si ha cioè contemporaneamente pareggio di domanda e offerta aggregate, nel mercato reale, e di domanda e offerta di moneta, in quello monetario. Tale equilibrio può essere simultaneo in quanto i due mercati hanno variabili comuni e sono quindi interdipendenti.

10 Dal brano si può dedurre che la definizione di curve IS-LM può essere:

- A *income-salary*, reddito-salario; *liquidity-money*, liquidità-denaro
- B *investment-saving*, investimento-risparmio; *liquidity-money*, liquidità-denaro
- C *investment-saving*, investimento-risparmio; *loan-money*, prestito-denaro
- D *input-stock*, entrata-riserva; *liquidity-money*, liquidità-denaro
- E *income-salary*, reddito-salario; *loan-money*, prestito-denaro

11 Quale tra le seguenti definizioni esprime meglio il significato che nel brano ha l'espressione *settore reale*?

- A L'ambito della vita economica direttamente collegato alla produzione e alla distribuzione di beni e servizi
- B L'ambito della vita economica concreta, distinto dalla astratta descritta dalla macroeconomia
- C L'ambito della microeconomia, distinto dalla macroeconomia
- D L'ambito della vita economica direttamente collegato alla produzione e alla distribuzione di beni e servizi, autonomo rispetto a quello monetario
- E L'ambito della vita economica in cui si può verificare l'equilibrio macroeconomico generale

12 Il grafico proposto rappresenta lo schema IS-LM. Stando al testo e sapendo che *r* è il tasso d'interesse reale e *Y* l'entità del PIL, quale tra le seguenti affermazioni è corretta?

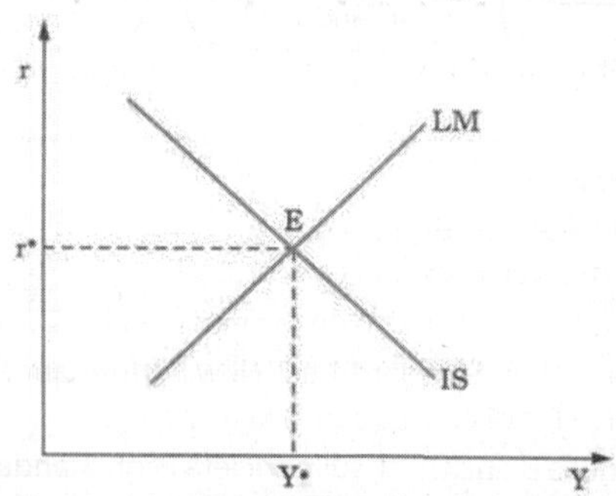

- A Nel settore reale, una crescita del PIL determina sempre una crescita del tasso d'interesse reale
- B Nel settore reale, una crescita del tasso d'interesse reale può essere conseguenza di una contrazione del PIL
- C Nel settore monetario, generalmente l'aumento del PIL si associa a una diminuzione del tasso d'interesse reale
- D Nel settore monetario, non si può osservare una riduzione del tasso di interesse in congiunzione a riduzione del PIL
- E Nessuna delle precedenti risposte è corretta

PARTE TERZA

13 **Cosa si intende in economia con l'espressione *beggar-thy-neighbour policy*?**

- **A** Una politica economica che impedisce la redistribuzione della ricchezza all'interno di un Paese
- **B** Una politica economica volta a favorire gli investimenti produttivi mediante l'introduzione di sgravi fiscali per le imprese
- **C** Una politica monetaria volta a scoraggiare la sottoscrizione, da parte della Banca centrale, dei titoli del debito pubblico
- **D** Una politica fiscale basata sulla minimizzazione dell'intervento del settore pubblico nell'economia, fondata sulla convinzione della superiorità delle forze di mercato
- **E** Una politica economica basata sull'utilizzo di strumenti che, pur favorendo apparentemente lo sviluppo economico interno, danneggiano altri Paesi

---

14 **Una delle seguenti affermazioni sulle *economie di scala* è falsa. Quale?**

- **A** Sono una barriera all'entrata per nuove imprese
- **B** Si dividono in economie di impianto ed economie d'impresa
- **C** Attribuiscono a un'impresa di piccole dimensioni una maggiore capacità di assorbire i cambiamenti rispetto a un'impresa di grandi dimensioni
- **D** Ne beneficiano le aziende di grandi dimensioni
- **E** Fanno sì che i costi totali di produzione delle imprese che già operano in un'area di affari siano inferiori rispetto a quelli di nuove imprese entranti nel settore

---

15 **Da parte dello Stato, le azioni di privatizzazione perseguono tutte le seguenti finalità tranne una. Quale?**

- **A** Ridurre nell'immediato la disoccupazione
- **B** Migliorare l'efficienza della gestione delle imprese
- **C** Ridurre il disavanzo pubblico e conseguentemente il debito pubblico
- **D** Rimuovere potenziali ostacoli alla libera concorrenza nel mercato
- **E** Diminuire il peso dello Stato nell'economia

---

16 **In Italia, a quale autorità è attribuito il potere di vigilanza in materia di *antitrust*?**

- **A** Al Parlamento
- **B** Alla Corte Costituzionale
- **C** Al ministro delle Telecomunicazioni
- **D** A un'agenzia indipendente nota con il nome di CONSOB
- **E** All'Autorità garante della Concorrenza e del Mercato

---

17 **Che cosa è una Società a responsabilità limitata (S.r.l.)?**

- **A** Una società i cui soci sono responsabili esclusivamente nei confronti degli altri soci e non di terzi
- **B** Una società i cui soci non sono responsabili penalmente per gli eventuali reati commessi in nome della società
- **C** Una società i cui soci sono responsabili solo limitatamente al capitale inizialmente versato
- **D** Una società i cui soci sono responsabili solo limitatamente alle obbligazioni nei confronti dei lavoratori dipendenti
- **E** Nessuna delle precedenti alternative è corretta

18 **Un contrario di *capitalizzare* è:**

A ammortizzare

B monetizzare

C svalutare

D accantonare

E riscontare

19 **Quale dei seguenti effetti negativi è provocato da un aumento dell'inflazione?**

A La perdita del potere d'acquisto dei salari

B Il crollo del valore degli immobili

C L'aumento del debito pubblico

D L'aumento della disoccupazione

E Nessuna delle precedenti alternative è corretta

20 **Che cosa è il Fondo monetario internazionale (FMI)?**

A Una banca finalizzata a coordinare la politica monetaria dei principali Paesi del mondo

B Una banca finalizzata a concedere finanziamenti ai Paesi in via di sviluppo

C Un'istituzione internazionale che ha il compito di finanziare le operazioni dell'ONU

D Una banca internazionale con sede a Londra

E Nessuna delle precedenti alternative è corretta

21 **Quali sarebbero gli effetti immediati di un incremento del prezzo del petrolio per un Paese, come l'Italia, che dipende dall'estero per il proprio fabbisogno energetico?**

1 Un aumento del tasso di inflazione;

2 un peggioramento della bilancia commerciale;

3 un aumento della disoccupazione.

A Solo la 1)

B Solo la 2)

C Solo la 3)

D La 1) e la 2)

E La 2) e la 3)

22 **Quale fra le seguenti è la definizione legislativa di imprenditore?**

A È imprenditore chi esercita un'attività diretta alla produzione nel settore primario

B È imprenditore chi esercita professionalmente un'attività economica organizzata al fine della produzione o dello scambio di beni e servizi

C È imprenditore chi esercita professionalmente un'attività organizzata prevalentemente con il lavoro proprio o della propria famiglia

D È imprenditore chi si obbliga a compiere un'opera o un servizio verso un corrispettivo con il lavoro prevalentemente proprio e senza vincolo di subordinazione verso il committente

E È imprenditore chi si obbliga a compiere una prestazione verso un corrispettivo alle dipendenze e sotto la direzione di un altro soggetto

23 **Qual è la principale differenza tra scuola liberista e scuola keynesiana riguardo all'intervento pubblico nell'economia?**

- A La scuola liberista, a differenza di quella keynesiana, sostiene che lo Stato non debba avere debito pubblico
- B La principale differenza tra le due scuole riguarda la dimensione dell'ingerenza della Banca centrale nella gestione della politica monetaria: minima per i liberisti, massima per i keynesiani
- C La principale differenza riguarda il ruolo che lo Stato deve avere nell'economia del Paese: per i liberisti, a differenza dei keynesiani, deve solo garantire le condizioni essenziali affinché il sistema economico funzioni
- D La scuola keynesiana prevede che lo Stato intervenga energicamente ma solo in momenti di particolare crisi, mentre quella liberista teorizza politiche pubbliche minime e sempre costanti
- E Non esiste: la scuola keynesiana è anche detta scuola liberista

24 **In Italia, l'IVA NON si applica:**

- A alle importazioni
- B alle prestazioni di servizi
- C agli acquisti intracomunitari di beni e prestazioni accessorie
- D alle esportazioni verso Paesi non comunitari
- E alle cessioni di beni

25 **I dazi doganali NON sono:**

- A uno strumento per ridurre le importazioni
- B una forma di protezionismo
- C vietati nei Paesi dell'Unione europea per il commercio infraeuropeo
- D uno strumento per sostenere la produzione interna
- E inclusi nel prezzo di acquisto di un bene importato, salvo esplicita indicazione

10.2 | Soluzioni e commenti

1 Per rispondere al quesito, oltre a operare una corretta comprensione del testo è necessario conoscere il significato del termine *inflazione*. Sapendo che il termine indica un aumento medio del livello dei prezzi e la contemporanea riduzione del potere d'acquisto della moneta, si individua nella C la risposta corretta (i raffronti proposti vedono il dato tedesco sempre maggiore di quello italiano). La A invece è errata, perché abbina un dato corretto relativo alla Germania a uno scorretto relativo all'Italia (nel primo capoverso si trova il dato dell'Eurozona all'1,3% e quello italiano all'1,2%); per lo stesso motivo si può poi escludere anche la D. La B è falsa, in quanto l'inflazione non è mai stata pari a zero, mentre la E propone un affermazione che non ha riscontro: il testo dice che la Germania è la prima economia dell'area, non che è quella con l'inflazione maggiore.

2 Facendosi guidare da quanto dice il testo, si deve individuare l'opzione che consente di completare la legenda in modo che il grafico rappresenti una situazione in cui l'inflazione tedesca risulti sempre superiore a quella dell'Eurozona, a sua volta sempre superiore a quella italiana. La risposta al quesito è quindi la A.

3 La risposta corretta è la D. Che la fonte sia Eurostat, è indicato nella prima frase del brano (ciò esclude B e C). Anche la A si scarta facilmente, dato che una istituzione sovranazionale come l'Ue non può avere un *ufficio legale*, struttura tipica di aziende private o enti pubblici. Eurostat è dunque l'ufficio statistico dell'Unione europea, con sede in Lussemburgo, responsabile della pubblicazione di statistiche e di indicatori di qualità a livello europeo. In particolare, è una direzione generale della Commissione europea che raccoglie ed elabora dati provenienti dagli Stati membri dell'Unione, promuovendo il processo di armonizzazione della metodologia statistica tra gli Stati stessi. La E si esclude perché l'Eurozona non è un'istituzione, ma una definizione informale per indicare gli Stati che adottano l'euro come valuta ufficiale.

4 La risposta corretta è la C e per individuarla basta proseguire la lettura fino al punto in cui vengono confrontati i dati su base annua dei due Paesi. Vale la pena commentare l'alternativa B, che potrebbe trarre in inganno in quanto richiama il termine *spread* come spesso lo si sente utilizzare nei commenti economici in riferimento allo scostamento che esiste, in un dato momento, tra il rendimento pagato dai titoli di Stato italiani e quello più basso pagato dagli omologhi titoli tedeschi, assunti a paragone (per via della stabilità dell'economia tedesca). Il termine inglese *spread*, del resto, ha tra i suoi significati proprio quello di "scarto", "differenza", in particolare in ambito economico e finanziario, e può quindi essere associato a dati e valori diversi.

5 La NATO (*North Atlantic Treaty Organization*, "Organizzazione del Trattato dell'Atlantico del Nord") è un'organizzazione internazionale di alleanza militare per la difesa. È stata fondata a Washington nel 1949 da dieci Stati europei (Belgio, Danimarca, Francia, Islanda, Italia, Lussemburgo, Norvegia, Paesi Bassi, Portogallo e Regno Unito) e due nordamericani (Canada e Stati Uniti), in funzione difensiva rispetto all'URSS e ai Paesi esteuropei del "socialismo reale" suoi alleati.

Dopo la data di firma del trattato istitutivo, gli eventi proposti nell'esercizio sono: [1] 1989: caduta del muro di Berlino; [2] 1991: politica di partenariati con i Paesi usciti dall'influenza sovietica (in particolare, nel 1991 prese avvio il *North Atlantic Cooperation Council* – NACC); [3] 1995: primo intervento militare del Patto, durante le guerre nella ex Jugoslavia, contro l'esercito serbo in Bosnia-Erzegovina; [4] 2001: attacchi terroristici a New York, in risposta ai quali l'organizzazione affermò il principio secondo cui ogni attacco contro uno Stato membro sarebbe stato considerato un attacco all'intera alleanza; [5] 2003: assunzione del comando delle forze ISAF (*International Security Assistance Force*) in Afghanistan nel 2003. Alla fine del 2010, infine, è stato adottato l'attuale *Concetto strategico*, ovvero il documento che fornisce le linee guida politiche e operative all'Alleanza (il documento attuale individua tre obiettivi fondamentali: difesa collettiva, gestione delle crisi, sicurezza cooperativa). L'opzione che pone gli eventi nella successione corretta è la B.

6 Per rispondere è sufficiente considerare quali sono i Paesi fondatori citati nel testo: ciò consente di escludere le organizzazioni evidentemente relative ad altre regioni geografiche. Si ricava così che il testo si riferisce all'ASEAN, *Association of South East Asian Nations*, e ne descrive alcune caratteristiche fondamentali, tra cui la regione geografica di cui è espressione: il Sud-Est asiatico (C risposta corretta). Oltre ai Paesi fondatori, oggi sono Stati membri anche Brunei, Cambogia, Laos, Myanmar e Vietnam.

Le altre opzioni citano accordi o trattati regionali diversi: l'AFCFTA è un trattato internazionale che regola l'apertura delle frontiere e la creazione di un'area di libero scambio tra i Paesi africani membri, firmato nel 2018 (A errata); il NAFTA, *North American Free Trade Agreement* (Accordo nordamericano di libero scambio, in vigore dal 1994) riguarda USA, Canada e Messico (B da escludere); l'Unione economica euroasiatica (EAEU) è un accordo tra Russia e Paesi dell'Asia centrale (non del Sud-Est asiatico, dunque): Bielorussia, Kazakistan, Armenia e Kirghizistan (D errata); il Mercosur (Mercado Común del Sur) è il mercato comune dell'America meridionale (e non del Nord America) istituito nel 1991 (E da scartare).

7 Si evince dal testo che: l'ARF è stato costituito in seno all'organizzazione nata nel 1967; vi partecipano gli Stati membri di quest'ultima e altri Paesi asiatici; suo scopo è la stabilità e la sicurezza nella regione. La risposta corretta è quindi la D. La A e la B sono errate perché affermano che il nuovo organismo ha sostituito (o assunto il ruolo) della precedente organizzazione, mentre la C e la E vanno scartate in quanto indicano le relazioni commerciali come scopo dell'ARF. Questo è l'acronimo di ASEAN Regional Forum, l'organismo costituito nel 1993 dall'ASEAN stesso, come descritto nel testo.

8 La soluzione è la A. Il grafico infatti rappresenta i rapporti societari all'interno di un gruppo, in cui la Rossi S.R.L. è la *holding*, cioè la società che controlla le altre, dette appunto società controllate. Tra le opzioni errate, la sola che potrebbe apparire verosimile è la E, perché propone una descrizione relativa a una struttura societaria di un gruppo: tuttavia è comunque da scartare in quanto non è veritiera: stando al grafico, infatti, la Bianchi s.r.l. possiede soltanto il 15% della Rossi, e non è quindi dato sapere se con tale quota sia in grado di controllare la Rossi stessa e quindi le società controllate da a quest'ultima.

9 Per rispondere, bisogna tenere presente che per *società controllata* si intende una società le cui azioni o quote sono possedute da un'altra società in quantità sufficiente a esercitare un'influenza dominante sull'amministrazione; tale quantità non deve necessariamente corrispondere alla maggioranza assoluta, perché un'influenza dominante può essere esercitata anche grazie al possesso di una maggioranza relativa di quote (soprattutto se la proprietà è frammentata tra molti soci e società diverse). Sapendo questo, la risposta A risulta errata, perché non può darsi per certo il controllo di Rossi sulle società High Standard 2 e Verdi & Partners, di cui non detiene la maggioranza assoluta. La B è sicuramente errata, perché è Rossi a possedere il 100% di New Performance, mentre Bianchi possiede soltanto il 15% di Rossi; la C corrisponde a un'errata lettura del grafico, e va scartata (il 30% indicato è la quota posseduta da Rossi in Verdi & Partners); la E va esclusa infine perché, se Bianchi possiede il 15% di Rossi, dal grafico non possiamo dedurre nulla circa eventuali quote di Rossi nella società Bianchi. La sola affermazione corretta è dunque quella dell'opzione D (soluzione al quesito): con il 75% Rossi controlla sicuramente New Trend Ireland.

10 La risposta corretta è la B. L'IS-LM è uno dei modelli più utilizzati nell'insegnamento della macroeconomia, anche grazie alla sua capacità di evidenziare dinamiche macroeconomiche fondamentali attraverso una rappresentazione semplice. La curva IS rappresenta l'insieme dei punti nei quali il mercato dei beni è in equilibrio (investimento e risparmio, secondo la teoria, sono in equilibrio quando lo sono la domanda e l'offerta di beni). La curva LM mostra invece i punti di equilibrio sul mercato finanziario: la domanda di moneta ("liquidità" va intesa come "richiesta di liquidità") è uguale all'offerta di moneta. Ciascuna curva, dunque, esprime in sé le condizioni di equilibrio del rispettivo mercato, e il punto d'incontro delle due curve corrisponde al punto di

equilibrio simultaneo di entrambi i mercati, rappresentando così l'equilibrio macroeconomico generale. Il testo consente di desumere gli elementi per rispondere alla domanda nel secondo capoverso quando spiega che l'equilibrio generale macroeconomico si verifica in condizioni di simultaneo equilibrio nel mercato reale e in quello monetario.

11 In economia, il *settore reale* può essere descritto come propone la risposta **A**, soluzione al quesito. La teoria macroeconomica distingue infatti tra economia "reale", in cui sono prodotti e scambiati beni (e servizi), e "monetaria" connessa al mercato della moneta e alla condotta della politica monetaria. Le opzioni **B** e **C** sono pertanto errate, in quanto la distinzione tra micro e macroeconomia riguarda gli agenti economici (la prima studia i singoli, la seconda i sistemi a livello aggregato). È da scartare anche la **E**, visto che l'equilibrio generale non attiene soltanto all'ambito reale ma prevede l'equilibrio simultaneo anche del settore monetario. La **D**, invece, si deve escludere perché associa a una definizione corretta una precisazione errata: l'economia reale non è autonoma rispetto a quella monetaria (il testo afferma che i due mercati sono *interdipendenti*).

12 La domanda può sembrare specialistica, ma per rispondere è sufficiente sapere ricavare le informazioni necessarie dal testo e avere la capacità di leggere un grafico. Il secondo capoverso del testo informa che la curva IS rappresenta il settore reale, mentre la curva LM il settore monetario. Guardando il grafico, si nota che IS è inclinata negativamente sul piano (Y, r), cioè mostra una diminuzione del valore r del tasso di interesse al crescere del valore Y del PIL. Le opzioni **A** e **B** propongono affermazioni relative al mercato reale, quindi alla curva IS: la **A** è errata, in quanto lungo la curva, al crescere di Y, r diminuisce (cresce il PIL, si abbassa il tasso d'interesse reale); la **B** è coerente con il grafico, ed è la soluzione al quesito, perché i punti della curva vedono r crescere al diminuire di Y. La curva LM è invece inclinata positivamente sul piano (Y, r), cioè il valore di r e Y aumentano insieme. Le opzioni **C** e **D** propongono dunque affermazioni errate relative a LM: su questa curva, infatti, per valori crescenti di Y si hanno valori crescenti anche di r, mentre a valori inferiori di Y si associano valori inferiori di r.

13 La risposta esatta è la **E**. Infatti, con l'espressione *beggar-thy-neighbour policy* ("impoverisci il tuo vicino") si indica una politica che danneggia i Paesi con i quali uno Stato ha relazioni economiche. Tipico è il caso di una politica di svalutazione della moneta domestica, per favorire le esportazioni e in questo modo a creare occupazione interna. L'azione coglie risultati se ad adottarla è solo quel particolare Paese, in quanto ne migliora la bilancia dei pagamenti; diviene però del tutto inefficace se più Paesi tra loro correlati adottano contemporaneamente analoghe misure di questo tipo.

14 Con l'espressione *economia di scala* si indica la riduzione del costo medio di produzione all'aumento della stessa. Le ragioni che rendono attuabili le economie di scala sono varie, dalla maggiore specializzazione e divisione del lavoro all'introduzione di macchinari e tecniche più sofisticati, dalla possibilità di ottenere le materie prime o i prodotti intermedi a prezzi più bassi alla diminuzione del costo di alcuni impianti grazie a un maggiore utilizzo degli stessi ecc. Tutti questi fattori fanno sì che, aumentando il volume della produzione (aumentandone cioè la scala), si riescano ad abbassare i costi medi. È intuitivo che livelli di produzione tali da innescare un'economia di scala sono possibili quasi solo a imprese di grandi dimensioni: la risposta corretta risulta quindi la **D**.

15 La risposta esatta è la **A**. Infatti, mentre tutte le altre alternative rappresentano effettive finalità e auspicate conseguenze del processo di privatizzazione di imprese pubbliche, gli effetti di tale processo sull'occupazione sono sovente negativi. Le imprese cedute ai privati vengono infatti generalmente sottoposte a processi di razionalizzazione basati sul taglio dei costi del personale, realizzato licenziando e incentivando i prepensionamenti.

16 A partire dal 1990 è stata istituita in Italia l'Autorità garante della Concorrenza e del Mercato; essa è un'*authority* indipendente, che prende le proprie decisioni in autonomia, senza ingerenza da parte di Governo, Parlamento o Corte Costituzionale. Si presenta come un organo collegiale composto da un presidente e da quattro membri nominati dai presidenti dei due rami del Parlamento. I suoi compiti si possono classificare in quattro categorie: a) funzione di vigilanza sulle intese tra società che porterebbero a riduzione della concorrenza, sugli abusi di posizione dominante e sulle operazioni di concentrazione che comportano la costituzione o il rafforzamento di posizione dominante; b) l'applicazione delle norme in materia di pubblicità ingannevole; c) segnalazioni al Parlamento e al Governo; d) attività consultiva. La risposta esatta è quindi la E.

---

17 La risposta esatta è la C. Una S.r.l. è una società di capitali e, in quanto tale, è una società i cui i soci sono responsabili soltanto nei limiti della quota di capitale sociale detenuta. Le altre principali forme di società di capitali previste dal diritto italiano sono la società per azioni (S.p.A.) e la società in accomandita per azioni (Sapa).

---

18 La risposta esatta è la B. *Capitalizzare* significa infatti trasformare il risparmio in capitale, cioè sostanzialmente immobilizzare il risparmio in quanto utilizzato per investimenti. Questo verbo si usa anche per indicare la scelta di aggiungere al capitale iniziale gli interessi periodici prodotti dal capitale stesso, facendolo accrescere. Il contrario di questo termine è dunque, intuitivamente, *monetizzare*: cioè disinvestire un bene per trasformarlo in liquidità (moneta) subito spendibile.

---

19 La risposta esatta è la A. Infatti, un aumento dell'inflazione fa crescere i prezzi più velocemente degli stipendi e dunque riduce il valore reale di questi ultimi, ossia il loro potere d'acquisto. Per questo motivo i sindacati cercano di fare in modo che i salari dei lavoratori dipendenti crescano almeno di una percentuale pari al tasso di inflazione, in modo da conservarne inalterato il potere d'acquisto. L'alternativa B è errata in quanto, a fronte di aumenti dell'inflazione, il valore degli immobili non si riduce, ma piuttosto aumenta. La risposta C è errata in quanto un aumento dell'inflazione genera una riduzione del valore reale del debito pubblico che normalmente viene espresso in termini nominali (ad esempio un BOT da un milione di euro vale sempre meno in termini reali con l'aumentare dell'inflazione). La risposta D è errata in quanto spesso l'aumento dell'inflazione è legato a una politica monetaria espansiva (cioè a un aumento dell'offerta di moneta) e questo può provocare, almeno nel breve periodo, un aumento dell'occupazione.

---

20 La risposta esatta è la E. Il Fondo monetario internazionale è un'istituzione (con sede a Washington) creata a Bretton Woods nel 1944: oggi vi aderiscono e partecipano 188 Paesi. Suo scopo è promuovere la stabilità economica e finanziaria degli Stati membri. Tra i fini statuari dell'Fmi si contano: promuovere la cooperazione monetaria internazionale; facilitare l'espansione del commercio internazionale, promuovere la stabilità e l'ordine dei rapporti di cambio evitando svalutazioni competitive.

---

21 La risposta esatta è la D. Infatti un aumento del prezzo del petrolio da un lato genera un incremento del costo delle importazioni di petrolio (peggioramento della bilancia commerciale); dall'altro aumenta i costi delle materie prime per le imprese, le quali a loro volta scaricano tale aumento facendo lievitare i prezzi dei propri prodotti. Non è invece direttamente collegato un eventuale incremento della disoccupazione.

---

22 Le risposte D ed E sono facilmente eliminabili, in quanto si riferiscono rispettivamente al lavoratore autonomo e a quello subordinato. La altre alternative sono invece tutte relative agli imprenditori, ma la A indica l'attività di *imprenditore agricolo* o *allevatore*; la C riporta la definizione di *piccolo imprenditore*. La risposta esatta, perché più ampia e inclusiva, è invece la B, che è appunto la definizione generale.

---

23 La risposta esatta è la C. Secondo i liberisti, il cui primo esponente fu Adam Smith, lo Stato deve lasciare ogni soggetto libero di perseguire il proprio benessere che, a livello collettivo, equivale al massimo ottenibile. Keynes non credeva che la libera concorrenza potesse condurre al pieno impiego delle risorse: l'economista inglese riteneva invece che l'intervento dello Stato dal lato della domanda fosse reso utile dal meccanismo del moltiplicatore degli investimenti.

24 L'IVA è un'imposta indiretta che si applica alle cessioni di beni e alle prestazioni di servizi nell'ambito di un rapporto di lavoro non subordinato, agli acquisti intracomunitari di beni e prestazioni accessorie e alle importazioni da Stati non comunitari. Le esportazioni verso Paesi non comunitari non sono invece soggette a IVA. La risposta esatta è pertanto la **D**.

25 I dazi doganali sono un tipico strumento protezionistico, ossia un tributo imposto sulle merci di importazione quando attraversano la linea doganale. Le ragioni per le quali essi sono applicati derivano dalla necessità di sostenere la produzione interna (risposta **D**) penalizzando gli esportatori stranieri attraverso l'aumento del prezzo di vendita del prodotto estero (risposta **A**). L'Italia, facendo parte dell'Unione europea, non applica dazi doganali sull'importazione di merci provenienti dai Paesi comunitari, adottando invece nei confronti dei Paesi terzi la tariffa doganale stabilita a livello comunitario (risposta **C**). Essendo corrette tutte le precedenti affermazioni, la risposta giusta risulta quindi essere la **E**: essendo un tributo imposto dal Paese di arrivo, l'ammontare del dazio non è incluso nel prezzo di acquisto pagato all'esportatore.

PARTE TERZA

parte quarta

INGLESE

Per l'ammissione ai corsi di laurea di Lingue e Mediazione linguistica, ogni ateneo ha regole diverse circa la verifica delle competenze di lingua inglese. Nella maggior parte dei casi, tale verifica ha valore di orientamento ed è funzionale all'assegnazione solo per quanti aspirano a specializzarsi con inglese come prima o seconda lingua.

Alla prova **TOLC-SU** può essere unita una sezione specifica dedicata alla conoscenza dell'inglese. In alternativa molti atenei organizzano appositi **test di posizionamento** di lingua inglese; in tutti i casi il livello richiesto è quello **B1**, cioè il terzo all'interno del *Common European Framework of Reference for Languages* (CEFR; in italiano QCER, Quadro Comune Europeo di Riferimento), il sistema di valutazione della conoscenza linguistica stabilito dal Consiglio Europeo.

Le prossime pagine propongono al lettore una batteria di esercizi calibrata sul livello B1.

11 | Inglese

11.1 | Esercizi proposti

Fill in the blanks with the right word(s).

1 The inestimable XVI century pictures _____ restaured by a team of experts.

A will have
B were
C have
D has been
E has

2 He was wearing _____ riding boots.

A red old Spanish leather
B old leather red Spanish
C old red Spanish leather
D Spanish red old leather
E old leather red Spanish

3 She was easily intimidated _____ her employer, who made a practice of abusing his authority over her.

A from
B to
C with
D by
E because

4 Today's the first time our children _____ a football match.

A have played
B play
C played
D were playing
E to play

5 Last month scientists presented the _____ from two controlled trials in which 1.000 patients _____ drug treatment.

A results – went
B outcome – subdued
C findings – underwent
D study – overcame
E outcome – went

INGLESE

6 **You look tired. You possibly took _____ too much work.**

- **A** up
- **B** over
- **C** on
- **D** to
- **E** by

7 **Many things have happened _____ you went away.**

- **A** since
- **B** for
- **C** as
- **D** over
- **E** from

8 **The trial _____ in a theatrical manner, full of extravagant histrionics.**

- **A** are conducted
- **B** was been conducted
- **C** conduces
- **D** was conducted
- **E** to conduce

9 **The masters of the world are bacteria and viruses. They _____ all other life and all other life lives and reproduces merely to provide them with _____.**

- **A** dominate – companionship
- **B** outnumber – room and board
- **C** infest – opportunity
- **D** serve – shelter
- **E** are symbiotic with – partners

Select the correct option that completes the sentence.

10 **Tom's sister has started a relationship...**

- **A** with one Richard's best friends
- **B** with one of best Richard's friends
- **C** with one of Richard best friends
- **D** with one of Richard's best friends
- **E** with best of Richard's friends

11 **When the pianist entered to begin his recital...**

- **A** Tom has already sitting in front of me
- **B** Tom already sat in front of me
- **C** Tom was already sit in front of me
- **D** Tom was already sitting in front of me
- **E** Tom has sat already in front of me

Select the words that complete the proportion.

12 **Cat : mammal = ...**

- A shark : fish
- B insect : butterfly
- C dog : pet
- D waterlily : bird
- E whale : fish

13 **Nose : face = ...**

- A ring : finger
- B stem : root
- C shoe : foot
- D knob : door
- E vine : building

14 **Modesty : arrogance = ...**

- A debility : strength
- B cause : reason
- C passion : emotion
- D finance : pauper
- E practice : perfection

Find the antonym of the word given.

15 **Remarkable:**

- A outstanding
- B noticeable
- C ordinary
- D simple-minded
- E useful

16 **Illusory:**

- A nimble
- B realistic
- C powerful
- D underrated
- E remarkable

17 **Temperate:**

- A aged
- B unlimited
- C truncated
- D producted
- E inebriated

Correct the underlined part of the sentence with the right words.

18 **You come back home and find a note from your girlfriend: she says she's gone to the hairdresser's. <u>She waiting for you outside the Italian Café</u>.**

A She waiting for you outside the Italian Café

B She'll be waiting for you outside the Italian Café

C She waits for you outside the Italian Café

D She will wait for you outside the Italian Café

E She is going waiting for you outside the Italian Café

19 **Mary cannot find her wallet. She just remembers <u>put it in the drawer</u>.**

A to put

B putting

C had put

D has put

E it put

20 **Keep in mind this: once you're inside the theatre <u>be permitted to smoke</u>.**

A you won't be smoking

B you will be smoking

C you will permit to smoke

D you won't be permitted to smoke

E it's possible smoking

21 **I was walking <u>from the street when I suddendly saw a big cat in front about me</u>.**

A under the street when I suddendly saw a big cat in front of me

B to the street when I suddendly saw a big cat after me

C along of the street when I suddendly saw a big cat in front of me

D along the street when I suddendly saw a big cat in front of me

E along the street when I suddendly saw a big cat in front near me

PARTE QUARTA

Brano 1 **Read the passage and answer the following questions.**

Man, said Aristotle, is a social animal. This sociability requires peaceful congregation, and the history of mankind is mainly a movement through time of human collectivities that range from migrant tribal bands to large and complex civilizations. Survival has been due to the ability to create the means by which men in groups retain their unity and allegiance to one another.

Order was caused by the need and desire to survive the challenge of the environment. This orderly condition came to be called the "state", and the rules that maintained it, the "law". With time the partner to this tranquillity, man marched across the centuries of his evolution to the brink of exploring the boundaries of his own galaxy. Of all living organisms, only man has the capacity to interpret his own evolution and progress. As social life changed, the worth and rights of each member in the larger group, of which he was a part, increased. As the groups grew from clans to civilisations, the value of the individual did not diminish, but became instead a guide to the rules that govern all men.

22 **The best expression of the main idea of this passage is:**

- A oppression and society
- B the evolution of man
- C man's animal instincts
- D the basis for social order
- E a history of violence and strife

23 **The author would expect the greatest attention to individual rights and values to be found in:**

- A farming communities
- B small villages
- C prehistoric families
- D nomadic tribes
- E modern cities

24 **According to the passage, man's uniqueness is attributed to the fact that he is:**

- A evolving from a simpler to a more complex being
- B a social animal
- C capable of noting his own progress
- D capable of inflicting injury and causing violence
- E able to survive by forming groups with allegiance to one another

Brano 2 **Read the passage and answer the following questions.**

A legendary island in the Atlantic Ocean beyond the Pillars of Hercules was first mentioned by Plato in the Timaeus. Atlantis was a fabulously beautiful and prosperous land, the seat of an empire nine thousand years before Solon. Its inhabitants overran part of Europe and Africa, Athens alone being able to defy them. Because of the impiety of its people, the island was destroyed by an earthquake and inundation. The legend may have existed before Plato and may have sprung from the concept of Homer's Elisyum. The possibility that such an island once existed has caused much speculation, resulting in a theory that pre-Columbian civilisations in America were established by colonists from the lost island.

25 **The title that best expresses the ideas of this passage is:**

- A A persistent myth
- B Geography according to Plato
- C The first discoverers of America
- D Buried civilisations
- E A labor of Hercules

26 **According to the passage, we may safely conclude that the inhabitants of Atlantis:**

- A were known personally to Homer
- B were ruled by Plato
- C were a religious and superstitious people
- D used the name Colombus for America
- E left no recorded evidence of their civilisation

27 **According to the legend, Atlantis was destroyed because the inhabitants:**

A failed to obtain an adequate food supply
B failed to conquer Greece
C failed to respect their gods
D believed in Homer's Elysium
E had become too prosperous

28 **It is possible to affirm that:**

A the legend of Atlantis existed before Plato
B the Atlantis people were peaceful
C Atlantis is a legendary island
D the pre-Columbian civilisations were estabilshed by colonists from Atlantis
E Homer wrote Timaeus

Select the right meaning of the terms.

29 **Warehouse**

A Magazzino
B Impresa
C Casa d'asta
D Alleanza
E Casa comune

30 **Loan on overdraft**

A Prestito
B Prestito garantito
C Apertura di credito allo scoperto
D Contratto d'affitto
E Prestito su ipoteca

Fill in the blanks with the right word(s).

31 **Antoine is _____, Hans is _____. They are _____.**

A French, German, European
B French, German, europeans
C french, german, Europeans
D France, Germany, europeans
E french, german, european

32 **10% of 5 is _____.**

A 0:5
B 0;5
C 0,5
D 0.5
E 5%

PARTE QUARTA

33 **The _____ is due to arrive on 31st March.**

A consingement

B consignement

C consignment

D consingement

E consigneement

34 **I was _____ Biology when you came to see me.**

A studying

B studyng

C studing

D studiyng

E to study

35 **Some millions of _____ visit Europe every year.**

A foregners

B foreigners

C foreingers

D forengers

E forengeirs

36 **My brother had healthy problems _____ the journey.**

A through

B through out

C out

D throughout

E outside

37 **That woman is so _____ that can cause trouble to every man she meets.**

A mischievous

B mischievious

C mischevious

D mischevous

E muschevous

38 **It is dangerous to _____ in that point of the lake.**

A bathe

B bath

C bhat

D baht

E bhath

INGLESE

Find the word that completes the proportion.

39 **White : black = x : South**
- A Nord
- B North
- C Nort
- D Northern
- E West

40 **Tall : short = fat : x**
- A slimmer
- B overweight
- C thin
- D poor
- E scarce

41 **Manufacture : supply = x : demand**
- A food
- B enquiry
- C goods
- D needs
- E gap

Find the right meaning of the underlined sentence.

42 **Today he <u>doesn't feel like talking</u>.**
- A Not to be in the right mood for something
- B Not to stop doing something
- C Not to begin doing something
- D To feel as one who likes talking
- E To be sick

43 **When I went to Scotland, I was <u>amazed</u> at the beauty of the landscapes.**
- A To be disappointed
- B To be upset
- C To be astonished
- D To be incredulous
- E To stand before

44 **"What's Jane doing?". "She's <u>having a nap</u>."**
- A To have a rest
- B To have a walk
- C To do physical exercise
- D To have a short sleep
- E To relax

45 **"Here's Peter, my brother". "<u>How do you do!</u>"**

- **A** Happy to see you again
- **B** What are you doing?
- **C** Nice to meet you
- **D** What are we going to do now?
- **E** Where are you from?

46 **<u>What's wrong with you now</u>?**

- **A** Why do you feel so sad?
- **B** Why are you so low tempered?
- **C** What happened?
- **D** What's the matter?
- **E** What caused you to be so unhappy?

Brano 3 **Read the passage and answer the following questions.**

In 1989 mass demonstrations led to a collapse of the Berlin Wall. A year ______ **[1]**, on October 3, 1990, East and West Germany were reunited, after ______ **[2]** separate states for forty years. Twenty years ago German Chancellor Helmut Kohl pushed unification forward and served as the architect of a united Germany. He promised East Germans blooming landscapes and a new western-style life. Not ______ **[3]** in the western world wanted a united Germany. Great Britain and France were opposed because they thought Germany ______ **[4]** become too powerful.

On the whole, German reunification has been a success. Much progress has been made in the eastern part of Germany in the last twenty years. City and towns have been modernized. Most East Germans are better off than they were twenty years ago. Eastern Germany has become a home to new industries, especially in the ______ **[5]** of biotechnology and renewable energy.

47 **Which of the following words has been removed at the point [1?]**

A more **B** late **C** later **D** over **E** before

48 **Which of the following words has been removed at the point [2]?**

- **A** being
- **B** to be
- **C** be
- **D** had been
- **E** is

49 **Which of the following words has been removed at the point [3]?**

A much **B** everyone **C** someone **D** no one **E** those

50 **Which of the following words has been removed at the point [4]?**

A are **B** did **C** will **D** would **E** should

51 **Which of the following words has been removed at the point [5]?**

- **A** factory
- **B** fields
- **C** interest
- **D** area
- **E** concern

INGLESE

Brano 4 **Leggere il brano seguente e completare con l'alternativa corretta.**

The school _____ [1] age should be cut to 14, a chief inspector of schools in England has _____ [2] said. Sir Chris Woodhead told the *Times* that this would give less academic students a better chance of learning a trade.

He said it was a "recipe for disaster" to force teenagers to study English and maths right up _____ [3] the age of 18.

Sir Chris said it was a mistake to make vocational education "quasi-academic" and added that the government had a "Utopian" view of school standards.

He said: "If a child at 14 has mastered basic literacy and numeracy, I _____ [4] very happy for that child to leave school and go into a combination of apprenticeship and _____ [5] education training and a practical, hands-on, craft-based training that takes them through into a job".

52 Which of the following words has been removed at the point [1]?

- A leave
- B left
- C leaving
- D to leave
- E to be leaving

53 Which of the following words has been removed at the point [2]?

- A actually
- B recent
- C recently
- D presently
- E now

54 Which of the following words has been removed at the point [3]?

- A at
- B to
- C for
- D from
- E right

55 Which of the following words has been removed at the point [4]?

- A would be
- B will be
- C am
- D was
- E be

56 Which of the following words has been removed at the point [5]?

- A far
- B many
- C more
- D little
- E how

PARTE QUARTA

Select the part of the sentence that contains a mistake.

57 «**How old is** your mother?». «She is **45 year old** and **will be** 46 **in two days**». «Great! **She looks** younger!»

- A How old is
- B in two days
- C 45 year old
- D will be
- E She looks

58 **"By this time in two years I will have got my diploma and will be probably working with my father". "Do you really think you will be able to cope the situation?".**

- A By this time
- B I will have got
- C will be probably working
- D Do you really think
- E cope the situation

59 **Select the wrong synonym of the word:**
Match

- A Combination
- B Couple
- C Pairing
- D Competition
- E People

60 **Correct the underlined part of sentence with one of the following answers.**
"Would you like some tea?". "No, thanks. I have usually any tea in the afternoon."

- A I have usually no
- B I usually have some
- C I have usually none
- D I usually have no
- E Usually I have none

INGLESE

11.2 | Soluzioni e commenti

1 La presenza di un verbo alla forma passiva è segnalata dal complemento d'agente introdotto da *by*. La forma verbale dovrà quindi contenere il verbo *to be*: si escludano quindi le risposte **A** e **C** (forme attive). La scelta ricade su un verbo coniugato al plurale, visto che il soggetto (*pictures*) è un sostantivo plurale. La risposta giusta è quindi la **B**.

2 Gli aggettivi precedono sempre il sostantivo in inglese. Tuttavia, quando gli aggettivi sono numerosi, l'ordine in cui disporli, a partire dal più distante dal sostantivo, è il seguente: condizione dell'oggetto, dimensioni, età, forma, colore, origine geografica, materiale. Ora, la risposta esatta non può essere che la **C**, dove nell'ordine compaiono *old* (età), *red* (colore), *Spanish* (origine), *leather* (materiale).

3 Si noti che l'*employer* non è l'impiegato, ma il datore di lavoro. In ogni caso, la donna è intimidita da lui. In inglese il complemento d'agente è introdotto da *by* (risposta **D**). Tra le altre alternative, almeno la **E** poteva essere scartata senza difficoltà, dato che *because* è una congiunzione causale che introduce una frase subordinata.

4 La locuzione *it's the first/second/third* ecc. *time that* è seguita da un verbo al *present perfect*. La scelta ricade quindi su *have played*, e la risposta corretta è la **A**.

5 Alla frase mancano un sostantivo e un verbo. Scorrendo le possibili risposte, si evince che il sostantivo significa risultati (i risultati di due studi controllati condotti su 1.000 pazienti). *Results, outcome* e *findings* sono sinonimi. Si escluda, quindi, la risposta **D**. I pazienti sono stati sottoposti a trattamento farmacologico; il verbo che esprime tale concetto è *to undergo. To subdue* vuol dire sottomettere, *to overcome* vuol dire superare. La risposta corretta è quindi la **C**.

6 *To took up* significa sollevare, alzare; *to look over* vuol dire perdere il controllo; *to look on* significa assumersi; *to look to* significa fuggire verso (qualcosa). La risposta giusta è pertanto la **C**; infatti, il testo dell'esercizio può essere così tradotto: hai l'aria stanca. Forse ti sei fatto carico di/hai assunto troppo lavoro.

7 Nella frase manca la preposizione che esprime il momento del passato da cui ha avuto inizio un'azione, è cominciato a succedere qualcosa (*things have happened*); in inglese si usa *since*, pertanto la risposta corretta è la **A**.

8 Il soggetto della frase è singolare: si può escludere la risposta **A** che propone un verbo alla forma plurale. La sintassi della frase orienta verso la scelta di un verbo passivo e non attivo (per esempio, non c'è nessun complemento oggetto): restano le risposte **B** e **D**. La **B** non è però grammaticalmente corretta (avrebbe dovuto essere *has been conducted*), quindi la risposta corretta è la **D**.

9 Per risolvere un esercizio di questo tipo, occorre provare a inserire nella frase tutte le alternative. La **A** non sembra accettabile, perché solo in senso molto lato può dirsi che i batteri e i virus dominano gli altri organismi, né tantomeno che questi ultimi forniscono compagnia ai primi. La **B** non sembra invece presentare difficoltà come pure la **C**. La **D** e la **E** invece utilizzano verbi (*to serve* = servire; *to be symbiotic* = essere simbiotici) che contraddicono l'affermazione iniziale, secondo la quale i virus e i batteri sono i padroni del mondo: si possono quindi scartare. La scelta tra le due alternative rimaste non è oggettivamente facile. Il confronto tra i sostantivi proposti può però aiutare. La **C** suggerisce che le altre forme di vita forniscono a virus e batteri un'*opportunità*, mentre la **B** suggerisce *alloggio e mensa*. È proprio quest'ultima che meglio si accorda con la situazione di dominio; quindi la risposta corretta è la **B**.

10 In inglese l'aggettivo possessivo non è preceduto né da articoli né da determinanti. Tuttavia, quando in italiano la struttura è preceduta da questi ultimi – aggettivi o pronomi che definiscono

quantitativamente (uno, due, alcuni ecc.) o qualitativamente (questo, quello ecc.) il secondo elemento – in inglese tali determinanti vengono premessi all'aggettivo, sono immediatamente seguiti dalla preposizione *of* e il sostantivo a cui si riferiscono è reso al plurale, nel seguente modo: *one of my friends* (non *one my friend*). Ora, quando nella frase compare il "proprietario" (attraverso un sostantivo o un nome proprio, alla terza persona), l'espressione del legame è resa attraverso il genitivo sassone (*possessive case*). La risposta esatta è quindi la D: *one of Richard's best friends*.

---

11 L'avverbio *when* solitamente introduce una subordinata temporale il cui verbo è al tempo finito; in questo caso il tempo è un simple past (*entered*). La frase principale mette in evidenza un'azione in fase di svolgimento rispetto a quella finita della subordinata, per cui, coerentemente con il tempo di questa, il verbo che la regge è al *past continuous* (costruito con l'ausiliare *to be* coniugato al passato e il verbo alla forma *-ing*): *was sitting*. La risposta esatta è la D.

---

12 Il gatto è un mammifero: bisogna riconoscere, tra le alternative, quella che soddisfa lo stesso rapporto tra i due elementi dati. La libellula è certamente un insetto (risposta B), ma l'ordine del rapporto è invertito rispetto a quello dato (animale : specie). Il cane (risposta C) è un mammifero come il gatto, ma non esiste la specie degli animali domestici. La ninfea (risposta D) non è un uccello, così come la balena (risposta E) non è un pesce, bensì un mammifero. La risposta giusta è la A: lo squalo è un pesce.

---

13 Chi non riuscisse a individuare la relazione esistente tra naso e faccia, potrebbe procedere nell'ordine inverso, analizzando cioè le varie soluzioni proposte. Si potrebbe allora osservare che l'anello (*ring*) e la scarpa (*shoe*) sono "ornamenti" della parte del corpo interessata (rispettivamente dito, cioè *finger*, e piede, cioè *foot*), cosa che invece non può dirsi del naso rispetto alla faccia. Si scarteranno così la A e la C. Né miglior fortuna possono avere la B (*fusto-radice*) e la E (*rampicante-edificio*). La risposta esatta è la D: il rapporto tra pomo e porta può avvicinarsi a quello tra naso e faccia, in quanto il primo è un elemento costitutivo, e prominente, della seconda.

---

14 Il rapporto tra i due concetti di partenza è di opposizione, per cui si possono scartare subito le risposte B, C ed E. Anche la D segue la stessa sorte, in quanto povero (*pauper*) non è il contrario di finanza. Non resta dunque che la A, poiché una condizione di debilitazione è opposta a una condizione di forza.

---

15 I primi due aggettivi sono apparentabili a *remarkable*, quindi utilizzabili come suoi sinonimi e non validi come risposta esatta. Il contrario di notevole, importante è *ordinary*, traducibile con banale. La risposta corretta è la C.

---

16 Illusorio è il contrario di realistico, per cui la risposta esatta è la B. *Nimble* significa agile; *powerful* significa potente; *underrated* significa sottovalutato; *remarkable* significa notevole.

---

17 *Temperate*, temperato, moderato, non può essere il contrario di anziano (*aged*), troncato (*truncated*), prodotto (*producted*). Può esserci invece incertezza tra *unlimited* e *inebriated*; mentre *unlimited* significa illimitato, *inebrieted* può significare inebriato (in senso figurato). La risposta E sembra dunque essere la scelta migliore.

---

18 È evidente che l'errore sta nel verbo, anche perché da *outside* in poi tutte le frasi sono uguali. L'appuntamento è ovviamente stato fissato per un momento posteriore a quello di riferimento, per cui il tempo verbale dovrà essere necessariamente un futuro. La scelta si restringe allora alla B, alla D e alla E. La D non è corretta, in quanto il futuro semplice in inglese non si presta a esprimere una decisione presa in un tempo precedente a quello della sua manifestazione. La E è da escludere, perché la forma *to be going* è seguita da un infinito, non da un gerundio. La risposta esatta è la B, dove il futuro progressivo rende in inglese l'idea di un'azione (l'attesa) in corso in un momento futuro.

19 Il verbo *to remember* può essere seguito da un verbo all'infinito (preceduto da *to*) o alla *-ing form*: nel primo caso si vuole evidenziare l'azione che si andrà a compiere; nel secondo, si esprime il ricordo di un'azione compiuta. In questo caso, poiché Mary non riesce a trovare il proprio portafoglio, evidentemente ricorderà un'azione passata, compiuta (quella di averlo messo nel cassetto). La risposta giusta è quindi la B.

20 La forma verbale sottolineata è priva di soggetto, che, evidentemente, è *you*. Dato l'oggetto del permesso (il fumo), è ragionevole pensare che si esprima il divieto di fumare, una volta entrati nel teatro. La risposta corretta è la D: il divieto subìto viene espresso con la forma passiva di *to permit* o *to allow*.

21 Anche in questo caso, ci sono due macroscopici errori. Basterebbe comunque riconoscerne con certezza almeno uno per limitare le alternative. Se per esempio ci si rende conto dell'assurdità di *in front about me* e si opta per *in front of me*, restano da considerare le risposte A, C e D. La A è grammaticalmente corretta, ma come sarebbe possibile camminare *sotto* la strada? La risposta esatta è la D. La C differisce solo per una particella (*of* dopo *along*) che potrebbe sfuggire al candidato frettoloso: occorre invece leggere con grande attenzione gli esercizi di questo tipo.

22 Nel brano non si parla di oppressione, né di violenza né di lotta (*strife*). Anche l'istinto non è menzionato. La risposta B potrebbe ingannare, poiché la parola *evoluzione* è presente nel testo. Tuttavia, si dice solo che l'uomo è in grado di interpretare la propria evoluzione (che si deve intendere sia fisica sia spirituale), mentre il concetto che viene diffusamente descritto nel brano è proprio il cammino verso la civiltà. Questo orienta decisamente verso la risposta D.

23 Tutto l'andamento del brano mira a dimostrare che con il cammino verso stadi sempre più avanzati della civiltà e quindi con la costituzione di gruppi sociali sempre più ampi, i diritti e il valore dell'individuo hanno avuto un'importanza sempre maggiore. Si deve dunque optare per la risposta E.

24 La domanda è insidiosa. Non si chiede, per esempio, in che modo o grazie a quali mezzi l'uomo si è evoluto, ha cominciato a esplorare la galassia ecc. Si chiede quale è la sua unicità rispetto agli altri animali, ovvero la capacità di osservare il proprio progresso: la risposta corretta è la C.

25 Di Ercole non si parla se non per citarne la famose colonne. L'America è menzionata, ma non per la sua scoperta. Sarebbe eccessivo poi ritenere che il titolo possa essere *La geografia secondo Platone*: nel brano si dice solo che Platone ha parlato di Atlantide. Quanto alla risposta D, il brano effettivamente parla di antiche (sepolte) civiltà. Il filo conduttore è però sicuramente il mito, molto antico, di Atlantide, per cui la risposta da scegliere è la A.

26 Il brano non dice che Omero conobbe gli Atlantidi, né che Platone ne sia stato il legislatore. Quanto alla C, il brano afferma il concetto contrario. La risposta D è assurda. L'unica cosa che si può effettivamente dedurre dal testo, tra le alternative proposte, è proprio che quella civiltà non ha lasciato tracce evidenti di sé: la risposta esatta è la E.

27 Nel testo si dice che Atene sconfisse Atlantide, ma questo non è indicato come causa della rovina. Si afferma invece che l'isola fu distrutta a causa dell'empietà degli abitanti: questa è l'unica spiegazione che emerge dal brano e dunque l'unica da considerare. La risposta corretta è la C.

28 La risposta E è da escludere, in quanto il Timeo è stato scritto da Platone; anche la B è sbagliata in quanto si menzionano le guerre di conquista sostenute dagli Atlantidi. Le affermazioni riportate nelle risposte A e D sono introdotte nel brano solo in forma ipotetica. La risposta corretta è la C.

29 L'esercizio vuole trarre in inganno sfruttando la parola *house*, che compare nella seconda parte di *Warehouse* e che, da sola, significa casa. Il significato corretto di *Warehouse* è invece magazzino (risposta **A**).

30 Ricordando che *loan* significa prestito, credito, si può escludere la risposta **D**. La **A** non può essere accolta, poiché *on overdraft* aggiunge qualcosa in più al concetto di prestito; *overdraft* significa scoperto: la risposta esatta è la **C**.

31 In inglese, ogni volta che si esprime la nazionalità, sia l'aggettivo sia il sostantivo devono avere l'iniziale maiuscola, quindi la risposta giusta è la **A**.

32 Non è qui necessario perdere tempo nella soluzione del calcolo matematico; basta solo capire quale segno di interpunzione corrisponde alla virgola normalmente utilizza, almeno in Italia, per esprimere il decimale. Nella scrittura inglese la virgola è sostituita dal punto. La risposta giusta è quindi la **D**.

33 Partita di merci, o spedizione, si traduce (e si scrive) *consignment*: la risposta giusta è la **C**.

34 La *-ing form* di un verbo si costruisce, normalmente, aggiungendo semplicemente il suffisso *-ing* al verbo. Lo stesso accade per *to study*, dove la *-y* rimane comunque. La risposta giusta è la **A**.

35 Stranieri si traduce (e si scrive) *foreigners*: la risposta giusta è la **B**.

36 *Throughout* significa per tutto il tempo di, per tutta la durata di; *through* vuol dire attraverso, ma non completa correttamente la frase. La risposta giusta è la **D**.

37 L'aggettivo *mischievous* significa vivace, birichino, dispettoso, malizioso. La risposta corretta è la **A**.

38 Fare il bagno (al mare, al fiume, in piscina, al lago ecc.) si traduce *to bathe* (*to have a bath* significa farsi un bagno nella vasca di casa). La risposta esatta è la **A**.

39 Bianco e nero (*white, black*) si oppongono come Sud e Nord. Si può escludere la risposta **E** (*West* significa Ovest). Nord è la parola italiana, *Nort* è sbagliata dal punto di vista ortografico, *Northern* è l'aggettivo che significa del Nord, settentrionale. La risposta esatta è la **B**.

40 Alto sta a basso come grasso sta a magro. *Slim* significa esile, sottile, smilzo, quindi denota una magrezza esagerata, tuttavia nella risposta **A** è alla forma del comparativo di maggioranza. *Overweight* significa sovrappeso, *poor* significa povero o scarso e *scarce* significa scarso, insufficiente ma entrambi non si riferiscono al peso corporeo. La risposta esatta è la **C**.

41 *Supply and demand* è l'espressione che traduce domanda e offerta (i due termini, però, sono invertiti, in inglese). *Manufacture* significa produzione, e se la produzione sta alla base dell'offerta, i bisogni stanno alla base della domanda. La risposta esatta è la **D**: *needs* sono i bisogni. *Food, enquiry, goods* e *gap* significano, rispettivamente: cibo, richiesta, merce e vuoto, divario.

42 La risposta esatta è la **A**. *To feel like* seguito dal gerundio significa avere voglia di. Pertanto, le parole sottolineate non significano non smettere di fare qualcosa (risposta **B**), né non cominciare a fare qualcosa (risposta **C**), né sentirsi come una persona a cui piace parlare (risposta **D**), bensì non essere dell'umore giusto per fare qualcosa.

43 *Amazed at* significa stupito, meravigliato di qualcosa ed è sinonimo di *astonished, surprised. Disappointed* vuol dire deluso; *upset* significa turbato, sconvolto; *incredulous* significa incredulo; *to stand before* vuol dire semplicemente stare di fronte a. La risposta esatta è la **C**.

44 Gran parte delle espressioni che in italiano si costruiscono con il verbo *fare* in inglese si costruiscono con il verbo *to have. To have a nap* è una di queste, come *to have a rest, a walk, a shower, a bath, a chat* ecc., e significa fare un pisolino. *Rest* (risposta A) è la pausa, un momento di riposo; *walk* (risposta B) significa passeggiata, camminata: le risposte A e B si possono quindi escludere. Schiacciare un pisolino è il contrario di fare dell'esercizio fisico (risposta C), ed è qualcosa di più di rilassarsi (risposta E). La risposta corretta è la D: una breve dormita.

45 *How do you do* è un'espressione idiomatica che non può essere tradotta letteralmente; è una formula di presentazione, che corrisponde alla nostra *Piacere di conoscerti!* Quindi non significa felice di rivederti (risposta A), né cosa stai facendo? (risposta B), né che cosa hai intenzione di fare adesso? (risposta D). Altre formule di presentazione sinonimiche sono *nice to meet you* o *pleased to meet you*: la risposta esatta è la C.

46 *What's wrong with you?* significa che cosa c'è?, cosa non va?, che cos'hai?, quando si vuole chiedere a una persona una spiegazione per il suo comportamento o umore inconsueto. La risposta A suggerisce una domanda più precisa e relativa a un comportamento specifico (perché ti senti così triste?); la risposta B chiede la ragione di un morale un po' a terra (*low tempered*); la risposta C è ancora più vaga e significa che cosa è successo?; la risposta E è rivolta a una persona triste (*unhappy*), ma la domanda in questione è rivolta a una persona della quale non è possibile dedurre l'umore. La risposta corretta è la D: *what's the matter?* è l'espressione sinonimica e meno colloquiale di *what's wrong with you?*.

47 Considerate le date menzionate nelle prime due righe del brano, 1989 e 1990, il concetto espresso nella seconda frase si riferirà all'anno successivo, non precedente (si escluda la risposta E, *before*). Un anno dopo/più tardi si traduce *a/one year later.* La risposta corretta è la C.

48 Per risolvere rapidamente il quesito, basta sapere che dopo le preposizioni e le congiunzioni (in questo caso *after*) il verbo che segue è sempre alla forma in *-ing*. La risposta giusta è quindi la A: *being*.

49 Dal senso del paragrafo si deduce che non tutti volevano la riunificazione della Germania, quindi *not everyone*. Anche *not anyone* sarebbe stato corretto, con il significato di nessuno. La risposta giusta è la B. *No one* (risposta D) vuol dire nessuno ed è seguito da un verbo alla forma affermativa.

50 Alla frase manca l'ausiliare del tempo verbale. Il pensiero di Francia e Gran Bretagna andava al futuro, al timore che la Germania, dopo la riunificazione, potesse diventare in futuro uno Stato troppo forte. Si tratta di un futuro nel passato, che in inglese si esprime con un condizionale presente e quindi con l'ausiliare *would*. La risposta giusta è quindi la D, *would. Should* (risposta E) è l'ausiliare che introduce il consiglio, il suggerimento, l'auspicio, traducendo dovrebbe.

51 La parola mancante vuol dire settore, che in inglese si traduce *field*: risposta B. *Factory* (risposta A) significa stabilimento, fabbrica. *Interest* (risposta C) vuol dire interesse; *area* (risposta D) vuol dire *zona*, regione, area; *concern* (risposta E) vuole dire azienda oppure preoccupazione.

52 Il verbo che manca alla frase è *to leave*, lasciare. L'età di abbandono della scuola si traduce *school leaving age*, dove il verbo *to leave* è alla forma in *-ing* con valore di aggettivo. La risposta giusta è quindi la C.

53 Il verbo *has said* è al *present perfect*, un tempo che denota un'azione in fase di svolgimento o compiutasi da poco; suoi indicatori sono avverbi di tempo come *already, just, recently, not yet. Actually* (risposta A) non è un avverbio di tempo, ma vuol dire infatti; *recent* (risposta B) è un aggettivo; *presently* (risposta D) e *now* (risposta E) significano attualmente, ora, adesso (avverbi che giustificano il *simple present*, piuttosto). La risposta giusta è la C.

PARTE QUARTA

54 Nella frase si parla di costringere a studiare fino all'età di 18 anni: *right up to the age of 18*. La risposta al quesito è la **B**.

55 Nella sua dichiarazione, Sir Chris esprime un'ipotesi, quasi un auspicio, per cui se un giovane di 14 anni ha acquisito i fondamenti dell'insegnamento scolare, lui sarebbe felice di vederlo cominciare un percorso di apprendistato o formazione a lavori pratici, manuali. L'ipotesi si esprime con un condizionale, in questo caso presente. La risposta corretta è la **A**, *would be*.

56 Nella frase ci si riferisce a istruzione o formazione ulteriore o aggiuntiva. Di tutte le parole suggerite, l'unica corretta è *further*, risposta **B**. *Far* (risposta **A**) vuol dire lontano; *many* (risposta **C**) vuol dire molti; *little* (risposta **D**) significa poco; *how* (risposta **E**) vuol dire come.

57 Per chiedere a qualcuno l'età, l'espressione corretta è *How old are you / How old is she/he*. Si può quindi escludere la risposta **A** in quanto priva di errori. Il futuro semplice esprime azioni che accadranno verosimilmente in futuro, perciò anche la risposta **D** è da scartare perché corretta. La preposizione *in* introduce l'indicazione di tempo entro il quale avviene un fatto (**B** non indica errori); infine, l'espressione *to look younger* descrive una persona che non dimostra la propria età e "sembra più giovane". Si scarta quindi anche la **E**. La risposta che contiene l'errore è infatti la **C**, poiché il sostantivo *year* deve essere al plurale: l'espressione corretta è *45 years old*.

58 La locuzione temporale *this time in... / by this time in...*, corrisponde all'italiano "a quest'ora tra...": la risposta **A** è dunque da escludere perché corretta. Considerato il significato della frase, il diploma sarà stato ottenuto (*future perfect*) a due anni dal momento in cui avviene il dialogo, quando cioè la persona starà lavorando (*future continuous*): anche le risposte **B** e **C** sono da escludere perché prive di errori. Infine, anche l'interrogativa *Do you really think* ("Davvero credi che") è esatta. La risposta che indica l'errore è invece la **E**: il contesto infatti non richiede il verbo *to cope* (superare) ma il phrasal verb *to cope with something* "affrontare qualcosa" (*Do you think you will be able to cope with the situation?*).

59 *Match* può significare da un lato "combinazione", "coppia", "unione" (risposte **A** e **B** e **D**), e per estensione "gara", "competizione sportiva" (risposta **C**). *People* è invece un termine che non ha alcuna relazione di significato con la parola data. La **E** è quindi la risposta corretta al quesito.

60 L'avverbio di frequenza *usually* si colloca tra il soggetto e il verbo, oppure dopo il modale o ausiliare se presenti: le risposte **A** e **C** ed **E** sono pertanto errate. La risposta negativa *No, thanks*, esprime il rifiuto dell'offerta: per questo motivo si può escludere anche la risposta **B**. L'aggettivo partitivo che nega il verbo è *no*: la risposta corretta è pertanto la **D**.

INGLESE

parte quinta

PROVA SIMULATA

La prova simulata riportata nelle pagine seguenti è proposta come esempio di esercitazione, ed è stata elaborata sul modello dei test CISIA **TOLC-SU**, in quanto comunque utile anche per quanti dovranno sostenere un **test autonomo di ateneo**. Scopo di questa esercitazione infatti è una prima verifica della preparazione raggiunta e della capacità di rispettare i tempi nel rispondere a un test completo.

A quanti non dovranno svolgere il TOLC-SU, si consiglia ancora una volta di verificare sul bando di interesse come sarà composta nel dettaglio la relativa prova di ammissione.

Per un proficuo allenamento, la prova va svolta nel tempo indicato. Le risposte vanno segnate sulla scheda vergine in apertura e confrontate, al termine, con le risposte esatte riportate sulle scheda finale.

Alpha Test

Scheda per le risposte della prova simulata

CONTRASSEGNARE LE RISPOSTE RELATIVE ALLE DOMANDE DELLA PROVA SIMULATA

	A	B	C	D	E		A	B	C	D	E
1	▢	▢	▢	▢	▢	26	▢	▢	▢	▢	▢
2	▢	▢	▢	▢	▢	27	▢	▢	▢	▢	▢
3	▢	▢	▢	▢	▢	28	▢	▢	▢	▢	▢
4	▢	▢	▢	▢	▢	29	▢	▢	▢	▢	▢
5	▢	▢	▢	▢	▢	30	▢	▢	▢	▢	▢
6	▢	▢	▢	▢	▢	31	▢	▢	▢	▢	▢
7	▢	▢	▢	▢	▢	32	▢	▢	▢	▢	▢
8	▢	▢	▢	▢	▢	33	▢	▢	▢	▢	▢
9	▢	▢	▢	▢	▢	34	▢	▢	▢	▢	▢
10	▢	▢	▢	▢	▢	35	▢	▢	▢	▢	▢
11	▢	▢	▢	▢	▢	36	▢	▢	▢	▢	▢
12	▢	▢	▢	▢	▢	37	▢	▢	▢	▢	▢
13	▢	▢	▢	▢	▢	38	▢	▢	▢	▢	▢
14	▢	▢	▢	▢	▢	39	▢	▢	▢	▢	▢
15	▢	▢	▢	▢	▢	40	▢	▢	▢	▢	▢
16	▢	▢	▢	▢	▢	41	▢	▢	▢	▢	▢
17	▢	▢	▢	▢	▢	42	▢	▢	▢	▢	▢
18	▢	▢	▢	▢	▢	43	▢	▢	▢	▢	▢
19	▢	▢	▢	▢	▢	44	▢	▢	▢	▢	▢
20	▢	▢	▢	▢	▢	45	▢	▢	▢	▢	▢
21	▢	▢	▢	▢	▢	46	▢	▢	▢	▢	▢
22	▢	▢	▢	▢	▢	47	▢	▢	▢	▢	▢
23	▢	▢	▢	▢	▢	48	▢	▢	▢	▢	▢
24	▢	▢	▢	▢	▢	49	▢	▢	▢	▢	▢
25	▢	▢	▢	▢	▢	50	▢	▢	▢	▢	▢

PROVA SIMULATA

Tempo a disposizione: 100 minuti

Comprensione del testo e conoscenza della lingua italiana - Testo 1

In base alle informazioni contenute nel brano seguente, rispondere alle successive domande.

[1] Dal primo gennaio del prossimo anno l'Europa cambia musica in materia di cibo. Diventa operativo un pacchetto di norme approvato nel novembre del 2015: il regolamento sul *novel food*. **[2]** Sono gli alimenti nuovi o insoliti, che non sono di casa sulle tavole degli europei ma non per questo non potrebbero prendere piede nei prossimi anni. Cibi a base di alghe, per esempio, oppure ottenuti da vegetali che si sono riprodotti in modi non tradizionali, o con strutture molecolari modificate. O ancora, gli insetti. **[3]** Dal prossimo anno, si potranno vendere liberamente in tutti gli Stati europei gli insetti commestibili o i prodotti che li hanno tra gli ingredienti, dopo aver ricevuto un'autorizzazione generale da parte della UE e non, come prima, un via libera da ciascun Paese comunitario. Anche in Italia, quindi, grilli, camule, formiche e cavallette non saranno più un tabù.

[4] Chi vorrà vendere insetti commestibili in Italia, troverà un numero di clienti sufficienti a giustificare l'investimento? Secondo una ricerca della Società Umanitaria di Milano e del suo Centro Studi per lo Sviluppo Sostenibile (CSS), sì.

[5] Il 47% degli intervistati si è dichiarato favorevole alla liberalizzazione degli insetti in tavola e il 28% è interessato a mangiarli. «Questi dati dimostrano una disponibilità maggiore di quanto ci aspettassimo» osserva Andrea Mascaretti, presidente del CSS. «Pensiamo che in Italia il primo ristorante di *sushi* è stato aperto negli anni Settanta a Roma. Ci sono voluti trent'anni perché diventasse comune. Con gli insetti potrebbe avvenire in minor tempo».

[6] L'impulso a integrare le diete con gli insetti arriva dalla comunità scientifica. Da anni i ricercatori hanno lanciato un allarme sulle conseguenze che la produzione di proteine da fonti animali potrebbe avere sull'ambiente, se dovesse sfamare i 9 miliardi di persone che abiteranno il pianeta nel 2050. Gli insetti sembrano una buona soluzione al problema. Già 2 miliardi di persone li consumano, hanno un buon apporto di proteine e la loro produzione risparmia acqua ed energia e inquina di meno. Per un chilo di carne bovina, ad esempio, si consumano da 7 a 10 chili di mangime.

[7] Se le ragioni della scienza sono chiare, i regolatori si domandano come reagiranno i consumatori. «Una grande sfida nell'introduzione delle proteine da insetti all'interno della catena alimentare umana sembra essere l'alternativa tra quello che si definisce "fattore disgusto" e l'accettazione pubblica degli insetti commestibili», si legge in un documento del Parlamento europeo.

[8] Per questo la Società Umanitaria ha interrogato i consumatori. Tra aprile e maggio ha intervistato un campione di 500 persone ed è emerso che in Italia abbattere il muro del rifiuto degli insetti non è impossibile. Circa la metà degli intervistati è concorde con la liberalizzazione del commercio. **[9]** La percentuale generale, 47%, è più alta tra chi mangia pietanze etniche (57%), ritiene importante rispettare l'ambiente (50%), fa viaggi all'estero o acquista prodotti a chilometro zero (49%). I giovani (nati tra il 1990 e il 2003) sono più propensi degli adulti (1934-1969). Tra gli uomini il consenso è al 58%, mentre tra le donne scende al 42%.

1 **Al punto [6], nella frase «Gli insetti sembrano una buona soluzione al problema. Già 2 miliardi di persone li consumano, hanno un buon apporto di proteine e la loro produzione risparmia acqua ed energia e inquina di meno», *la loro produzione* significa:**

A la produzione di 2 miliardi di persone

B la produzione di insetti

C la produzione di proteine

D ciò che gli insetti producono

E ciò che 2 miliardi di persone producono

2 **Al punto [7], nella frase «Se le ragioni della scienza sono chiare, i regolatori si domandano come reagiranno i consumatori», *se* introduce:**

A una frase coordinata alla principale

B una alternativa a ciò che è espresso dalla principale

C una condizione al verificarsi di ciò che è espresso nella frase principale

D un'ipotesi

E una domanda indiretta

3 **Al punto [5], l'espressione *liberalizzazione degli insetti in tavola* indica:**

A la liberazione di insetti sulle tavole

B il libero commercio di insetti commestibili

C la possibilità di acquistare e mangiare insetti non allevati

D la liberazione delle tavole dagli insetti

E il libero commercio di insetti in condizioni di non cattività

4 **Al punto [1], l'espressione *cambia musica* significa:**

A sceglierà un nuovo inno europeo

B darà un'accelerata alla legislazione in materia alimentare

C farà applicare le recenti leggi sui "cibi nuovi"

D proporrà nuovi abbinamenti tra musica e degustazione

E indicherà le musiche giuste per l'allevamento degli insetti commestibili

5 **Qual è il senso dei punti [8]-[9]?**

A Molti intervistati sono ambientalisti e non c'è da stupirsi se sono favorevoli

B La contrarietà ai "nuovi cibi" è meno radicata nelle donne adulte che però viaggiano molto

C I più favorevoli sono quelli che si preoccupano dell'ambiente e non hanno paura del diverso

D I più contrari sono i maschi adulti che viaggiano poco all'estero e non frequentano ristoranti etnici

E Oltre la metà degli intervistati è favorevole, quindi non sarà difficile superare la diffidenza degli altri

6 Qual è il senso complessivo del brano?

A La diffidenza contro gli insetti commestibili sarà difficilmente superabile a causa del "fattore disgusto"

B In Italia i consumatori sono in maggioranza troppo tradizionalisti e chiusi per accettare facilmente questi "nuovi cibi"'

C I consumatori italiani faticheranno ad accettare nuove imposizioni dalla UE, specie in campo gastronomico

D L'atteggiamento degli italiani nei confronti dei "nuovi cibi" potrebbe essere meno sfavorevole di quanto ci si aspetta

E Le ragioni degli scienziati a favore delle diete a base di insetti avranno poca presa sulle abitudini di consumo dei cittadini italiani

7 A chi si riferisce l'espressione *i regolatori* (punto [7])?

A Agli scienziati

B Ai membri dei Parlamenti nazionali

C Ai cittadini intervistati

D Ai membri del Parlamento europeo

E Ai sondaggisti del CSS

8 Al punto [3] *che* si riferisce:

A ai prodotti

B agli insetti commestibili

C a tutti gli Stati europei

D a nessuno dei precedenti: è una congiunzione

E agli insetti commestibili o ai prodotti

9 Al punto [5], dichiarando «Pensiamo che in Italia il primo ristorante di sushi è stato aperto negli anni Settanta a Roma. Ci sono voluti trent'anni perché diventasse comune. Con gli insetti potrebbe avvenire in minor tempo», il Presidente del CSS intende dire che:

A i cambiamenti nell'alimentazione degli italiani sono sempre stati lenti, ma costanti

B ci vorranno almeno trent'anni prima che gli insetti siano accettati come cibo dagli italiani

C se il *sushi* ci ha messo così tanto ad affermarsi è perché non era tanto comune; gli insetti ci sono più famigliari, quindi ci metteranno meno

D prima che apra un ristorante con menu di soli insetti, il *sushi* dovrà passare di moda

E il primo ristorante con menu a base di insetti potrebbe aprire in meno di trent'anni

10 Al punto [6] l'autore ci informa del fatto che:

A nel 2050 il regime attuale di consumi di carne sarà ecologicamente insostenibile

B allevare insetti per fini alimentari riduce l'effetto serra

C gli scienziati sono allarmati per l'integrazione delle diete a base di proteine animali

D molte persone invece di un chilo di carne bovina sono costrette a mangiare dai 7 a i 10 chili di mangime

E una dieta a base di insetti è una buona soluzione per il problema della fame nel mondo

Comprensione del testo e conoscenza della lingua italiana - Testo 2

In base alle informazioni contenute nel brano seguente, rispondere alle successive domande.

[1] Ero meravigliato di esser vivo, ma stanco di aspettare soccorsi. Stanco soprattutto degli alberi che crescevano lungo il burrone, dovunque ci fosse posto per un seme che capitasse a finirvi i suoi giorni. Il caldo, quell'atmosfera morbida, che nemmeno la brezza del mattino riusciva a temperare, dava alle piante l'aspetto di animali impagliati. Da quando il camion s'era rovesciato, proprio alla curva della prima discesa, il dente aveva ripreso a dolermi, e ora un impulso che sentivo irresistibile (forse l'impazienza della nevralgia) mi spingeva a lasciare quel luogo. «Io me ne vado» dissi alzandomi.

[2] Il soldato che fumava soddisfatto, ormai pronto a dividere con me gli imprevisti della nuova avventura, si rabbuiò. «E dove?» chiese. «Giù al fiume». Non vedevamo ancora il fiume, ma era là sotto, nella sua valle scavata da secoli e guardata da qualche pigro coccodrillo a caccia di lavandaie. Pensavo di trovare un autocarro per risalire dall'altra parte. Dovevo esservi prima di sera o sciupavo uno dei quattro giorni che m'avevano concesso per trovare un dentista.

[3] Sì, dovevo andarmene. Oltre la valle, nel cielo bianco, appariva il ciglio opposto dell'altipiano. Il fiume aveva scavato attorno alle montagne lasciandole asciutte come ossi. Tra i due cigli correvano chilometri, quanti non so, perché le distanze ingannano con questa luce che disegna le più lontane minuzie: forse cinque o sei. E, oltre il ciglio, la vita calma dei depositi. Ancora avanti, e la parola domenica avrebbe riacquistato valore. Avrei trovato il primo letto con le lenzuola, il primo giornalaio. E un dentista.

[4] Il soldato non voleva cedere. «Aspetti» disse «passerà qualcuno ». Guardai il camion che giaceva con le ruote contro la scarpata e scossi la testa: non passava nessuno. Era passato soltanto un colonnello, annoiato come un generale. E la petulanza del soldato cominciava a infastidirmi. Essersi salvati insieme non mi sembrava più una buona ragione per mostrarci fotografie, raccontarci i fatti propri, azzardare le solite previsioni sul nostro ritorno in Italia. Pure, mi dispiaceva abbandonarlo. «E così, mi lascia solo|».

[5] Cominciai a raccogliere la mia roba, lo zaino, il cinturone con la rivoltella. Per mitigare la mia fuga cercai un pretesto, ma era un cattivo pretesto: gli dissi che se avessi trovato un camion giù al fiume (spesso i conducenti si fermavano a fare il bagno), sarei tornato ad aiutarlo. Il soldato finse di crederci e questa sua improvvisa ed ostile condiscendenza mi fece arrossire. Mi strinse la mano senza calore, veramente deluso. Dopo cinquanta passi, un gomito della strada me li nascose, lui e il suo autocarro, e d'allora non li ho più rivisti.

Ennio Flaiano, *Tempo di uccidere*

11 In [1] *Alzandomi*, è forma verbale:

A pronominale i

B riflessiva

C attiva

D riflessiva apparente

E passiva

12 In [1] compare il termine *nevralgia*, che indica un:

A dolore legato a una patologia ossea

B accesso di nevrosi

C dolore legato all'infiammazione di un nervo

D dolore causato da una caduta o danneggiamento muscolare

E raro caso di tumore dentale

13 **In quali parti del brano, da [1] a [5], troviamo battute o dialoghi tra virgolette basse?**

- A In tutte
- B Meno nell'ultima, in tutte
- C Solo in [3]
- D Solo in [2]
- E Nessuna delle precedenti è corretta

14 **A quale proposito e dove vengono citate delle lavandaie?**

- A In [2] come equivalenti agli alberi impagliati di [1]
- B In [1] come equivalenti agli alberi impagliati
- C In [2] e in [5] come vittime
- D In [2] come possibili prede dei coccodrilli
- E Non sono mai citate nel brano

15 **Quale tra i seguenti è un sinonimo di *ciglio*, che compare più volte, anche al plurale, in [3]?**

- A Orlo
- B Vetta
- C Fossa
- D Sentina
- E Crinale

16 **Dopo l'incidente, i due superstiti hanno visto passare qualcuno?**

- A No, nessuno è passato da lì
- B Solo delle lavandaie
- C Un colonnello e un generale
- D Solo un colonnello
- E Un colonnello e un soldato

17 **Cosa indica il termine *depositi*, che compare in [4]?**

- A Strutture civili
- B Villaggi ospitali
- C Strutture militari
- D Materiali accumulati
- E Non è possibile rispondere

18 **In [4] il soldato viene definito come:**

- A annoiato
- B petulante
- C infastidito
- D indolente
- E ostile

19 **Perché la voce narrante ha fretta e non vuole aspettare?**

- A Deve tornare in licenza in Italia
- B Ha paura di un attacco dei nemici
- C Deve raggiungere il comando cui è assegnato
- D Ha bisogno di trovare un dentista
- E Deve compiere al più presto la sua missione

20 **Dopo aver letto l'intero brano, possiamo logicamente dedurre che:**

- A la voce narrante è un sottufficiale
- B la voce narrante è un ufficiale
- C il soldato è l'autista dell'autocarro
- D il fuggitivo è un disertore
- E il fuggitivo ha una falsa identità

Comprensione del testo e conoscenza della lingua italiana - Testo 3

In base alle informazioni contenute nel brano seguente, rispondere alle successive domande.

[1] Riappare Los Angeles. La città senza confini ha trovato il modo di riprendersi la scena con un'altra *walk of fame*: fatta di terzi tempi. Essendo un patrimonio emotivo riservato a un ristretto numero di "losangelini", il basket dei Lakers, tornato ai vertici dopo dieci anni, esprime significati profondi che ben riflettono lo spirito frammentario di una megalopoli che nessuno ha mai osato misurare, una città-stato che nel corso degli anni si è fatta, costruita e modellata attraverso l'unico pane che ha sempre avuto a disposizione: la diversità, la sterminata diversità. Un valore assoluto. E forse il cibo perfetto.

[2] Vedere tutta Los Angeles è praticamente impossibile. Viverla per un attimo può essere un sogno. A condizione di accettare le sue violente imposizioni, forse la si può annusare. Magari immaginando che ciò che si respira arrivando da sud-ovest, ossia dal deserto, sia il profumo giusto: "Warm smell of colitas rising up through the air", cantavano gli Eagles, gruppo che fu l'espressione in purezza delle ambiguità di una vita al massimo ma piena di lati di oscuri. Proprio come Los Angeles. Lo sport è una delle tante raffigurazioni iconiche di questo luogo quasi irreale: il club di Santa Monica che ha partorito i grandi velocisti era l'Eden dell'atletica, il basket, il "Coliseum", le due edizioni dei giochi olimpici, separate da più di cinquant'anni, e la terza prevista per il 2028, la finale di Pasadena dei Mondiali di calcio del '94, sono le altre tessere del mosaico della luce agonistica.

[3] Ma cos'è Los Angeles? E chi lo sa. Dicevano che fosse l'ultima spiaggia, che fosse lei l'ultima frontiera, lei l'ultima chance per realizzare l'*american dream*. Ma una volta fatta benzina e preso contatto, tutti si son domandati: ci riusciremo? Ci siamo riusciti? Quasi mai. Perché dietro ogni festa, a Los Angeles, spunta sempre un'ombra, o addirittura un dolore. Il cielo non è mai limpido. Ripensiamo ai Doors, che portarono William Blake a cena in un localino di Venice Beach. I Lakers campioni si trascinano dietro i rottami dell'aereo che ha portato via Kobe Bryant. Nell'anno di LeBron, il Covid ha sostituto l'Aids che è diventato l'accompagnamento della magica esistenza di Earvin Johnson. E guarda caso tutto avviene nell'anno in cui la morte di George Floyd ha rievocato il pestaggio di Rodney King, avvenuto a Los Angeles, miccia epocale delle più moderne rivolte. Altri odori, gli odori acri delle barricate. Nel film forse più "losangelino" di tutti i tempi, "La fiamma del peccato" di Billy Wilder, che sta a Los Angeles come New York sta al "Ritratto di Jeannie" di William Dieterle, l'odore di cui si parla è quello del caprifoglio e casualmente è un odore che porta con sé i sentori acidi dell'omicidio. Altre angosce.

[4] Non c'è delizia senza tragedia. Non c'è un solo canyon che non nasconda una zona morta, là in fondo, dove nasce il blues e dove si muore per overdose. Non c'è ricchezza che non possa, nella Los Angeles del cinema e dei quartieri alti, sfociare in un massacro (Charlie Manson). Né canzone che possa dirsi immune da un'inspiegabile, incancellabile malinconia. Chiedete a Joni Mitchell o a Jackson Browne.

Enrico Sisti, *la Repubblica*, 12 ottobre 2020

21 **In avvio di brano, *Città senza confini* è:**

- A una metafora
- B un'iperbole
- C un eufemismo
- D un climax
- E una similitudine

22 **Il *patrimonio emotivo* in [1] è:**

- A il fascino di Los Angeles
- B il basket dei Lakers
- C la scena che la città si è ripresa
- D i terzi tempi
- E i migliori posti a sedere per assistere alle partite di basket

23 **Oltre al basket, in [2] vengono citati altri sport per descrivere la grandezza della "luce agonistica" di Los Angeles. Trova l'intruso.**

- A Calcio
- B Atletica leggera
- C Sport olimpici
- D Football
- E Sono tutti citati

24 **Dalla lettura del periodo [2] ricaviamo che a sud-ovest di Los Angeles c'è:**

- A il mare
- B il deserto
- C il confine messicano
- D il Colisium
- E Santa Monica

25 **In [3] viene citato un brano dei Doors in cui compare William Blake, poeta e artista inglese vissuto:**

- A nel tardo Cinquecento
- B nel primo Novecento
- C tra Sette e Ottocento
- D nel tardo Ottocento
- E all'epoca dei Doors

26 **In [3] viene citato "Ritratto di Jeannie" che è possibile identificare come:**

- A un film
- B un brano musicale
- C un libro su New York
- D una scultura
- E un quadro

27 **Individua l'unico odore che non viene mai menzionato in [3].**

- A Delle barricate
- B Del caprifoglio
- C Della vittoria
- D Dell'omicidio
- E Tutti i precedenti

28 Alla fine del brano, nell'ultima riga di [4], l'uomo e la donna citati, hanno a che fare con:

A il cinema
B Charlie Manson
C le tragedie
D I quartieri alti
E le canzoni

29 Il termine usato dall'autore del brano al singolare o al plurale per indicare Los Angeles o i suoi abitanti quante volte compare nel brano da [1] a [4]?

A Una sola
B Due
C Tre
D Quattro
E Sei

30 Nel brano, da [1] a [4] vengono citati gruppi musicali e persone, alcune del mondo dello sport, altre dello spettacolo, altre protagonisti di fatti di cronaca. L'unico citato solo per nome è:

A un cantante
B la vittima di un pestaggio
C un magnate
D LeBron
E un attore

Conoscenze e competenze acquisite negli studi

31 Completa correttamente le lacune del seguente testo.

La trama di "Fu sera e fu mattina" parte da una data precisa, il 17 giugno 997, quando l'Inghilterra era sotto il costante attacco da parte dei Vichinghi e presto sarebbe stata conquistata dai Normanni. Non è ancora l'alba quando a Combe, sulla costa sudoccidentale dell'Inghilterra, il giovane costruttore di barche Edgar si prepara con trepidazione a fuggire di nascosto con la donna che ama. Ma i suoi piani vengono spazzati via in un attimo da una feroce incursione dei _____ , che mettono a ferro e fuoco la sua cittadina, distruggendo ogni cosa e uccidendo chiunque capiti loro a tiro. Edgar sarà costretto a partire con la sua famiglia per ricominciare tutto da capo nel piccolo e desolato villaggio di Dreng's Ferry. Dall'altra parte della _____ , in terra normanna, la giovane contessa Ragna, indipendente e fiera, si innamora perdutamente del nobile inglese Wilwulf e decide impulsivamente di sposarlo e seguirlo nella sua terra, contro il parere di suo padre, il conte Hubert di Cherbourg. Si accorgerà presto che lo stile di vita al quale era abituata in _____ è ben diverso da quello degli inglesi, la cui società arretrata vive sotto continue minacce di violenza e dove Ragna si ritroverà al centro di una brutale lotta per il potere.

A Vichinghi; contea; Inghilterra
B Normanni; pianura; Scozia
C Vichinghi; Manica; Normandia
D Celti; costa; Irlanda
E Vichinghi; Senna; Normandia

PARTE QUINTA

32 **Scegli l'alternativa che elenca le opere raffigurate nel corretto ordine cronologico.**

1

2

3

4

- A 1, 2, 3, 4
- B 2, 4, 3, 1
- C 2, 1, 4, 3
- D 2, 4, 1, 3
- E 2, 1, 3, 4

33 **1939. 1° gennaio – Il Duce è tornato a Roma ieri sera ed abbiamo avuto un lungo colloquio. È molto scontento della situazione dell'A.O. e pronuncia un giudizio severo sul Duca d'Aosta. [Galeazzo Ciano, *Diario 1939-43*]**

Scegli la deduzione corretta ricavabile dall'incipit sopra riportato.

- A Il *Diario* è sicuramente apocrifo
- B Con A.O. si indica l'Africa Orientale
- C Con A.O. si indica l'Avanguardia Operaia
- D Il Duca d'Aosta a quella data era già defunto
- E Il Duca d'Aosta avrebbe dovuto partecipare all'incontro

34 **Nell'Italia repubblicana, l'espressione "Mani pulite" è stata la denominazione attribuita a una:**

- A stagione di inchieste giudiziarie
- B famosa campagna di riduzione delle infezioni ospedaliere
- C campagna antirazzista
- D inchiesta giornalistica sugli abusi sui minori
- E commissione parlamentare che ha indagato sulla corruzione

35 **Qual è la situazione rappresentata sulla carta proposta?.**

A L'Europa durante la Prima guerra mondiale, con i principali fronti, nel 1915

B L'Europa all'inizio della Seconda guerra mondiale, dopo le annessioni tedesche del 1939

C L'Europa nel 1914, allo scoppio della Prima guerra mondiale

D Le modifiche territoriali degli Stati europei dopo la Prima guerra mondiale (1918)

E L'Europa ai tempi della Guerra fredda, con la Cortina di ferro (dal 1946)

36 **In borsa, una "vendita allo scoperto" indica una:**

A cessione di immobili non ancora ultimati

B vendita di terreni agricoli

C cessione di titoli che ancora non si possiedono

D cessione di azioni di società in liquidazione

E cessione di titoli mentre le contrattazioni sono sospese

37 **La forma statale che assicura il rispetto e la salvaguardia dei diritti e delle libertà dell'uomo e della donna, insieme alle tutele e garanzie dello Stato sociale, si dice:**

A Habeas corpus

B Stato liberale

C Stato di diritto

D Stato costituzionale

E democratica

38 **Scegli l'alternativa che associa correttamente i grafici seguenti al loro nome.**

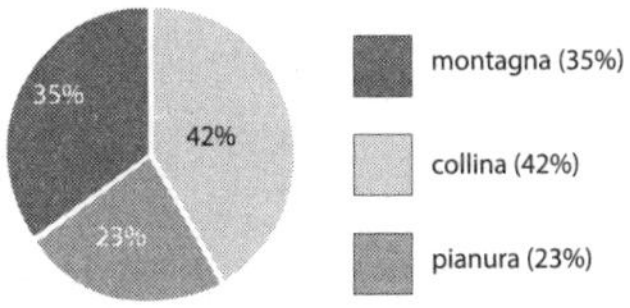

1

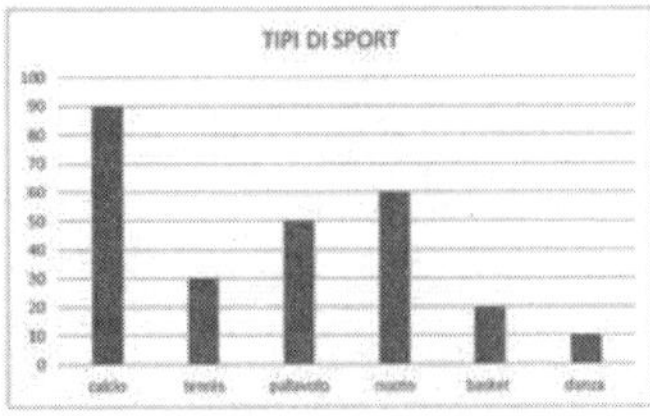

2

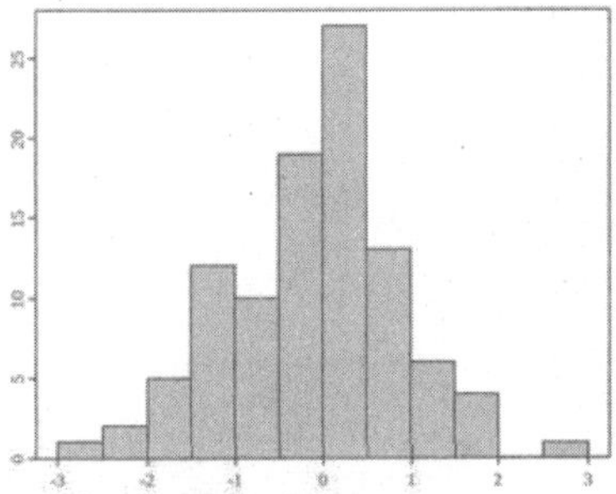

3

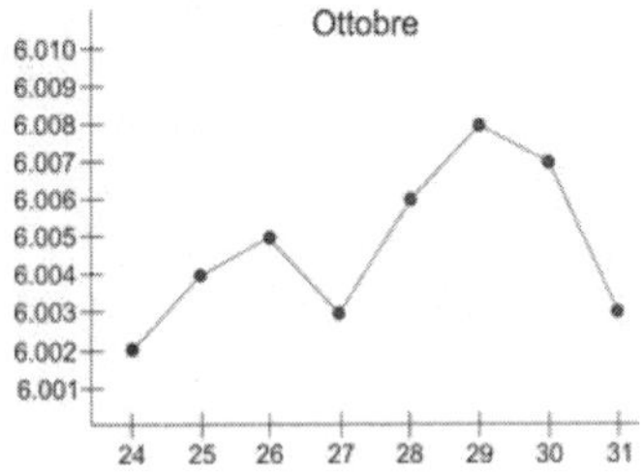

4

- **A** 1: diagramma; 2: grafico a barre; 3: istogramma; 4: areogramma
- **B** 1: diagramma; 2: istogramma; 3: grafico a barre; 4: areogramma
- **C** 1: areogramma; 2: istogramma; 3: grafico a barre; 4: diagramma
- **D** 1: diagramma; 2: areogramma; 3: grafico a barre; 4: istogramma
- **E** 1: areogramma; 2: grafico a barre; 3: istogramma; 4: diagramma

39 **La carta mostra i Paesi membri dell'Unione europea nell'anno:**

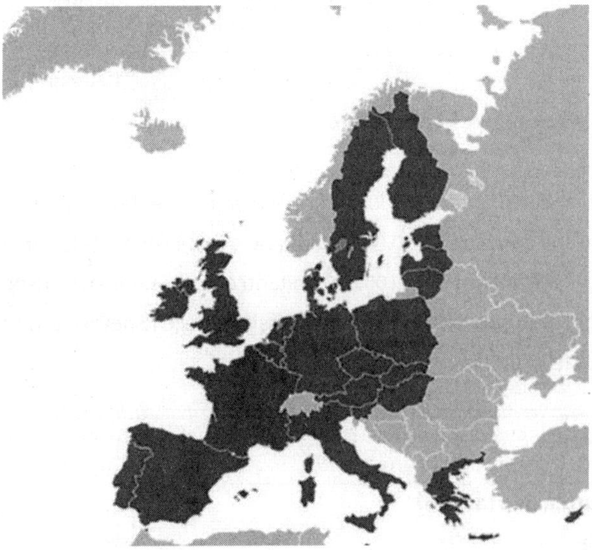

- **A** 2013
- **B** 2007
- **C** 1990
- **D** 1995
- **E** 2004

40 **Cosa rappresenta la carta proposta?:**

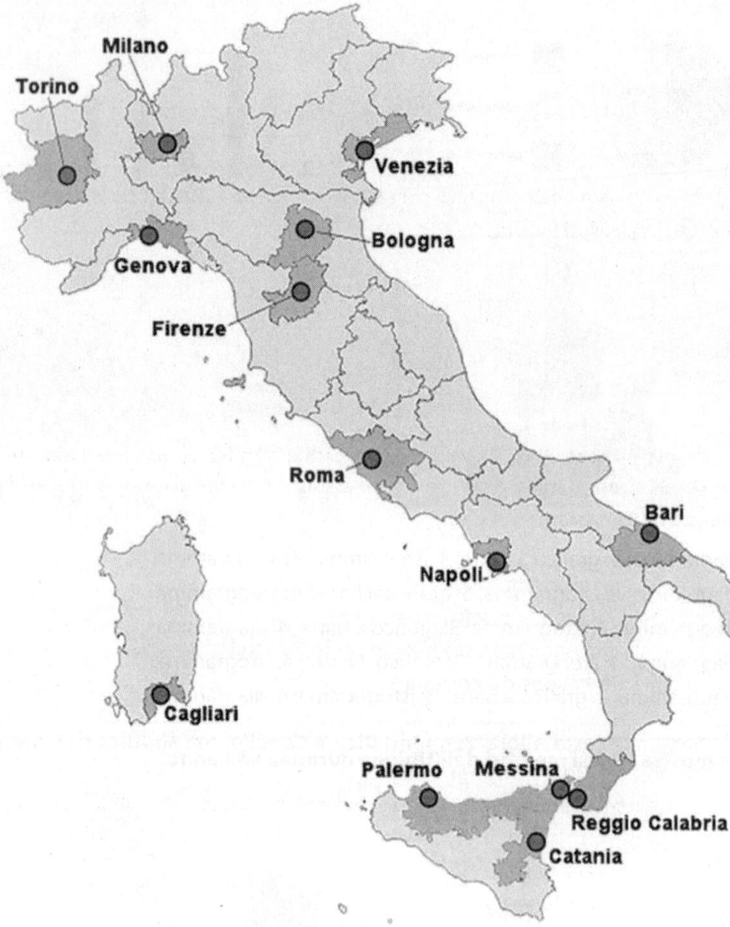

- **A** Le città italiane con oltre 500.000 abitanti e l'estensione delle rispettive province
- **B** Le città italiane con oltre 1.000.000 di abitanti e l'estensione delle rispettive province
- **C** I capoluoghi italiani con oltre 100.000 abitanti e l'estensione delle rispettive province
- **D** I capoluoghi metropolitani in Italia e l'estensione delle rispettive province
- **E** Il territorio delle città metropolitane in Italia

Ragionamento logico

41 **Indicare la parola da scartare.**

- **A** Mar Ligure
- **B** Mare Mediterraneo
- **C** Mar Nero
- **D** Mar Baltico
- **E** Mar Caspio

42 **Completare la serie: casa, salto, Torino, nome, ...?.**

- A Nonno
- B Pizza
- C Metro
- D Nave
- E Napoli

43 **Individuare il numero che completa correttamente la seguente successione di numeri: 2, 3, 10, 12, 18, 48, 26, 192, ...**

- A 52
- B 34
- C 38
- D 200
- E 40

44 **Se studi e leggi supererai gli esami, ma se studi e non leggi non supererai gli esami. Pertanto, se studi, allora o leggi e supererai gli esami o non leggi e non supererai gli esami. Ne consegue necessariamente che:**

- A se leggi supererai gli esami
- B se studi supererai gli esami
- C se hai superato gli esami hai letto o hai studiato
- D se hai superato gli esami hai letto ma forse non hai studiato
- E nessuna delle altre risposte è corretta

45 **Se Alice viene alla festa allora vengono Bice e Camillo, ma se Alice non viene alla festa, allora vengono Camillo e Doriana. Alla festa si presenta Camillo. Cosa si può dire con certezza?**

- A Doriana è presente
- B Non si sa se verrà anche Bice
- C Bice sicuramente non viene
- D Alice e Doriana arrivano insieme
- E Alice sicuramente non c'è

46 **Marina ha dichiarato: «Per ogni domanda di questo test, verrà data almeno una risposta che è sbagliata». In quale dei seguenti casi la sua previsione si è sicuramente verificata?**

- A C'è una domanda a cui tutti i candidati hanno sbagliato risposta
- B Ogni studente ha sbagliato risposta ad almeno una domanda
- C C'è uno studente che ha sbagliato tutte le risposte
- D Non tutte le domande hanno una risposta
- E Nessuno studente ha risposto esattamente a tutte le domande

47 **Anna è più vecchia di Elisa, Andrea è più vecchio di Anna. Elisa è più vecchia di Andrea. Se le prime due affermazioni sono vere la terza è**

- A falsa
- B vera
- C incerta
- D verosimile
- E probabile

48 **Clara e Michele sono fratelli e vogliono andare in vacanza in Grecia. Il padre non ha accettato il consiglio della madre di negare loro il permesso di partire se entrambi ragazzi non saranno promossi; il padre ha però deciso di non accordare il permesso se i figli non accetteranno il suo ordine di ridurre le spese di viaggio previste. Tenuto conto che Michele non ubbidisce mai ai genitori ma in genere dà ascolto a sua sorella, è vero che:**

- A o la madre cambia idea o i ragazzi non andranno in vacanza in Grecia
- B se i ragazzi vanno in Grecia, sono stati promossi
- C se i ragazzi non vanno in Grecia, allora Michele ha litigato con Clara
- D se i ragazzi vanno in Grecia, Clara ha deciso di ridurre le spese di viaggio
- E o il padre non cambia idea o i ragazzi non vanno in Grecia

49 **Si considerino vere le due affermazioni:**

- **qualche cosa straffa non è bibba;**
- **nessuna cosa bibba non è raza.**

Si scelga fra le seguenti l'affermazione che segue necessariamente dalle premesse:

- A nulla segue
- B qualche cosa straffa è raza
- C ogni cosa straffa è raza
- D qualche cosa straffa non è raza
- E nessuna cosa straffa è raza

50 **In un negozio di articoli sportivi vi sono pattini da ghiaccio e pattini a rotelle, per un totale di 62 lame e 120 rotelle. Sapendo che ogni pattino da ghiaccio è dotato di una lama e ogni pattino a rotelle è dotato di 4 ruote, quante paia di pattini sono presenti nel negozio?**

- A 91
- B 38
- C 52
- D 54
- E 46

Soluzioni della prova

Alpha Test

Risposte esatte della prova

VERIFICARE LE RISPOSTE RELATIVE ALLE DOMANDE DELLA PROVA

	A	B	C	D	E		A	B	C	D	E
1	□	■	□	□	□	26	■	□	□	□	□
2	□	□	■	□	□	27	□	□	■	□	□
3	□	■	□	□	□	28	□	□	□	□	■
4	□	□	■	□	□	29	□	■	□	□	□
5	□	□	■	□	□	30	□	□	□	■	□
6	□	□	□	■	□	31	□	□	■	□	□
7	□	□	□	■	□	32	□	□	■	□	□
8	■	□	□	□	□	33	□	■	□	□	□
9	□	□	□	□	■	34	■	□	□	□	□
10	■	□	□	□	□	35	■	□	□	□	□
11	■	□	□	□	□	36	□	□	■	□	□
12	□	□	■	□	□	37	□	□	■	□	□
13	□	□	□	□	■	38	□	□	□	□	■
14	□	□	□	■	□	39	□	□	□	□	■
15	■	□	□	□	□	40	□	□	□	□	■
16	□	□	□	■	□	41	□	□	□	□	■
17	□	□	■	□	□	42	□	□	■	□	□
18	□	■	□	□	□	43	□	■	□	□	□
19	□	□	□	■	□	44	□	□	□	□	■
20	□	□	■	□	□	45	□	■	□	□	□
21	□	■	□	□	□	46	□	□	■	□	□
22	□	■	□	□	□	47	■	□	□	□	□
23	□	□	□	■	□	48	□	□	□	■	□
24	□	■	□	□	□	49	□	■	□	□	□
25	□	□	■	□	□	50	□	□	□	□	■